场域视角下的工业园区环境管理制度有效性研究

Research on the Effectiveness
of Industrial Park Environmental Management System
from the Perspective of Field

刘瀚斌 ◎ 著

復旦大學出版社

制度:园区环境管理的"牛鼻子"

很高兴受瀚斌邀请为他的专著《场域视角下的工业园区环境管理制度有效性研究》写序。瀚斌是我指导并于2017年毕业的博士生,在读期间积极参与各项课题研究,很好地完成了他的博士学位论文,除按校系相关要求撰写相关学术文章之外,还积极主动撰写多篇报纸和新媒体评论性文章。此部专著是在他的博士论文基础上,加上毕业后他在上海市发展改革委工作以来的一些实践与思考完成的。这也意味着尽管瀚斌毕业数年,却一直怀有学术之心。这一学术情怀和持续努力本身,是值得肯定的。

本书将工业园区作为研究我国环境管理制度是否"有效"的切口,具有十分典型的意义。作为工业企业集聚发展的重要场域,工业园区一直是我国实施制造强国战略、推进产业转型升级的重要空间载体,在建设现代化产业体系、推动高质量发展中发挥着重要作用。研究工业园区环境管理规律,对推动我国形成绿色发展方式具有重要意义。

自1979年首个工业园区——蛇口工业区设立以来,经济技术开发区、高新技术产业区、出口加工区、自由贸易区、科技孵化

场域视角下的工业园区环境管理制度有效性研究

区等不同类型、数以万计的工业园区如雨后春笋,在神州大地迅速建设和发展起来。可以说,工业园区的发展不仅见证了改革开放以来中国经济长期发展的奇迹,而且工业园区本身就是实现这一奇迹的主要载体。工业园区在促进当地社会经济迅速发展的同时,也加剧了生态环境的不断恶化和资源耗竭,甚至沦为"污染集中区""污染者天堂"。"人与自然和谐共生的现代化"大背景和"绿色低碳发展"理念指导下,如何协调经济发展与环境保护、园区与周边区域尤其是居民区、园区与城区的关系,一直以来既是学术界研究的热点问题,也是管理部门亟需解决的现实问题。国内外相关园区及其资源环境生态的研究论著可谓是汗牛充栋,学科视角涉及工程学、经济学、公共管理学等,内容涉及土地开发、招商引资、产业集聚、人力资源、经济绩效、产城融合等,近年来,关于园区的生态产业、资源循环利用、环境污染防治、绿色低碳等议题更是相关研究的主流。

该著作以园区生态环境问题背后的制度和制度性因素这一关键环节作为逻辑起点,围绕园区环境管理制度的有效性,通过分析园区制度与环境问题的关系、识别园区环境绩效背后的政策性因素和影响机理,运用制度经济学与环境经济学的理论与方法,探究"什么是园区环境管理制度的有效性?""影响环境管理有效性的政策性因素有哪些?""如何评价工业园区环境管理制度的有效性?"以及"如何在制度层面优化园区的环境管理?"等学理性和现实性议题,不仅为园区生态环境问题及生态环境治理本身存在问题"找准病因",还力图为解决园区的这些问题"对症下药"。尤其是本书引入的场域理论,运用全新的视角构建了园区环境管理全过程、分阶段、系统性的分析框架,从园区环境管理中的不同主体、不同类型政策入手,较为深入地研究了园区环境管理制度的有效性，剖析园区环境管理的制度优势转化为治理效能的内在逻辑和实现路径，为园区环境管理实践提供了一个操作性较强的方案。

当然本书也存在一些不足，或也是包括瀚斌在内相关学人未来研究和思考的问题。首先，园区在中国既是一个空间区域，更是一个政策区域，在实践上园区的区域范围与管理边界、功能定位与发展目标、属地政府与园区管理机构之间关系错综复杂、重叠交叉，确实增加了相关研究的难度，却也是实践与管理的现实，本书对此难题并非没有意识到，但在该书的研究上还有待深入。其次，园区长期以来依靠政策洼地或政策优惠来实现其超常规的发展，在强调"发挥市场在资源配置中的决定性作用和政府积极作用"的当今，园区的政策红利减弱甚至消失的趋势下，如何通过园区的高水平生态环境治理，一方面实现存量经济或现有产业的绿色低碳转型，另一方面实现增量经济或新兴产业的高质量发展？这既是当前紧迫的问题，也是极具挑战性的难题。最后，本书理论分析的深度和章节布局的逻辑性等方面，还需进一步加强。

瑕不掩瑜，瀚斌在书中构建的园区环境管理有效性分析框架和提出的园区环境管理新范式，可为园区绿色低碳发展、园区环境治理实践提供有益的、具有启发性的参考。

作为他的指导老师，见证了瀚斌作为年轻学者的成长过程，尤其是感受到他始终怀有的学术初心，很是欣慰。

是为序。

2023 年 8 月 19 日
于复旦大学江湾校区环境楼 3035 室

破解工业园区绿色发展之谜

工业园区和县城都是中国经济最基本的细胞单元,也是观察中国经济发展的绝佳窗口。

相比于县城,工业园区在经济上有三个鲜明特征:一是产业结构特色更为鲜明,一般工业园区都是以某一个或几个产业为主攻方向,吸引相关企业加盟,形成集聚地,构建产业生态体系。比如上海的莘庄工业园区经过20多年的发展,形成了电子信息、机械装备及汽车零部件、新材料及精细化工三大主导产业,以及平板显示产业基地和航天研发中心两大产业的经济高地。二是工业园区的行政管理体制更复杂,有的工业园区行政层级很高,与所在城市的级别持平,甚至更高,但却又无法完全具备城市完整的行政管理体系,在社会民生、环保、教育等方面仍然依赖城市原有的管理系统,受到较大的约束。三是在对外联系上更加独立,工业园区一般都被圈定在某个区域范围内,内部政策和配套自成体系,与周边地区的关联度相对较低。

从经济学的视角来看,工业园区的上述特征既有好处,但也有一些弊病。从好的一面看,把某一类或几类产业圈在一定范围内,推动集聚式的发展,有利于形成规模效应和范围效应,降低单个企业的生产成本和经营成本,并推动组团式、一体化的创新,打造一个个大小、功能不一的经济增长极,既可以吸收就业劳动力,也可以提高GDP,改善土地的产出效率。但从另一方面看,不利之处在于,工业园区经济总体上属于传统"集中式"的经济发展模式,也就是以规模取胜,以"一体化"取胜,形成集约发展效应,这样的集中通常会带来管理和协调成本的增加。众多企业集聚在一个园区中,这并非等同于"一个企业",而是多个独立的、个性化的、利益取向各异的企业个体近距离地生存在一个"狭小"的区域范围内,如果缺乏有效的管理和治理体系,这些个体必定会带来各种无法协调的矛盾和冲突,进而影响工业园区的发展质量。

以绿色发展为例,工业园区固然可以从规模经济和范围经济中取得绿色发展上的一定优势,比如很多研究都发现众多污染性的企业积聚在一个工业园区后,环境排污的平均水平是在下降的,同时环境治理的有效性也在提高。但事实上,如本书所述,很多工业园区发展壮大初期,仍然存在严重的生态环境挑战,在绿色与发展的关系上出现失衡,究其因,这与工业园区发展壮大后所出现的"管理倒挂"有关,也就是环境管理水平的提升速度无法跟上工业园区发展后生态环境污染复杂性和总规模的上升速度,其本质是工业园区内较为单一的环境管理体系无法适应新的发展对管理效能提出的需求,进而形成了落差。

按照环境库兹涅茨曲线的理论,一国生态环境的质量会随着经济发展水平的变化而"先抑后扬",要实现这种转变,存在结构、规模、技术和制度等四方面的效应,可以说,工业园区目前已经较好地集中了前三种效应，推动着经济社会的绿色低碳转型，如果能进一步破解制度（环境管理制度）上的某些困境，工业园区必将在绿色发展上产生更重要、更积极的价值。

瀚斌学弟长期关注园区层面的环境管理制度，锲而不舍，开展理论探索和实践应用，实属难能可贵，谨以本文为序祝贺其研究成果付梓成书。

2023 年 9 月 20 日

于复旦大学经济学院

前言

　　我国工业园区经过四十多年的探索与发展,逐渐成为推动地方经济发展的核心区和增长极。自1979年首个工业园区——蛇口工业区建设以来,国内陆续设立了各类园区,形成了包括经济技术开发区、高新技术产业区、出口加工区、自由贸易区、科技孵化区等不同类型的工业园区模式。随着国家工业化、城镇化程度的不断深入,工业园区在促进当地社会经济巨大进步的同时,也加剧了生态环境的不断恶化和资源耗竭,部分园区甚至从产业集聚区沦为污染集中区,由园区污染造成的环境风险事故以及周边区域的环境投诉有愈演愈烈的趋势。在绿色发展成为国家发展重要理念的背景下,如何协调园区经济发展与环境保护之间的关系,园区发展如何体现"中国式现代化"内涵中的"人与自然和谐共生的现代化",成为当前具有重要研究价值的课题。

　　为更好开展本书的研究,笔者梳理了国内外有关园区主题的大量文献,比较发现针对工业园区的研究角度是广泛且多元的,学术界和实践者主要集中于从工程学、经济学、公共管理学等学科角度展开研究和工作,涉及内容包括园区的地产开发、技术研发、产业集聚、外资利用、人力资源、经济绩效、产城融合等方面;在关于园区生态环境保护和资源利用问题的研究中,主要是从园区内工业系统和自然环境系统之间的相互作用入手,分析园区如何从单纯依赖资源消耗的线性增长,转变为环境友好、资源循环的集约增长,提出的解决方案均是为了达到"经济-社会-环境"复合系统的综合效益最大化,并构建了一系列环境绩效评价体系;在针对影响园区环境绩效的成因分析中,倾向于定性描述或就单一环境因素的讨论,所获结论多聚焦于环保技术更新,或打造环境管理平台等,鲜有进一步分析诱发园区环境问题出现的制度性因素,也忽略了制度之于园区环境管理的功能价值和引发环境问题的影响机理。

  为此,分析工业园区的环境管理制度的有效性,便成为本书深入揭示园区环境问题成因的重要命题。在讨论工业园区环境管理制度是否有效时,需要综合考虑工业园区这一研究对象的自身特殊性。我国工业园区的出现,本质是打造产业集聚空间,特别在园区起步阶段更加注重的是招商引资、做大做强,故在产业准入、税收补贴、土地安排等多方面设计了许多优惠政策,甚至不惜降低环保标准。这些政策确实在短期吸引了许多企业入驻,但随着园区在各地的遍地开花,同质化、重复化、高污染化的问题也逐渐暴露,加之园区管理运营方面与属地政府存在交叉、社会管理职能缺失等,使得园区的管理存在重产业轻民生、重经济轻环保的态势,园区企业出现了"引进来"但"留不住"的局面,因此,园区发展进入成熟期后,如何提高园区环境管理运营的水平,促进园区绿色化、智能化转变,成为实现园区高质量发展的关键问题。国家和地方相继制订了许多针对园区环境管理的政策,这些政策伴随国家的环保体系的变革不断更新,对推进园区的环境管理水平提供了很大的支持。但在提升国家治理体系现代化,提升治理效能的背景下,要更多考虑园区产业、政策落实、管理模式等多个因素对园区环境问题产生的综合性影响,故分析园区环境管理政策内容、识别影响环境管理效果的政策因素、评估环境管理政策的水平等等,是工业园区实现"现代化管理"转型进程中的重要课题。面对这样深层次的问题,需要借助更加宏大的社会学视角来关注,而社会学理论中的场域思想为分析和优化工业园区环境管理制度提供了全新的视角。基于场域理论视角,丰富了园区制度有效性的内涵,可构建对于环境管理制度全过程、分阶段、系统性的分析,明晰管理过程中不同主体的权责,分析涉及环境管理效果的不同类型政策有效性,促进园区环境管理制度供给转化为园区整体治理效能。

本书通过分析园区制度与环境问题之间的关系,探索识别园区环境绩效背后的政策性因素和影响机理,基于制度经济学与环境经济学的理论,在园区制度框架内研讨园区的环境管理制度的有效性问题,研究了"什么是园区环境管理制度的有效性""影响环境管理有效性的政策性因素有哪些""如何评价工业园区环境管理制度的有效性影响",以及"如何在制度层面优化园区环境管理思路"等问题,从而拓展解决园区环境问题的思路,帮助实际管理"找准病因"而"对症下药"。基于文献研究和实证案例,本书主要研究内容包括四个方面。

首先,基于场域视角,以及制度、有效性等基本概念的理论阐述,结合当前园区发展相关制度梳理研究及工业园区的自身特点,阐释"园区环境管理制度的有效性"内涵并进行深入剖析,明确其应具备三层含义:"时间-空间-关系"有效性,即综合考虑园区发展的阶段性特征、产业发展的周期性特征、园区所在区域的地理特征以及园区对外关系的协调性特征;"程序-目标-主体"有效性,即制度的运行程序和运行目标设置的可行性,以及参与主体的有效性;"政策-行动-成本"有效性,即制度实践转化的政策类型、管理模式特点,以及政策设计和管理行动中如何投入最小的成本以获得更大的效益;归纳这三层含义的相互联系并构筑"环境管理制度的有效性"形成了制度场域。这三重有效性分别构成了三个"子制度场域"。

其次,在制度有效性内涵研究的基础上,结合环境经济学中有关环境政策的分析框架,按照政策发布的三个层级(国家级、省市级、园区级),对国内关于园区的重点政策文本进行统计分析,从工具类型、文本内容和实施模式三方面进行分析解读,发现在我国园区存在政策体系的政出多门、政策结构过分偏重"命令-控制型"、管理手段多以结果考核模式为主等问题,并针对园区政策的管理现状,归纳出数据与信息、部门间协调、利益相关方参与等因素在管理过程中的重要性。

再次,在政策分析的研究基础上,以"制度场域"视角对园区政策进行了分类(如经济产业类、土地利用类、规划计划类、对外贸易类、专项环保类等政策类型),识别制度实际运行中影响环境管理有效性的关键政策因素及作用机理,并以上海市的25个典型园区为样本,考察了园区经济规模、产业结构、空间布局、对外关系、资金投入、人员投入、环评执行、规制落实、企业参与等九个方面政策变量的影响,重点讨论了不同地区对环境管理制度有效性的影响机理。

最后,基于前述分析和环境绩效评价相关研究,构建场域视角下的工业园区环境管理制度有效性评价框架和指标体系,并选取典型工业园区作为实例进行应用分析。评价体系遵循"政策研究、政策制定、政策实施、结果绩效"的评价思路,在环境管理制度"有效性内涵"三层维度的视角下,形成了由4项一级指标、14项二级指标、21项三级指标组成的园区环境管理制度有效性评价指标体系,并进一步通过AHP法和专家打分法确定相对权重,运用模糊数学综合打分法对园区的环境管理制度的有效性进行综合评价,结合典型生态工业园区的实际管理情况对评价体系的应用进行说明,着重阐释指标体系的应用方法和价值,为园区的管理优化提出操作性较强的方案。

总之,通过本书的研究,展示了从制度层面分析园区环境问题的崭新视角,深入阐述了园区环境管理制度的有效性内涵,量化分析了影响环境管理有效性的制度性因素和机理,构建了一套客观动态的评价模型和指标体系,拓展了园区环境管理的范式和功能,为新时代园区的绿色发展提供了实践性较强的管理参考工具。本书的研究成果希望能为环境管理制度研究爱好者、园区管理实践人员等提供有启发性的参考,由于数据收集、理论研究还存在一定的限制,研究中的不当之处还望各位读者批评指正。

本书的研究得到了包存宽教授的悉心指导,导师在学术研究中的敬业精神和认真态度,令我至今受益。同时,感谢复旦大学出版社的帮助与支持,在此表达感谢!

谨以此书献给我最亲爱的女儿。

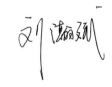

2023年癸卯年立夏于上海

目 录

第一章 问题的缘起和提出 ················· 1
  第一节 工业园区的内涵与发展沿革 ············ 1
  第二节 工业园区环境污染现状及溯因分析 ········ 14
  第三节 本书的研究方法与研究思路 ············ 21

第二章 工业园区环境管理制度的演变与研究述评 ······ 29
  第一节 工业园区环境管理制度的演变 ·········· 29
  第二节 工业园区环境管理制度的学术研究和实践
         述评 ························ 40
  第三节 讨论与小结 ···················· 69

第三章 场域理论与工业园区环境管理制度有效性分析
       框架 ·························· 73
  第一节 关于制度有效性的研究 ·············· 73
  第二节 场域视角下的制度有效性分析框架构建 ····· 91
  第三节 场域视角下的工业园区环境管理制度运行与
         机制分析 ····················· 105
  第四节 讨论与小结 ··················· 151

第四章　影响工业园区环境管理制度有效性的因素 …… 155
第一节　影响工业园区环境管理制度有效性的因素识别 …… 155
第二节　空间要素对工业园区环境管理制度有效性影响的对比分析 …… 178
第三节　讨论与小结 …… 184

第五章　工业园区环境管理制度有效性评价体系构建及应用 …… 187
第一节　构建评价体系的意义与选取评价指标的原则 …… 187
第二节　场域视角下的园区环境管理制度有效性评价体系构建 …… 191
第三节　评价体系的应用：以上海市莘庄工业园区为例 …… 206
第四节　讨论与小结 …… 243

第六章　结语 …… 245
第一节　工业园区环境管理制度有效性研究中的现代化属性 …… 245
第二节　关于工业园区环境管理制度有效性的研究结论 …… 250
第三节　未来工业园区环境管理研究和实践的挑战与展望 …… 255

附录 ·· 257
    附录 1 国家生态工业示范园区名单(截至 2022 年
             12 月) ·································· 257
    附录 2 上海市 104 工业地块(97 个园区) ·············· 261
    附录 3 工业园区环境保护相关法律法规政策收录 ······ 264
    附录 4 工业园区的环境目标导向型的评价指标体系
             (以莘庄工业园区为例) ····················· 270
    附录 5 国家生态工业示范园区评价指标体系 ·········· 272
    附录 6 我国常见的工业园区环境标准比较 ············· 275
    附录 7 本书涉及的 25 个上海工业园区样本一览表 ····· 278

参考文献 ··· 280

后记 ·· 301

第一章　问题的缘起和提出

第一节　工业园区的内涵与发展沿革

一、工业园区的概念及分类

工业园区(Industrial Park),又称为产业园区,是1945年前后各国根据自身经济发展的内在要求,通过行政手段划出固定区域,聚集各种生产要素,制定工业区域开发政策而建立起来的经济发展集中区,由于各国工业化程度和产业政策不同,对于工业园区尚无统一定义。梳理国内外对于工业园区的定义,较公认的是2001年联合国环境规划署(UNEP)的定义:工业园区是一大片土地上聚焦若干工业企业的区域。在该定义中还归纳了工业园区应具备的特征,如表1.1所示。

国外对于工业园区的定义主要是从园区演化的历程角度阐述。Boddy M.(2000)从规划角度认为:工业园区应注重规划的完整性和系统性,目标是建设适于工业企业进驻的环境,这样既能承担吸引外资的作用,又能起到减缓城市压力与降低环境污染的作用。S.M.Walcott(2009)从公共基础设施角度认为:工业园区应是专门划出的一块土地,在该区域内设有配套交通设施

表 1.1 工业园区的特征

序号	内容
1	应有较大面积的土地
2	该片土地上应有多个建筑物、工厂以及配套的公共设施和娱乐设施
3	对常驻企业、土地利用率和建筑物类型实施限制
4	需要有详细的区域规划对园区环境规定执行标准和限制条件
5	为履行合同和协议,控制与适应企业进入园区,制定园区的长期发展政策与计划等提供必要的管理条件

和公共服务设施,吸引企业为本地经济创造效益。国内对于工业园区的定义主要伴随着我国园区的建设历程展开。何兴刚(1995)在最早定义"城市开发区"时认为这是指依托城市实现开放型政策的特定区域。陈文灿等(1996)将"经济技术开发区"定义为"以技术发展推动经济增长的特殊区域"。程玉鸿等(2003)提出,工业园区的发展需充分考虑周边区域的工业水平,在集中区域内配置优质基础设施,并通过制定优惠政策最大限度地吸引企业及相关配套产业,从而在该区域集聚的一种产业空间组织形式。厉无畏(2004)认为,开发区是城市在科学规划论证和严格审批后,实施特殊政策的开发集中区域。皮黔生、王恺(2004)从对外开放角度认为,开发区承担推动国内开放的使命。洪昌庆(2004)则认为,工业园区的目标是在特殊区位环境中,推动地方政府的工业发展。基于此研究,龚建文(2005)提出了"工业化载体"的概念,即园区应是资源高度聚集的空间载体,能够促进产业集聚和协同。针对工业园区的空间边界是

否有统一标准的问题,学术界普遍认为由于影响园区空间的因素较多(如工业用地存量、所在地区编制的空间规划等),因此并未对工业园区的空间统一给予标准,王兴平(2005)认为园区的最佳规模标准为从 1 km² 至 100 km² 不等。基于前述研究,蔡宁(2006)认为园区应充分考虑经济发展的阶段性和空间性特征,结合地方政府发展要求,运用行政手段、市场手段集聚各种生产要素,形成布局和产业结构都合理化的集聚空间。王玮等(2007)从工业园区的各参与主体及职能角度,对工业园区进行了描述,如表 1.2 所示。

表 1.2 工业园区主体要素及职能

园区主体要素	职 能 与 特 征
企 业	主要承担产业集聚、园区选址、招商引资、规模经济等
管理机构	主要承担基础设施、管理平台搭建、园区规划、环境整治等
地方政府	主要负责功能定位、园区企业组织、基础设施建设等
社会机构	作为第三方组织负责进行园区基础设施建设、环境监测、环境评价等工作
公 众	周边居民及园区内企业员工等

归纳上述各种定义,本书认为工业园区是在政府主导下,通过产业集聚或产业集群等模式,发展和开放区域经济的工业载体,具有多方参与、资金投入集中、周期性和地域性等特点。这些是分析园区相关问题时必须考虑的因素。随着新技术、新业态的不断涌现,工业园区不再仅仅是制造业的集聚,还吸引了高

科技产业、学术研究机构、创业孵化机构等进驻,目前工业园区已逐渐演化为地区的产业集聚地。

为更好开展工业园区管理制度的研究,有必要了解工业园区的分类。国外学者在对园区的分类研究中,主要从主导产业、生产要素等方面进行分类。Marian R. Chertow(2000)根据园区的主导产业将其划分为产品型园区、销售型园区、研发型园区等;Andrew C. Inkpen(2006)则根据投入的生产要素的密集型将其分为劳动力密集型园区、资本密集型园区和技术密集型园区。2019年,联合国工业发展组织发布了《工业园区国际指南》,提出了园区绿色化的管理目标,并以此从经济效益、环境保护和社会发展三个维度将园区分为绿色园区、低碳园区、循环化改造园区、生态工业示范园区等。国内学者主要是依据园区的功能角度或管理模式分类。鲍克(2002)将工业园区定位为各类特殊经济区域,包括经济技术开发区、高新技术产业开发区、出口加工区、科技工业园区等。唐华等(2004)则将其分为政府组织型园区和自主组织型园区两大类,根据管辖权力又分为国家级、省级、地市级等。

根据国家发展改革委、住房建设部发布的园区统计公报,我国工业园区类别主要包括经济技术开发区(以下简称经开区)、高新技术产业开发区(以下简称高新区)、出口加工区、保税旅游度假区、边境经济合作区、文化创意产业园、自由贸易区等类型。其中经开区和高新区按照所属级别分为国家级和省级两类,其中广东省、江苏省和浙江省的工业园区的数量占据全国前三位。根据《中国工业园区审核公告目录》结果显示,截至"十三五"期末,国家级各类园区数量约552家,具体统计见表 1.3;省级开发区约 2 000 家。

表 1.3　我国工业园区的类型及数量[①]

类　型	级　别	管理机构	数量 (截至 2019 年 12 月)
经济技术开发区	国家级	商务部	219
高新技术产业开发区	国家级	科技部	156
出口加工区	国家级	海关总署	135
保税区	国家级	海关总署	15
旅游度假区	国家级	国家旅游局	10
边境经济合作区	国家级	商务部	19

在各类园区中,经开区的创办时间最早,自 20 世纪 90 年代便成为地方经济转型和开放发展的主战场,也是推动形成全面开放新格局的重要载体。然而,随着国内外形势发生变化,经开区发展面临的瓶颈制约也在增加。例如,开发区的空间规划、功能布局、基础建设等仍存在不少短板有待补齐;产业转型升级要素支撑不足,自主创新能力不强等制约了地方经济进一步高质量发展。本章对不同类型的园区内涵和特点进行比较:

(1) 经济技术开发区:简称经开区,指我国沿海城市和内陆部分城市,主动对接国际标准的运营环境,利用政策优势最大

[①] 数据主要来源于同济大学发展研究院 2019 年发布的《中国产业园区持续发展蓝皮书》。

范围地引入外来先进技术和管理办法,形成合理科学的现代工业结构,并承担推动所在地区经济发展作用的特殊区域。至2022年底,经由国务院批准成立的国家级经济技术开发区共计54家。

(2) 高新技术产业开发区:简称高新区,该类园区集聚高科技技术和充分开放环境,制定一系列利于高新产业发展的优惠政策,营造良好服务环境,全力帮助科技成果转化为现实应用成果。自1988年国家批准实施火炬计划以来,截至2022年底,经由国务院批准成立的高新技术开发区共计219个。

(3) 出口加工区:主要指划定某区域为进一步扩大对外开放,实现国内外市场互通,充分利用外资集聚出口导向工业,所生产产品主要以出口为主,其类型包括自由贸易区、工业自由区、投资促成区和对外开发区等。2000年4月,国务院正式批准由海关监管出口加工区,实行全封闭、卡口管理的海关特殊监管区。至2022年底,我国已批准设立了63个出口加工区。

(4) 保税(港)区:保税区是国内特有的一类园区,主要指海关系统管理下特定地区,国外进口商品在该园区的海关监管下,可暂时免除进口税存放,但再次进入国内市场则应缴纳进口税。保税港区是沿海港口作业区和与保税区相连的特定区域,这样可以综合港口作业和物流、贸易的优势,将口岸经济充分发挥出来。截至2022年底,我国共设置了15个保税区和11个保税港区。

综合上述梳理内容,根据批准部门、行政级别、产业类型等标准,工业园区分类如表1.4所示。

表1.4 工业园区分类一览①

分类标准	项目类别	园 区 分 类 名 称
按批准部门分类	商务部	国家级的开发区或经济技术开发区
	科技部	科技园区、高新技术产业园区
按行政级别分类	国家部委	国家级园区
	省级	省级园区
	市县级	市县级园区
	其他	由多个行政级别共同建设
按复杂性分类	综合性工业园区	工业、居住趋于综合,经营方式有较大灵活性,各行业混合的综合性园区
	专业性工业园区	有明确的主导项目,有规模较大的企业引导,如钢铁、化工、建材等园区
按园区功能分类	高新区	以高新技术研发生产为目标,促进高新技术成果的商品化、产业化,须利用城市内相关大学或科研机构
	保税区	借鉴国外自贸区和出口加工区经验,集成在保税区进行学习
	经济技术开发区	主要面向外商投资,匹配老城区的产业结构,旨在向内地传播技术和管理经验
	农业高新区	促进传统农业向高科技农业转型,鼓励高新技术向传统农业的渗透
世界出口加工区协会的分类②	行业园区	主要以行业划分,如化工业、重工业、汽车业等类型
	特殊运作开发园区	园区内部分私人企业可以享受开发区的优惠待遇
	局域工业园区	面积在0.5-5平方千米内,主要是老式开发区
	广域工业园区	不仅面积比局域工业园区大,且有常住人口,具有政府职能

① 资料来源:https://www.cadz.org.cn/asp。
② 1978年3月,联合国工业发展组织和菲律宾政府邀请有关国家和地区的代表在马尼拉开会,讨论出口加工的有关问题,会议决定成立世界出口加工区协会。参加这个协会的国家和地区共有33个,除美国和爱尔兰外,其余31个均属第三世界。

二、工业园区的发展历程和经济效益概述

工业园区的制度建设,与园区的发展历史密切相关。回顾工业园区的发展历程,最初是出现在16世纪中后期的一些工业化国家。世界上公认的第一个工业园区雏形是1574年意大利西北部雷格亨(Leghohy)自由港区,随着航海贸易的发展,自由港和自由贸易区的形式逐渐出现,典型代表如敦刻尔克港(法国)、哥本哈根贸易区(丹麦)、那不勒斯港(意大利)、威尼斯港等。但现代意义的工业园区是1951年建立的美国斯坦福产业园,该园区也是硅谷的前身。在第二次世界大战后,部分发达国家和地区利用自然形成的产业集聚基础,结合城市布局有意识地规划推动了一系列园区的建设,例如日本建设的工业团地,英国建设的企业区,我国香港地区建设的工业村等,这些园区都是基于已有的企业、产业聚集地进一步规范化、体系化而形成。表1.5是国际知名工业园区概况。

我国工业园区最初起源于经济技术开发区(1984年始)和高新技术产业园区(1988年始)两类形式。随着中国加入WTO,外向型经济的不断壮大,又出现了其他类型的园区,如免税区、出口加工、自由贸易区等。自1984年设立首批国家级经济技术开发区以来,我国各类开发区发展迅速。2006年,对全国开发区进行清理整顿后,国家发展改革委员会、国土资源部、原建设部发布了2006年版《目录》,公告了符合条件的1 568家开发区。十多年来,我国开发区发展出现了一些新情况。2018年3月,国家发改委等六部委联合发布了《中国开发区审核公告目录》(2018版),该目录共包括2 543家开发区,其中国家级开发

表 1.5　国际知名工业园区概况

园区名称	特　　点
班加罗尔软件园区（印度）	计算机软件生产、加工与出口基地之一，自 20 世纪 80 年代以来，2001 年已聚集 4 500 家高技术企业，包括 1 000 多家外资企业，250 家外国公司，其中有 CISCO/Motorola/IBM 等诸多跨国公司
硅谷（美国）	因半导体工业集群而闻名，形成了强大的网络型企业组织和产业体系，这种网络体系的纵向扩张反过来促进了硅谷企业的集群发展。在硅谷形成了区域创新网络环境，成为一个较成熟的产业集群
新竹工业园区（中国台湾）	大部分是劳动密集型的石油工业和加工制造业，在高科技方面几乎空白，多年来已形成自己特色，逐渐成为半导体硬件加工基地，是目前全球第三大 IC 生产基地
剑桥工业园区（英国）	汇集计算机硬件与软件、电子工业与科学仪器、医药、生物技术技术及化学、空间技术等大量高科技公司的工业园区

区 552 家和省级开发区 1 991 家。根据统计数据，截至 2021 年 4 月，我国国家级开发区和省级开发区共有 2 728 家。

根据不同类型工业园区设立的时点及历史背景的不同特点，我国工业园区的发展历程主要经历了以下三大阶段。

起步阶段（1979—1992 年）：1979 年广东蛇口建立了我国首个出口加工区，正式拉开工业园区建设的序幕。1980 年后陆续开放了 14 个沿海港口城市和海南岛，1984 年国务院开始设立国家级经济技术开发区。至 1986 年，先后共设立了 14 个国家级经开区。这一阶段的特点是工业园区发展的起步阶段，基础薄弱且建设资金短缺。

成长阶段（1993—2003 年）：邓小平南方谈话后，沿海地区加快推进外向型经济战略，全国一度出现各类开发区热。1992

年的3-10月,国务院先后批准了温州、营口、威海、福清共4个经济技术开发区;1993年4-5月,先后批准了东山、哈尔滨、长春等12个经济技术开发区;1994年8月,又批准建设了北京、乌鲁木齐共2个经济技术开发区。进入20世纪90年代中期后,高新技术逐渐兴起,以高新技术研发生产为主的园区逐渐兴起。自1988年国务院开始创立高新区以来,至1991年3月,国务院批准建立了26个国家级高新技术产业开发区,并发布了首个国家性的高新技术产业开发区政策文件。1992年11月,国务院批准了在西藏、青海、宁夏以外的各省份分布高新区,覆盖了全国范围。入世后,外资的大规模引进同时带动了高新技术的进入,2001年前后,高新产业技术开发区建设掀起高潮,至2003年3月前已达53个;10年间,高新技术园区年均增长率达到36.7%。与此同时,陆续出现了其他类型的园区,形成了由经济技术开发区、高新技术产业开发区、保税区、出口加工区等构成的多类型园区格局。

创新发展阶段(2004年至今):随着西部大开发战略的实施,内陆中心城市开始兴建经济技术开发区,并不断发展壮大。中西部地区省会、首府城市均设立了国家级开发区。至2022年底,全国共建立了217个国家级经济技术开发区,形成了"经济特区-沿海开放城市-沿海经济开发区-内地"的多层次园区格局。随着东部地区经济的能级提升,近年来,我国工业园区出现了"北上、西进、郊区化"的趋势。所谓"北上",是指在沿海地区内部,出现了由珠江三角洲向长江三角洲,继而向环渤海地区转移的趋势;所谓"西进",是指由沿海向中西部内地尤其是江西、安徽等地的转移开始加速;所谓"郊区化",则是指大城市内部由市中心区向郊区和周边地区的转移在加快。

表 1.6 归纳了我国 1984—2019 年的园区发展历程和代表性园区的事件。

表 1.6　我国工业园区的发展历程概要[①]

时　间	发　展　历　史
1984 年	国务院批准了第一个国家级开发区——大连经济技术开发区；9月，国务院批准设立 14 个国家级经济技术开发区
1985 年	昆山经济技术开发区和福州经济技术开发区成立
1987 年	福清融侨经济技术开发区成立
1988 年	国务院批准成立第一个国家级高新产业开发区——北京新技术产业开发试验区（即中关村科技园前身）
1989 年	厦门海沧台商投资区成立，规划面积 100 平方千米
1990 年	国家第一家保税区——上海外高桥保税区成立；成都经济技术开发区成立
1991 年	国务院批复成立 26 个国家级高新技术产业开发区；天津港保税区成立；北京经济技术开发区成立
1992 年	国内第一家由外商成片开发的开发区——洋浦经济技术开发区成立，区内土地一次性出让外商经营 70 年；大连保税区成立；张家港保税区成立，是我国首家内河港型保税区，也是唯一的区港合一保税区
1993 年	杭州、宁波、芜湖、合肥、重庆、哈尔滨、长春、沈阳等 12 地成立经济技术开发区
1994 年	中国-新加坡合办苏州工业园区成立，是首家由国内外政府间合作的国际项目
1995 年	科技部开始依托国家高新区组建国家火炬计划软件产业基地

---

① 资料来源：李佐军.中国园区转型发展报告[M].社会文献出版社,2014；同济大学研究院.中国产业园区持续发展报告蓝皮书[M].同济大学出版社,2020.

续　表

时　间	发 展 历 史
1996 年	深圳高新技术产业示范园区开始建设
1997 年	国务院批准部分高新区向 APEC 成员特别开放,促进高新技术产业领域的合作;9 月,合肥高新区、北京中关村、西安高新区、苏州高新区共 4 家国家级高新区被组合为"中国亚太经济合作组织科技工业园区"
1998 年	国家高新技术产业化发展计划——火炬计划实施,创办高新技术产业开发区和高新技术创业服务中心被列为火炬计划内容
1999 年	宁波高新技术产业示范区和榆林高新技术产业示范区开始建设
2000 年	武汉、上海、深圳、杨凌、成都共 5 个高新技术产业开发区被列为第二批向 APEC 开放的科技工业园区
2001 年	首批 22 个国家大学科技园成立
2003 年	科技部、教育部批复成立 20 个国家大学科技园
2005 年	国务院批准成立上海浦东新区综合配套改革试点,是国内第一家综合配套改革试验区
2008 年	重庆寸滩保税区成立,是国内首个内陆保税区,唯一一个"水港+空港"一区多核的保税区
2010 年	中国人民大学文化科技园成立,首家依托大学建设的国家文化产业示范基地
2011 年	"十二五"规划指出:推动中小企业调整结构,提升专业化分工协作水平,引导中小企业集群发展,提高创新能力和管理水平,为产业园区发展指明了方向
2013 年	9 月 29 日,中国(上海)自由贸易试验区正式成立,涵盖上海市外高桥保税区、外高桥保税物流园区、洋山保税港区和上海浦东机场综合保税区等四个海关特殊监管区域
2014 年	北京经开智慧园区在线上搭建了低碳智慧云服务平台,开启统一的园区云服务
2019 年	2018 年 11 月,习近平总书记在首届中国国际进口博览会上宣布"将增设中国上海自由贸易试验区的新片区"。2019 年 8 月,临港新片区揭牌

各地蓬勃发展的工业园区，在财税收入、外资引进、出口创汇、技术创新等方面成为带动和支撑地区经济发展的驱动器。据统计，整个"十二五"期间，东部沿海地区的工业产值超过50%来自园区，西部地区新增产值的50%来自园区。截至"十三五"期末，全国省级以上园区共2543家，其中552家为国家级，1991家为省级，园区集中了全国超过80%的企业，园区工业产值占全国50%以上，园区碳排放占全国总排放量的31%。可以说，园区经济是地方经济的"火车头"和"代表作"。进入"十四五"时期，园区经济带动作用更加明显。2023年初商务部完成了2022年国家级经济技术开发区（以下简称国家级经开区）综合发展水平考核评价工作。此次考核评价首次实施新修订的《国家级经济技术开发区综合发展水平考核评价办法（2021年版）》，对217家国家级经开区2021年度综合发展水平情况进行考核评价。评价结果显示，国家级经开区坚持高水平对外开放，积极推进高质量发展，有效发挥稳外贸、稳外资的"主力军"作用，总体呈现稳中提质的良好发展态势。仅2021年，国家级经开区实现地区生产总值12.8万亿元，占国内生产总值比重为11%。截至2021年末，东部地区国家级经开区主营业务收入30亿元以上、中西部地区国家级经开区主营业务收入15亿元以上制造业企业共1682家，上市企业共894家，较前一年均有显著上升。在对外开放带动作用方面，2021年，国家级经开区实现进出口总额8.9万亿元，占全国进出口总额比重为22.8%，其中高新技术产品进出口额3万亿元，占全国高新技术产品进出口额比重为25.4%；实际使用外资金额381.6亿美元，占全国实际使用外资比重为22%。在科技创新方面，截至

2021年末,国家级经开区拥有国家级孵化器和众创空间573家,省级及以上研发机构1.04万家,高新技术企业5.03万家,较上年末均有明显提升。在绿色发展成效方面,2021年,国家级经开区规模以上工业企业单位工业增加值能耗、水耗和COD排放同比显著下降,工业固体废物综合利用率较上年提高3.8个百分点。

上述数据充分表明,工业园区的建设和发展为我国贡献了巨大的经济效益,部分指标已高于全国经济增速的水平增长,有力推动了我国新型工业化和对外开放的进展,成为我国经济发展的重要支撑力量。

第二节 工业园区环境污染现状及溯因分析

进入21世纪,随着园区数量和规模的不断扩大,我国的工业园区也开始逐渐暴露一系列问题。园区内制造型企业的不断集聚,带来了区域污染的频繁爆发。近年中央环保督察发现工业园区环境污染已成共性问题。全国31个省份中,天津、山西、江苏等8成以上地区所属园区被督察组点名。尤其在县级及以下工业园区,盲目扩张造成的"园区围城",日常运营中的违规生产、超标排放、监管缺失等因素,导致园区环境隐患不断。早在2017年第四批中央环保督察下沉时,工业园区环境问题"自查自纠"就大范围展开,针对污染较为严重的化工园区,共有约230家,其中计划关停100家。在化工大省江苏,南京、南通、苏州等地均提出今后一律不批新的化工园区、一律不批化工园区外新扩建化工生产项目、一律不批化工园区内环境基础设施不完善或长期不能稳定运行企业的新改扩建化工项目。一些合法园区内存在不少企业废水偷排、臭气熏天等现象,周边百姓投诉不断。葛雪梅(2004)总结工业园区问题,主要包括企业扎堆、缺乏产业关联性、法规等制度建设滞后、环境污染加剧等一系列现象,其中对环境污染现象进行了重点描述,认为是未来制约园区竞争力的最要害的问题。

对此,有学者判断工业园区的问题正是来自其政策优势:由于园区在起步阶段一般通过一系列优惠政策吸引投资和高新技术企业入园,为了短期内加快园区发展,部分园区在招商环节甚至有意降低了园区内的环保标准,导致一些高污染、高能耗但产值高、税收高的生产企业进入工业区;另外,部分园区缺乏环保规划指导、园区内部布局混乱、环境执法缺少刚性等,直接造成园区内行业间交叉污染,污染物排放不达标,园区周边的环境投诉与日增多,有些工业园区甚至成为"污染天堂";有些石化园区实际招商未达预期,仅引入寥寥几家石化企业,但征地、建设、配套等已经完成,不得不引入其他类型企业。但前期园内污水处理、固废处置等配套设施,均按照石化企业标准来设计,并不一定符合其他产业类型的企业要求,容易出现设施设备"吃不饱"现象,导致设备运营即亏损,最终或沦为"晒太阳"工程。早在2010年,中华环保联合会就曾对华东地区年均工业产值排名靠前的部分工业园区进行了环境调查,结果显示:包括国家级园区2家、省级7家、县市级9家的18家工业园区均存在严重污染问题,其中水污染100%;大气污染14家,占78%;固体废弃物污染3家,占17%。根据可公开数据的收集归纳,本节以2011—2015年原环保部公布的环境投诉案件为例(2016—2020年暂无公开可收集数据),由工业园区内企业造成的环境污染投诉案件量逐年递增,所占投诉比由19.98%上升至33.59%,如图1.1所示。

图1.1 2011-2015年涉及工业园区环境污染投诉情况[①]

在原环保部通报的重点涉及园区环境污染的案件中,可以发现:涉及园区内企业环境污染造成的周边居民投诉案件较集中,投诉内容涉及废气、废水和噪声三方面,具体如表1.7所示。

不仅如此,在一些园区新污染物的出现成为治理的重点和难点。从近年披露的新闻报道归纳,工业园区新污染物治理难点主要来自三个方面。一是新污染物种类多、识别难度大。我国现有化学物质有几万余种,其中工业生产和使用的新污染物数量大、类型多,如全氟化合物超过上千种,广泛使用的抗生素类

[①] 资料来源: https://www.mee.gov.cn/,检索"园区投诉"收集信息。

表 1.7 2011—2015 年部分曝光园区的环境污染问题[①]

时 间	曝 光 园 区	环境污染问题
2011 年 6 月	浙江杭州青山湖工业园区	未经污水处理违规排放含 10 种左右苯烯类有机物质
2012 年 5 月	山东省滨州市博兴县京博工业园区	化工企业废气污染问题
2013 年 4 月	重庆市巴南区宗申工业园区	废气、噪声扰民
2013 年 5 月	河南省濮阳市华龙区西部工业园区	废气扰民
2013 年 9 月	江苏省苏州市高新区	特铭精密科技有限公司、镁馨科技有限公司恶臭污染
2014 年 3 月	广东省佛山市三水区范湖开发区	广东银洋树脂有限公司异味扰民
2014 年 5 月	安徽省合肥市经济技术开发区	安徽佳通轮胎有限公司废气扰民
2014 年 7 月	天津临港经济开发区	京粮(天津)粮油地下水污染
2014 年 8 月	重庆长寿经济开发区	鑫富化工有限公司异味扰民
2014 年 11 月	陕西省西安市经济开发区	陕西建工集团第三建筑工程有限公司国金华府项目噪声扰民
2015 年 4 月	精细化工(常州)工业园	非法倾倒危险废物;危险品三防措施不到位
2015 年 7 月	连云港化工产业园区	项目超期试生产未申请竣工环保验收;未经环评审批擅自变更生产工艺;废水处理设施不规范
2015 年 8 月	镇江国际化学工业园区	雨污分流不规范;好氧池部分曝气装置损坏;危废未规范堆放
2015 年 8 月	内蒙古腾格里工业园区	工业污水未处理,直接将排污管伸向沙漠排污,媒体曝光

① 资料来源:https://www.mee.gov.cn/,检索"园区污染"收集信息。

也有数百种。而且,园区以常规污染物监测为主,只具备少数新污染物监测识别能力,园区筛查识别的新污染物有限;二是园区新污染物管控体制急需完善。目前,园区新污染物环境生态风险和毒性效应评估研究力度还不够。现有环境质量标准主要以常规污染物为主,涉及新污染物的排放限制较少,主要包含了几种内分泌干扰物和全氟化合物,对于大部分新污染物尚未建立完善的环境管理法规标准,园区新污染物防控意识不强;三是园区新污染物治理管控水平有待提升。新污染物存在环境与健康风险隐患,影响园区污染防治和环境安全,而一些全氟化合物的生产替代品仍然是新污染物;现有常规生化污水处理工艺对新污染物去除能力有限,抗生素及全氟化合物等去除率仅约30%,许多基于高级氧化发展的新污染物高效削减技术缺乏规模化应用,园区新污染物管控能力不足。这些问题都与园区环境管理制度的科学性与有效性密切相关。

可以说,由于园区造成的生态环境污染,严重制约着工业园区的可持续发展,损害了周边居民的生活质量。对此,学者和实务界人员陆续开展了成因研究。雷霞(2009)在其博士论文中将工业园区发展以来包括环境污染在内的各种问题,归结于工业园区的管理体制,虽然由于园区基础条件不同、所在地社会经济条件各异,但管理流程都包含了三个层次,即"制定决策—运营管理—配套服务",这样园区管委会制定的各项制度和措施就将"自上而下"发挥作用。李文明(2003)作为园区管理者在总结工作经验时,从园区环境管理的决策角度分析认为:由于决策阶段和管理阶段的封闭性,导致工业园区企业信息缺乏公开,园区内部各部门之间沟通渠道缺乏,周边公众、第三方服务机构(如环评机构、环境监测机构等)都未有效地参与环境管理的过程中,导致环境问题频发。刘隽等(2004)从园区内的企业角度认为,主要是由于工业园区规划对环境要素重视不足造成。由于园区规划是工业园区选址、定位和未来发展趋势的指导性工作,但在实际操作过程中,园区过于注重经济利益而忽视了环境生态的综合考量,造成实际运营中的普遍污染现象。李永清(2010)作为环保行政主管部门的工作人员,根据管理工业园区环保工作经验认为,在园区招商环节对入园企业生产工艺的环保要求较低,甚至有些园区管理者为了政绩要求,一些高污染、高耗能企业也进入园区,而污染处理配套设施建设不及时,加之园区的公共财政未对环保工作进行专项预算等,造成园区的实际环保管理无从做起。王亚(2015)站在全国园区的宏观角度,认为问题出自目前工业园区的管理体制,他认为当前的管委会作为政府派出的机构,在经济管理职能方面权限较大,但多数缺乏专门的环境监管机构,造成工业园区一方面承担投资发展的任务,另一方面缺乏有效的环保机构力量,存在"想管环保却没法管"的尴尬。廖兵(2013)针对江西省园区分析,发现全省84%的工业园区未设置环境管理专门机构,其人力配备仅为1-2名兼职人员,园区内环境监督和执法力量十分薄弱。根据2019年对全国162个工业园区的抽查,并与全国执行情况对比,发现园区的环保执法状况表现较差,如表1.8所示。

  针对上述各种成因研究,阎川(2008)将环境问题的本质上升至管理制度层面分析,他认为"园区存在的产业联系较弱、环境污染加剧等问题,其表象原因可能是园区规划问题、或是招商标准问题、或是决策封闭,但其根源正是由于缺乏系统的制度所

表 1.8　2019 年我国工业园区环境执法状况[①]

环境执法项目	园区执行情况	全国执行情况	国家环境法律要求
"三同时"执行率	61%	94%	100%
污染物达标排放率	76%	89%	100%
环评执行率	95%	97%	100%

造成,园区的环境管理缺少有力的制度保障体系,那么园区管理极易低效甚至无效"。事实上,自 1984 年建设经开区以来,国内至今尚无一部关于工业园区建设和管理的专项法规,这极易导致建设无序和运营低效。赵云丽(2009)在其博士论文中详细论述了由于制度建设的不系统,造成园区管理体制的僵化和低效;而 Therivel(1992)在战略环评领域,就把具有战略性特点的政策、计划、规划等作为研究环境影响的核心,认为这将使人们的生产和生活行为进行调整,从而对环境产生深远而广泛的影响。

综合上述研究,本书把工业园区的管理制度作为分析园区环境问题的"切入口",充分结合前文工业园区的定义及发展历程,总结工业园区这一特殊经济区域的特点,讨论并厘清工业园区环境管理运行的现状和政策影响要素,构建有助于切实改善园区环境管理的评价体系,并进行定量化评价,达到提高园区环境管理有效性的目的。

[①] 资料来源：https://www.mee.gov.cn/。

第三节 本书的研究方法与研究思路

一、研究方法

本书总体采用理论与实践结合方法,从社会学理论中的场域理论出发,对学术界和实践工作的研究成果进行归纳,分析工业园区发展中涉及的政策文本;通过现场调研、深度访谈、问卷调查等方式追溯园区环境问题和环境绩效的成因与影响因子,运用计量分析法剖析园区环境管理的制度运行过程和特点,同时对构建的评价体系进行了应用。

(1)文献分析法:研读比较关于工业园区环境管理的文献和实践案例,将涉及园区环境问题的管理理论和评价体系进行比较;梳理制度经济学和环境经济学中关于制度内涵和政策分析理论,借鉴国内外成果和评价方法,为本书的理论框架构建和评价方法的选择提供支持。

(2)系统分析法:将环境学和社会学的研究视角相结合。从环境学角度对园区环境问题态势的判定、评估等进行研究;对于园区治理与环境问题的转化机制等研究采用社会学视角。运用系统分析法,对工业园区环境管理制度进行梳理,研究其变化特点和演化思路,构建"数据信息-政策制定-程序过程-实施结果"的分析框架,在工业园区制度系统内对环境有效性及其优化思路展开研究。

(3)文本分析法：梳理并比较已发布的国家级、省市级多项政策，通过统计分析这些政策文本，剖析工业园区制度背景下影响环境有效性的特征，为本书的指标研究提供基础。本书着眼于园区的整体性环境问题，着重考察分析环境问题发生的具体场域，即园区的治理与防范体系、制度和能力。

(4)计量分析法：对影响园区环境管理有效性的制度性因素进行了计量分析，以上海市为案例，收集园区环境领域和经济领域的面板数据，提出假设并建立回归方程进行计量检验，定量化测度各类政策因素影响环境的作用方向与程度。同时，在空间维度，比对不同地域、不同产业发展阶段的园区，分析各因素在各园区的作用效果，在对比中讨论影响因素的作用机理。

(5)调查问卷和深度访谈法：在构建有效性评价指标体系时，利用问卷调查和半结构化访谈进行指标筛选和权重确定，基于相关领域专家的访谈，识别园区的环境管理问题和关键政策要素。

(6)AHP法和模糊综合评价法：基于调查问卷的结果，运用AHP法和专家打分法确定指标权重，然后通过模糊综合评价方法，对实证园区进行打分，量化测度有效性的程度。

二、研究思路

本书总体思路是基于场域理论研究工业园区环境管理制度的有效性，从制度、有效性、环境管理制度有效性等核心概念出发，阐释工业园区环境管理制度有效性的三层内涵，同时，对工业园区制度的环境有效性的功能定位进行了说明，在工具维度

和价值维度上,明确指标体系作为综合评价有效性的工具。本书的研究思路如图 1.2 所示:

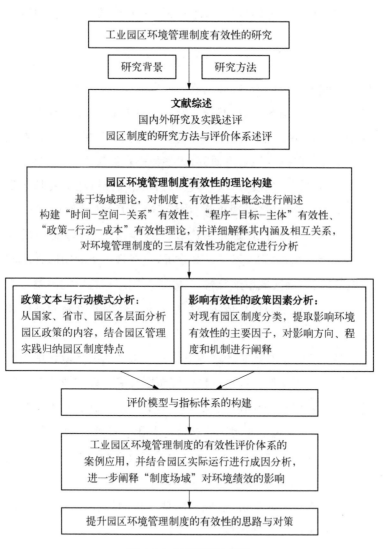

图 1.2 本书的研究思路

三、本书的内容概要及创新视角

本书聚焦工业园区的环境管理制度开展研究,主要内容分为五个部分。

第一部分主要分析工业园区环境管理制度的现状与演变。梳理自改革开放以来,我国工业园区发展的历程,分析园区环境管理制度的演变和特点,总结比较不同阶段园区环境管理制度的作用机制和模式;研究园区环境管理制度的学术性文献,发现关于工业园区的环境管理研究,大多集中在经济学、社会学或工程学等学科框架内展开,对环境管理的绩效分析也主要基于工业生态学、循环经济学或低碳经济理论展开,虽然形成了一系列不同理论框架下的研究结论和评价体系,但这些研究较少深入管理背后的"制度性"因素分析,也忽视了工业园区在不同发展阶段、不同区域属地等特点,缺乏对制度运行中的协调分析以及制度运行中的投入成本,这些问题构成本书研究的动机和背景。

第二部分主要基于场域理论构建了工业园区环境管理制度有效性的分析框架。针对以往传统园区环境管理重绩效轻制度的问题,结合制度的内涵、分类与功能,剖析了制度有效性的内涵;同时充分考虑工业园区的自身特点和空间特征,从"时间-空间-关系"有效性、"程序-目标-主体"有效性和"政策-行动-成本"有效性等三个维度阐述园区环境管理的"制度场域"内涵,并对其功能进行深入剖析,形成面向全过程、对应多层级、体现系统性的园区环境管理体系。

第三部分主要在第二部分的分析框架上,对工业园区环境管理的政策文本分析及实践案例特征分析。通过收集统计国家、省市、园区三级发布的政策文本,运用政策工具和词频分析进行内容分析,从而发现当前园区政策中的问题和特征;运用"制度场域"理论分析工业园区的实践管理模式,总结园区制度设计和实践中的特征因素,为第四部分识别政策因素奠定基础。

第四部分主要基于制度场域视角,识别分析影响工业园区环境管理有效性的制度性因素。在对制度和政策的分类基础上,建立影响园区环境管理有效性因素的分析计量模型,提取包括园区经济规模、产业结构、空间布局、对外关系、资金投入、人员投入、环评执行、规制落实、企业参与等九个变量作为考察变量,根据数据的可得性和公开性,本研究将"十三五"时期纳入生态环境部总量控制的 SO_2 和 COD 作为表征园区环境管理效果的指标,选取上海 25 个工业园区 2006—2015 年的面板数据,分析制度中影响园区环境有效性的因素和机理,特别从空间角度对不同地区的园区制度的有效性影响进行分析。

第五部分主要构建园区环境管理制度有效性的评价模型和指标体系。构建科学合理的评价指标体系,是进行有效性评价的基础。综合比较前人评估模型的优缺点,构建本书研究的评价模型;基于前文对政策文本、园区管理模式、制度中影响因素的研究,组成本书的评价指标集,按照环境管理制度场域形成完整系统的评价指标体系,再运用调查问卷法、层次分析法(AHP)和专家打分法进行指标赋权。以上海莘庄工业园区为案例,基于前述的评价体系和模糊综合评价法取得的综合评价结果,结合莘庄工业园区的实际运行情况,提出优化园区管理的思路和措施。

总之，本书通过分析园区制度对环境治理的有效性内涵，从政策文本和制度实践两方面对工业园区政策中的重点内容和重要因子展开讨论；分析不同类型的制度对园区环境产生的不同影响，并对影响机制进行探索性研究；构建园区制度的环境有效性评价体系，丰富了园区的环境管理理论，为工业园区的实际管理提供操作性较强的管理工具。基于场域理论，结合制度经济学和环境经济学理论，创新性地进行制度的环境有效性理论分析和实证检验，从而为园区提供有较强针对性的管理工具。

本书在理论和实践方面都具有一定的创新价值。**在理论创新方面**，本书将园区的环境影响分析提升至制度层面，构建了制度视角下分析园区环境制度有效性的框架，为园区提供了实践性强的管理工具。克服了以往末端管理的思路，为工业园区的实际管理提供了定量工具，便于管理者在实际操作中不断比对环境问题和相关制度的关系，从而找准问题产生的根源。基于场域理论，从"程序-目标-主体"有效性、"政策-行动-成本"有效性和"时间-空间-关系"三维角度阐述了园区制度的环境有效性内涵，并对其功能进行深入剖析，构建了环境管理制度场域，对体现场域有效性的内涵进行了说明。基于此理论，运用文本统计、案例比较等方法对制度文本和园区管理现状进行了分析和总结；又运用因子分析、计量回归等方法分析不同类型制度实际运行中对环境有效性的影响，用比较分析法探索了影响机制；而后构建了工业园区制度的环境有效性评估框架和指标体系，并综合运用AHP法、专家打分法和模糊评价法等进行实证案例的检验。通过本书的研究，创新性地建立了一套工业园区环境管理类制度的有效性评价指标体系，丰富和发展了园区管理的定量评估理论与方法,为工业园区在环境方面的实际工作提供了具有针对性的管理工具。

在实践创新方面,本书为园区的制度建设提供了新的思路,为优化园区环境管理模式提供了新的管理工具。工业园区作为我国社会经济发展中的重要载体,其经济和环境的协调发展对实现高质量发展有着重要意义。国家现代化治理中提出的"绿色发展"理念①,正是在新型工业化不断深入的背景下所倡导的发展思路,通过经济发展方式的转变,形成"科技含量高、资源消耗少、环境污染少"的生产方式。而绿色发展理念的落地需要通过创新的管理和技术来实现,对于工业园区,制度建设和运行就是管理的基础设施,习近平总书记在论述制度建设时曾指出:"要补齐制度短板,建立良好的制度框架体系,既要重视实体性制度,又要重视程序性制度"。可见,抓住工业园区制度这个源头,能够分析产生环境问题的原因和机制,从而矫正制度缺陷,优化工业园区的实际管理,真正实现工业园区的"绿色发展"。本研究丰富了园区制度的环境有效性内涵,创造性地将场域理论应用在园区制度分析研究中,认为制度实施过程是程序性有效的评价,政策本身在实践过程中,又由于园区地理位置、不同发展阶段、政策间的相互协调,又不断地融合在园区这种程序化的实现中,而制度运行又隐藏着成本的因素,最终以目标化的结果呈现。这三方面内涵相互关联,构成了园区制度的环境有效性理论的"三角关系框架"。在园区制度的环境有效性评价研究

---

① "绿色发展"理念是以人与自然和谐为价值取向,以绿色低碳循环为主要原则,以生态文明建设为基本抓手,构建以效率、和谐、持续为目标的经济增长和社会发展方式。

中,首次运用定量评价方法将环境有效性进行量化,将影响制度有效性的因素分类厘清,并说明了各自的影响程度和方向,细化了不同制度对有效性的影响,为园区进行制度建设和运行管理提供决策支持。通过对制度运行各环节的定量化评估,比对园区管理的现状,准确发现管理缺陷,改进园区的运行体系和管理机制,对优化园区与企业的关系、优化园区与周边居民的关系提供可操作性的政策建议,对园区未来发展在规划和决策环节更加有效地融合环境因素提供策略保障。

第二章 工业园区环境管理制度的演变与研究述评

第一节 工业园区环境管理制度的演变

一、关于工业园区环境管理制度建设的概述

为了更好理解园区环境管理制度的有效性,有必要首先对园区相关制度的演变和特点进行梳理分析。早期的工业园区相关制度和政策主要围绕"产业发展"和"空间集聚"两大主题进行。在园区开发之初,最为密切相关的制度便是工业地产制度,从国家政策来看,自2003年工业地产的概念诞生以来,国家先后密集出台了一系列政策规范工业地产的发展,使得工业地产的格局不断发生变化。2009年至今,国家的一系列政策与措施意在坚决抑制房价过快增长,调控的锋芒直指商品住宅市场,这已成为今后长期调控的主旋律。商品住宅市场的调控必然导致一部分的投资资源转向其他地产领域,其中最主要的就是工业地产领域,而园区地产是工业地产投资领域最为集中的方面。可以说,工业园区的工业化模式实质就是为了引进外资,引进高科技。政府垄断土地一级市场,统一批租,统一搞基础设施,低成本供地,通过土地招商引资。园区工业化,实质是政府掌握发展的主导权,以地

谋发展。早在 2003 年 2 月，原国土资源部便发布了《关于清理各类园区用地加强土地供应调控的紧急通知》，对园区土地的供应和管理提出了要求，这是园区政策中典型的土地类管理政策方向。这些工业园区的地产政策本质上是园区的空间性政策。

另一类园区政策的主题便是产业类，主要包括产业组织政策、产业结构政策、产业技术政策和产业布局政策，以及其他对产业发展有重大影响的政策和法规等。从我国实际采取的产业政策来看，主要可分为行业准入政策、淘汰落后产能政策和产业培育政策等三大类。其中，行业准入管理是我国园区产业政策工作的一项重要创新。自"十一五"以来，针对一些行业在快速发展中出现的低水平重复建设、产能过剩等问题，我国先后出台了一系列行业准入条件，对推动产业结构调整发挥了积极作用。例如针对焦化、电石、铁合金等部分"两高一资"（高耗能、高污染和资源消耗性）行业，从产业技术、产品质量、生产安全、节能环保等方面制定准入条件，提高准入门槛，并通过经济和法律手段抑制盲目低水平扩张，促进产业结构优化升级。这些园区的准入门槛有效抑制了"两高一低"行业的低水平投资和盲目扩张，大幅提升了重点行业大型、高效装备比重，切实提高了工业产品质量和安全生产水平，有力推动了节能减排目标的实现。

针对园区环境管理类的公共政策，主要与园区空间类和产业类政策密切相关，这两大类政策在不同的应用场景融合，例如空间类政策中的生态用地布局、产业类政策中的负面清单等都融入了园区环境管理的内容。随着我国对环境保护重视程度的不断加深，园区环境管理政策逐渐从综合类政策转变为专项类政策，政策内容主要集中于园区管委会等公权机构对生态环境这类公共利益进行选择、分配和落实的过程。专项类环境政策涉及园区管理的不同利益主体。2021年以来,以党中央、国务院发布的"中发36号文"和"国发23号文"为统领的国家层面碳达峰碳中和"1+1+N政策体系"已基本建成,其中"中发36号文"明确提出开展碳达峰试点园区建设,"国发23号文"共13处部署了园区的工作,例如加强园区物质流管理、选择具有典型代表性的园区开展达峰试点建设、打造一批达到国际先进水平的节能低碳园区等,园区环境管理增加了低碳的内容。表2.1是我国关于工业园区的重点专项政策表。

表2.1 关于工业园区的重点专项政策表

序号	文件名称	发文机关	发文时间
1	《关于批准国家高新技术产业开发区和有关政策规定的通知》*	国务院	1991.3
2	《国家高新技术产业开发区外高新技术企业认定条件和办法》*	科技部	1996.7
3	《关于进一步支持国家高新技术产业开发区发展的决定》*	科技部	2002.1
4	《关于国家高新技术产业开发区管理体制改革与创新的若干意见》*	科技部	2002.3
5	《关于加强开发区区域环境影响评价有关问题的通知》	原国家环保总局	2002.12
6	《关于清理各类园区用地加强土地供应调控的紧急通知》*	原国土资源部	2003.2
7	《关于暂停审批各类开发区的紧急通知》《关于清理整顿各类开发区加强建设用地管理的通知》*	国务院办公厅	2003.7

续 表

序号	文件名称	发文机关	发文时间
8	《国家生态工业示范园区申报、命名和管理规定(试行)》*	原国家环保总局	2003.12
9	《关于促进国家级经济技术开发区进一步提高发展水平的若干意见》*	国务院办公厅	2005.3
10	《支持国家电子信息产业基地和产业园发展政策》*	原信息产业部	2006.8
11	《国家生态工业示范园区管理办法(试行)》*	原国家环保总局	2007.12
12	《关于促进产业集聚发展和工业合理布局工作的通知》	工信部	2009.3
13	《规划环境影响评价条例》	国务院	2009.8
14	《关于加强国家生态工业示范园区建设的指导意见》	原环保部、商务部、科技部	2011.12
15	《国家发改委、财政部关于推进园区循环化改造的意见》	发改委、财政部	2012.3
16	《关于加强化工园区环境保护工作的意见》*	原环保部	2012.5
17	《关于进一步加强环境影响评价管理防范环境风险的通知》	原环保部	2012.7
18	《国家级经济技术开发区和边境经济合作区"十二五"发展规划(2011-2015年)》*	商务部	2012.10
19	《关于保障工业企业场地再开发利用环境安全的通知》*	原环保部	2012.11
20	《关于加强工业企业关停、搬迁及原址场地再开发利用过程中污染防治工作的通知》	原环保部	2014.5

续 表

序号	文件名称	发文机关	发文时间
21	《国家生态工业示范园区管理办法》	原环保部	2015.12
22	《国家生态工业示范园区标准》	原环保部	2015.12
23	《促进化工园区规范发展的指导意见》	工信部	2015.11
24	《关于开展产业园区规划环境影响评价清单式管理试点工作的通知》*	原环保部	2016.5
25	《促进开发区改革和创新发展的若干意见》	国务院办公厅	2017.1
26	《关于进一步规范城镇（园区）污水处理环境管理的通知》	生态环境部	2020.12
27	《减污降碳协同增效实施方案》	生态环境部	2022.6
28	《生态文明建设示范区（生态工业园区）管理办法》（征求意见稿）	生态环境部	2023.3

注：* 为目前已失效文件。

笔者对上述涉及园区环境管理的专项政策进行了研读，通过分析园区政策文本内容，可以看出工业园区的环境管理制度设计从关注大气、水、土壤等单一环境要素逐渐转向产业生态化、管理系统化的特点，呈现管理贯穿全过程、内容覆盖经济社会管理领域的特点，即从园区的设立初期在产业准入层面通过规划环评设立环境标准，涉及内容包括环境风险、常见的环境要素等，内容较广。

结合第一章中关于工业园区发展历程的梳理，可以发现我国园区环境管理政策存在这样的特点：其一是先有实践，后有政策法规。以我国生态工业园区建设为例，原环保部门和地方政府陆续出台了一系列政策法规，与各地生态工业园区实践相比,政策制定总体落后于园区实践。例如,贵港国家生态工业示范园建于1999年,但该园区正式批准于2001年,而《国家生态工业示范园区申报、命名和管理规定(试行)》政策的发布却在2003年。其二是缺乏总体政策设计,增加了政策之间的协调难度。赵海霞(2009)曾有总结:工业园区的环境管理制度历程,逐渐从单一的环境治理转为污染预防与资源循环利用结合,但还是没有专门针对工业园区环境污染管理的法律法规,这也造成了园区管理的真空。李伟伟(2014)也指出由于各地园区的地域特征和行业发展周期不尽相同,出现的生态工业体系,大多是自发形成的结果,并无系统政策统一规划。对此,赵莹(2016)在其论文中总结认为,正是不同行业主导下的园区对政策需求不一样,与已形成的政策之间产生冲突,而这种不协调就会诱发污染爆发,环境政策有时又忽略了园区发展,不同部门管理不同环境问题,造成各类污染间相互转移,政策之间缺乏统筹协调,发挥不了综合优势。下面本节对工业园区环境管理制度的演变进行梳理,以对比归纳背后存在的问题。

二、工业园区环境管理制度的起步阶段(1979—1992年)

从宏观背景看,1979年招商局在深圳创办的蛇口工业园区,是国内第一个工业园区,当时其作用在于园区经济在国内的先行先试,主要集中于对劳动用工制度、干部聘用制度、薪酬分配制度、住房制度、社会保险制度、工程招投标制度以及企业股份制度等方面进行探索。在环境管理上并未有专项规定,只是在条文中概括性地留有"注意环境保护"字样。

这一阶段是我国环境政策发生重大改变的时期,由重工业导向转变为现代化发展,环保政策的相应变化开始显现。1973年第一次全国环境保护会议,审议通过了《关于保护和改善环境的若干规定》,这是我国环保工作的开端,主要围绕国家的环境规划、资源使用、环境保护等展开,尚未出现专项政策;而1979年9月颁布了国家首部《中华人民共和国环境保护法(试行)》,1988年国家环保总局成立并作为国务院直属机构。该阶段制定颁布了12部资源环境法、21部行政法规、24部部门规章、地方法规达到127部、地方规章达到733部,形成了较为初步的环保法规体系,而这些法律法规中对于工业污染防治的相关表述都直接或间接地适用于工业园区,但显得较为分散且其作用并不集中。

与园区本身的发展历程比较来看,园区几乎与国家环保政策同时出现,但都还是在工业化的大背景下统一论述,并未专门设计园区的环保政策。1978年后,我国的工业现代化战略兴起,相关的环保政策还未针对日渐开始的园区建设进行规定,尚未涉及园区规模控制、用地强度、用地类型指标、能源强度等园区环保的深层次问题。园区政策主要以国家级经济技术开发区、国家级高新区等的设立或起步政策为主。

三、工业园区环境管理制度的发展阶段(1993—2003年)

1994年国务院讨论通过了《中国21世纪议程——21世纪人口、环境与发展白皮书》,提出了国内需要经济、社会、资源和环境协调发展的可持续发展理念,同年,将可持续发展正式作为国家发展的基本理念之一。1994年,国家开始实施环境标志制度,同年5月环境标志产品认证委员会成立,对于工业化产品需要进行环保标识。1996年1月,国家环保局环境管理体系审核中心成立,ISO14000 环境管理系列标准实施。最为突破的是 1998 年国家环保局升格为国家环保总局,提高了环保部门的管理地位。在此背景下,2002 年前后,国家相继颁布了《清洁生产促进法》《大气污染防治法》等多部新法。

这一阶段的园区建设进入快速增长时期,园区专项政策开始重视园区规划,并相应提出"园区产业走可持续发展道路"的口号,1996 年出台的《关于抑制部分行业产能过剩和重复建设引导产业健康发展的通知》,第一次明确提出从环保门槛入手,以建设项目环评为抓手,对钢铁、水泥、煤化工等产业进行约束,园区政策的产业约束功能内涵开始丰富。该时期的另一特点是高新技术产业园区增长强劲,根据作者统计的 1992—2003 年的十年里,高新技术园区的数量年均增长率达到 36.7%,而同一时期国家经开区的增长率为 13.1%,园区政策鼓励产学研结合发展,并试点进行大学创新基地等,或邻近园区或在园区内设置,以此带动园区的创新发展。这一阶段由于 ISO14000 的普遍实施,园区企业的环境管理便有了规范性管理标准和流程,便于数据资料的收集保存和园区管委会的历史回顾和预测,为园区管理提供了十分具体的政策抓手。

四、工业园区环境管理政策的深化阶段(2004 年至今)

进入 2005 年,国家的工业化进入高速发展阶段,针对工业制造引发的环境污染和资源浪费日趋严重的现象,国务院 2005 年 12 月发布《促进产业结构调整的暂行规定》和《关于落实科学发展观加强环境保护的决定》,并划分优化开发、限制开发和禁止开发,这其中隐藏的思路是转变产业结构,向着集约清洁的发展观转变,这对园区产业集聚产生了十分重要的影响。另外,2008年,国家环保总局再次升格为环保部,从行政级别层面进入国务院组成部门,直接参与各项政策的制定,为工业园区的环保管理提供了有力的行政机构保障。

园区的环境管理政策在此阶段响应显著,开始出现了以"规划环评"为代表的政策体系,对工业园区环境管理有针对性意义的管理制度,并且开始向发展规划、土地利用规划等源头政策的评估展开。自2005年后,对于区域环境风险的关注开始加大,工业园区的环境监管制度开始逐渐转向环境风险领域。

2013年后,开始突出可持续性的主题以及环境保护指标的导向作用,持续发展的本质是协调园区的存量和增量,突出内外部的交流,强调经济社会和谐发展模式,其评价指标体系包括五个方面的系统指标,包括经济发展指标、创新发展指标、产业合作指标、公共服务指标和社会发展指标。2013年11月,党中央印发了《中共中央关于全面深化改革若干重大问题的决定》,提出紧紧围绕建设美丽中国深化生态文明体制改革,加快建立生态文明制度,健全国土空间开发、资源节约利用、生态环境保护的体制机制,并对改革生态环境保护管理体制作出了具体部署,园区的环境管理体制也相应发生了变化。

进入2015年后,特别是新《环境保护法》施行后,加大了对污染企业的处罚力度。此时的环境管理制度,入园企业不仅要满足国家地方规定的污染物排放达标等常规目标,还要有意识地形成和完善工业生态链,并且从区域一体化发展角度出发,对入园具体项目提出了"生态环境—经济产业—资源利用"协调发展要求。2021年11月,中共中央、国务院印发《关于深入打好污染防治攻坚战的意见》,以实现减污降碳协同增效为总抓手,以改善生态环境质量为核心,以精准治污、科学治污、依法治污为工作方针,统筹污染治理、生态保护、应对气候变化,保持力度、延伸深度、拓宽广度,以更高标准打好蓝天、碧水、净土保卫战,园区的环境管理突出精准、科学、依法的特征,园区的环境管理内容涵盖了生态环境、经济产业和资源利用,表2.2总结了园区制度中涉及环境与资源的内容。

表2.2 园区制度关于环境和资源的主要内容

项目分析	主 要 内 容 分 析
生态环境类	主要考核园区内主要污染物的排放达标情况、总量控制达标情况
经济产业类	主要考核单位工业增加值的废物排放量、处理处置率、综合利用效率以及相应的环境管理制度实施状况
资源利用类	采用单位产值能耗、水耗等资源生产力指标反映企业资源的利用效率、清洁生产的执行情况以及土地的集约利用程度,对土地的集约利用严格把关

通过梳理上述工业园区环境政策的演进,可以发现,关于设计工业园区的环境政策内容,由于更加集中于某些地理边界内的区域,其利益相关方的指向更加明确,他们之间的矛盾也更具有规律性,各方利益诉求呈现动态博弈。与其他环境问题不同,工业园区内的政策关联方,或多或少都具备一定程度的相关环境管理知识,面对污染本身都有一定的认识。因此,他们在对政策目标指标和政策可行性认识等方面有更加有效的参与方式,各方被置于共同的认知基础,即环境质量的改善。在园区环境政策的制定上,既要注意与其他工业企业污染问题的共性,还要

注意区域内的空间性特征;既要注意利益相关方的诉求,又要顾及管理层次的不同。通过阅读园区政策内容,能够直观发现园区环境政策的三个特点。

第一,关联性。由于园区环境议题呈现复杂的特征,其相应的环境政策在环境问题中易出现失灵,这也反映了环境管理的复杂性。由于产业技术的不断更新,企业集聚的不断加快,综合性、区域性的环境污染成为主要现象,之前的环境标准或治理呈现出碎片化的特征,即"出现一类问题解决一类问题",存在被动式的决策情景。而一类环境问题的出现,管委会、企业、政府、公众视角不同,相应的归因也有所不同。例如,园区企业污水造成周边鱼塘污染,受害居民的关注点在于损失及赔偿,企业关注污水怎么造成污染的技术问题及化解矛盾,管委会则关注园区基础设施的完善及职能部门的权责,当地政府则会思考如何加强监管及社会民生问题。因此,园区环境政策的成型一定是交叉综合的结果,这体现了园区环境政策的关联性特点。

第二,层次性。如果说关联性的环境治理是局限于相关方水平视角下的思考,那么,层次性特点则是对园区环境政策垂直视角下的体现,即环境政策会不断衍生或分解若干新的子一级问题。例如,对于工业园区大气污染的发生,会分解为众多子问题,包括治污技术问题、企业环境管理缺失问题、管委会未履行监督职能的问题,等等。再如,由于工业园区涉及城乡一体化,又会存在如园区与周边民众关系的处理、生产空间与生活空间平衡等问题。随着不断深入,各个问题将细化为"为什么技术、管理不到位""是否会出现管委会和企业合谋的情况""怎样树立执法刚性"等深层次问题。在此背景下的环境政策需要分类与分层处理,对应的管理手段也要考虑政策执行过程中的层次问题。

第三,协同性。随着园区企业形成聚集趋势,工业园区的建设能够带动周边的就业,特别是形成一系列生产性服务业企业。因此,为了利用工业园区产业集聚的优势,地方政府有充足的动力建设工业园区,相应的环境政策更需要与经济政策相互协同,用综合力量推动园区绿色发展,真正形成绿色竞争力,让环境政策吸引优质企业的加入,形成磁吸效应。另外,城乡一体化发展中,园区政策的制定将突破园区物理边界,将周边环境质量、人居生态安全等问题一并考虑,政策属性要协同区域整体发展,而不是局限于单个园区的发展。注意到这一点,有利于发挥园区政策的综合作用,产生绿色品牌,形成吸引力,反馈招商引资等经济活动。

第二节 工业园区环境管理制度的学术研究和实践述评

一、关于工业园区的相关研究与实践述评

为了深入理解园区环境管理制度的有效与否,本节对工业园区环境管理等所做的相关研究进行背景统计分析。所选数据库来源为中国知网(CNKI)和英文文献数据库 ISI Web of Science。

根据统计,国内首篇关于园区的介绍性文献是1982年发表于《广东金融研究》的《园区介绍》一文,该文是关于园区建设、国外经验概况的文献,主要对于国外园区的分类、各类园区的特点及建设经验进行了总结,并结合广东省的工业园区管理提出了

第二章 工业园区环境管理制度的演变与研究述评

前瞻性建议,这也是国内第一篇针对工业园区的文章。

通过 CNKI 和 ISI Web of Science 数据库,运用文献计量方法,对 1982—2020 年涉及"工业园区生态环境"主题的国内外研究论文进行对比统计,可发现以园区管理及环境管理为主题研究的硕博论文始于 2000 年,至 2020 年共有 522 篇硕博论文涉及工业园区,期刊论文达到 9 867 篇,合计 10 389 篇。国内外研究均呈稳步递增态势,在 2008 年后国内发文量快速增长,年均增长率达到 11%,这与国家提出建设"两型"社会有一定关系;而国际发文量的绝对数量较国内少,递增趋势较快,年平均增长率为 16%。

根据检索出的文献导出题录,将文献进行国内外分类,再使用 Note Express 3.2 进行筛选,运用 Biexcel、Ucinet 和 NetDraw 等软件进行词频分析。在 CNKI 的学位论文数据库及学术期刊数据库中,以"开发区/产业园区/经济技术开发区/高新技术开发区/加工出口区/工业园/工业园区/园区"+"园区制度/生态环境/生态治理/环境治理/环境管理"为主题词进行检索,并侧重社会科学领域,将偏重工程技术类的文章剔除。根据对检索结果的主题频次排序,对被引用 5 次以上的 1 259 篇文献进行标题和主题词分析,研究热点主要包括生态工业园区、物质能量集成、低碳发展、产业共生、绩效评价、发展模式、园区管理、土地利用。国内的园区环境管理,大多基于物质循环、节能减排、低碳发展、规划评价等主题展开,侧重于物质、能源、土地和水等资源的集约高效利用,政策建议多从发展循环经济、构建生态工业、合理规划设计、加大基础设施投资等方面入手。具体如图 2.1 所示。

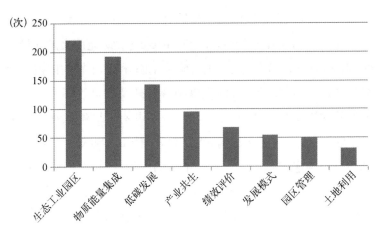

图 2.1 基于中国知网的热点主题分析

在 ISI Web of Science 以检索式"TI = industrial park/industrial symbiosis/industrial complex/zone/area"和"TI = environment governance/ecology management"进行标题检索，对于 1982—2020 年国外关于工业园区环境管理的研究统计，达到 7 190 篇文献。国外关于园区的研究最早可以追溯至 20 世纪 30 年代，主要集中在经济学领域展开。通过关键词频分析及排序归类，其分析热点主要包括以下方面：第一，是针对园区内的物质循环利用和污染物治理展开的研究；第二，是针对园区整体的政策体系、社会网络、信息集成等方面开展的研究；第三，主要集中对于中国的生态工业园区建设及绩效展开的研究，主题包括园区内的物质代谢、能值分析、生态效率分析、温室气体核算、生态网络分析等。具体如图 2.2 所示。

针对本书从制度层面研究园区环境问题，本节在国内 CNKI 数据库中又以"园区"+"制度/管理"为主题检索，自 1982—2020

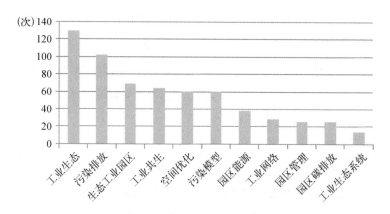

图 2.2 基于 ISI Web of Science 的热点主题分析

年文献共计 26 422 篇,同样对研究主题进行关键词分析,主要可归纳为四方面内容:第一,集中于经济层面,以增长极、产业集群为理论主线,探讨园区土地利用、产业集聚、人力资源、对外交流、经济绩效、区域一体化等;第二,集中于管理体制模式研究,对管委会行政的独立性、园区内的市场化程度等进行了研究;第三,集中于园区发展面临的困境,主要针对政策洼地、虹吸现象、政企不分、社会职能缺乏等问题展开,园区与周边区域的融合途径类研究逐渐增多;第四,针对园区的宏观发展机制和微观基础进行的讨论,特别对创新技术如何推动园区发展的机理和对策提出了较多观点。但尚未有研究从制度层面分析园区环境的有效性问题,这为本书提供了研究价值。

总体来看,关于园区的研究主题涉及领域广泛,主要还是围绕园区经济发展和公共管理的背景展开,涵盖了区域经济、公共管理、行政法、社会学等多类学科,形成了大量案例研究和评价体系研究。国内工业园区的理论研究最初开始于 1993 年,皮黔生和陈钺合著的《中国经济技术开发区研究》,对国内已建设发展的经开区进行了回顾和经验总结,对我国发展开发区提出了建议。已有的研究多集中于区域经济学、产业经济学、发展经济学、公共政策学、城市经济学、经济地理学等学科领域。下面对相关代表性研究进行归纳。

(一)自由经济理论与政府介入

在西方经济学语境下,工业园区是市场作用下产业集聚的产物,是为企业提供各种便利的公共基础设施平台。随着园区经济对区域经济贡献的逐渐增大,园区开始担负一定的社会服务功能。虽然园区在初始阶段具有一定的自发性,但一旦园区本身的市场经济利益不能持久吸引区外先进企业集聚时,便表现出了一定的市场失灵,政府此时便开始介入。具体实践案例如 20 世纪 60 年代的新加坡的裕廊工业园区,在建设后得到政府的财政补贴甚至直接投资,用以培育产业的竞争能力。这些都是自由市场出现失灵后政府介入园区管理的实例表现,这也说明了园区管理制度仍是偏重于公共服务的"补位"。

(二)产业区理论与产业集群

产业区理论是国外对于工业园区产生原因和发展特点解释最多的理论之一,仅 ISI Web of Science 数据库中关于产业区的理论研究在 1990—2020 年有 1 147 篇。根据相关文献归纳,产业区理论主要来源于新古典经济学中的产业集聚理论,是指类型相似的中等、小微企业陆续集聚于某地区,逐渐发展为规模化的产业经济。马歇尔(1890)作为产业区理论的代表人物,在其著作《经济学原理》中,对产业区形成的原因、生命周期进行了详细阐述。他认为,园区初期在固定区域主要负责吸引企业集聚,产生经济外部性；中期主要鼓励延展各产业链条，企业开始追求规模经济效应；后期则承担周边区域经济发展任务，带动整个社会层面的规模报酬递增。具体的实践案例包括20世纪30年代末剑桥科学园区(英国)、硅谷(美国)、索菲亚·安蒂波利斯科技城(法国)、筑波科学城(日本)等园区，均是先形成产业集聚形态，而后逐渐打造园区内部的规模化经济，最终带动周边地区的经济发展。

由于产业区是由不同产业聚集而成，这就涉及产业本身发展的周期问题，随着新兴技术和管理模式的发展，产业区开始自我更新。例如意大利东北部地区，传统工业由于技术未有效更新，经济开始衰退，随后行业之间开始寻求产品间的相互关联，自发形成了众多工业小区。对此现象，1990年学者Bacattini提出了新产业区概念，即具有共同社会背景人群和企业在一定自然地域内自发形成的社会地域生产综合体。新产业区的特点在于企业之间基于相互信任构建了稳定协作的关系网络，产业区内开始显现产业集群效应。

国内关于产业集群的研究始于20世纪80年代，张蕴岭和顾俊礼(1988)归纳国外的产业区现象，对产业集群进行了初步定义，认为是商业企业集团和非商业组织构成的集团，支撑集群的原因在于有产业链关系或公共客户或技术。王缉慈(1994)认为集群的作用在于能够将特定产业中的企业、相关支撑机构(如行业协会、科研机构、金融机构等)联系起来，从而在地理范围内集聚，并形成核心竞争优势。王缉慈、盖文启等(1998)研究提出了高新区发展存在包括创新力、组织有效等多个要素，并判断唯有形成集聚经济，才能形成区域性的增长中心，推动地域经济的发展。这是首次将产业集群发展和区域发展统一在园区建设研究中。刘友金(2001)和黄鲁成(2001)则从如何提高产业集群机制角度,分析研究了园区内企业聚集潜在的脆弱性和失效性等问题,并提出了建设性对策。而在论述产业集群和工业园区形成之间关系的研究中,陈薇(2004)认为由产业集群形成的工业园区在提高生产效率、提升创新力、增强集聚效益三方面具有显著优势;傅亮(2006)则以南昌工业园区为案例,研究产业的集群化机制,并论述了如何由集群逐渐发展为园区的路径,具有典型的案例价值。张润丽等(2006)从产业集群角度,对高科技工业园区的发展特点进行了讨论,以"武汉·中国光谷"为案例,分析了科技工业园区的演化过程和典型特征,包括需要充分的科技储备资源、创业环境优良、知识产权明确、政府扶持高效等。

从上述研究可以发现,由于园区内产业集群的特点,因此在研究园区相关问题时,需要考虑园区内由产业发展周期性不同导致的各产业发展阶段不同步的现象,需要考虑园区所处区域的地理空间等因素,而这些也都是在研究园区制度时应该纳入的考虑要点。

(三)产业链理论

查阅2004年后的文献可发现,以产业链为主题的园区研究文献有陡增趋势,仅2004—2010年,相关论文达到164篇之多。其中具有代表性的学者,如李靖等(2007)提出园区的建设应深挖产业链的专业化和创新性。陆蓉(2004)则剖析了园区产业链在高新技术产业化园区内实现的模式。刘宝发(2006)则根据工业园区的不同类型,提出综合性园区产业链生态化,特色园区产业链创新化的观点。而对于高新园区,吴神赋(2004)则提出园区在初期阶段的特征,应是能量的积累阶段,应在土地、税收等方面设计有利条件,广泛吸引高端的技术公司入园,并通过规划建设配套公共设施等促进高新产业链的加速完成。

在案例剖析方面,张小勇(2005)以芜湖经济技术开发区为案例,从产业集群的视角研究了园区如何吸引龙头企业进入,如何逐渐通过"补链""拉长链条"演化至"产业集群"的历程。王少华(2004)以浙江的某园区为例,从网络视角研究了园区在不同历史发展阶段,通过产业链的上下游实现可持续发展的模式。张慧民(2006)在其论文中,以四川自贡为例探讨了产业集群与工业园区间相互演变的机理,特别是从时间尺度对集群和园区形成的先后关系进行了探讨。孟涛(2006)利用产业集群理论,以北京马坊工业园区经济发展为案例,剖析了产业链在形成过程中对区域产业竞争力的提升作用。在2010年后的研究中,学者对于工业园区产业链形成过程显现的问题相继进行了研究。魏威(2011)认为,加入WTO后工业园区的建设初衷是吸引外资为主,但许多外资或合资企业仍呈现出原形设计等研发环节和售后技术服务等两头在外,高附加值环节在外而低端制造加工在园区内的局面,这造成园区内的原创技术没有扎根地方的问题。

谢品(2013)在其博士论文中,针对当前国内工业园区企业扎堆、缺乏专业化分工、企业间合作程度低、资本与人才流动速度慢、产业链不考虑当地产业特色、园区内专业化服务机构欠缺等问题进行了详细梳理,并提出了网络视角下的产业集群思想。

总结以上学者对于相关产业园区的集群现象的研究,主要是建立在实证案例基础上的总结,都是从产业链角度认识园区,因此,相应的园区制度就会注重培养和拓展园区的产业链,并利用产业链的上下游联动优势,带动环境污染的整体治理(见图 2.3)。事实上,循环经济园区和生态工业园区都以此为基础开展建设。

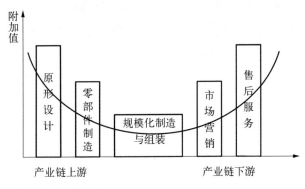

图 2.3　工业园区内企业产业链分布

(四)增长极理论和"核心-外围"模型

增长极理论是支持工业园区发展理论中的另一支主流理论,其基本思想来源于地区内部经济增长和发展的不平衡性。代表学者佩鲁(1950)提出了增长极理论,基本思想是由于地区经济发展的不均衡,形成区域内的增长点或增长极,之后不断外扩形成以增长极为中心(也是该地区的地理中心),带动周边地区发展的地区性经济综合体。

基于佩鲁的增长极理论研究,1991 年美国经济学家克鲁格曼提出了"核心-外围"模型。在该模型中,克鲁格曼将空间区域分为核心区和外围区,核心区主要是制造业地区,其主要作用在于集聚或扩散资源要素,带动外围地区发展,最终达到区域经济一体化;外围区则是以接收核心区扩散的创新信息为主。这种由内到外的资源扩散,使得核心区与外围区不断融合,逐渐达到工业集聚地区的经济发展一体化。该理论的先进之处在于将经济学与地理学进行融合,奠定了工业园区与地区发展之间关系的基础理论。

由于国内工业园区一般在城市郊区或重新规划土地兴建,具有强烈的地域依托特征,因此讨论工业园区和城市区域工业一体化的国内研究十分丰富。顾朝林等(1998)就从园区地理位置和园区周边社会经济发展入手,对国内的产业园区宏观发展进行了较为全面的梳理,指出了三种园区发展模式:(1)创新与孵化器模式,即园区周边有大学与研究中心,可作为科研基地;(2)传统升级型,以转型和升级传统产业为目标而设立的研发型园区;(3)出口加工型,主要以建设外向型产业为主导。这三种模式共同帮助区域产业升级。张卫东等(2006)系统研究了园区总体规划过程中,产业集群如何促进周边地区经济的问题,指出园区规划应该结合城市规划统筹考虑。借鉴新经济社会学派的研究,园区的根植性解释了园区的社会文化因素如何和当地产业融合。程工等(2006)就中国园区的运行体制、产业发展战略与当地社会经济规划融合等命题进行了研究。范晓屏等(2005)从社会网络与社会资本角度分析了产业集聚、地区经济之间的耦合关系。

事实上,在涉及工业园区的空间布局层面,特别是与城市发展空间结合的研究中,最早可追溯至2004年。姜锋(2004)在其论文中率先从"园区在城市中的空间布局"角度切入,论述了城市中分布的工业园区如何连接形成园区系统,最终与城市整体发展融为一体,提出了"工业园区-园区系统-区域经济"的互动耦合理论。无独有偶,鲁小波(2005)以大连市工业园区规划布局为案例,综合评价了98个工业园区并进行了排序,通过相互比较确定了工业园区不同的产业规划,并提出了提升工业园区发展级别的建议。这便是从城市布局角度对园区建设进行研究。胡上春(2006)系统分析了重庆某工业园区用地现存的问题,结合生态工业的规律和共生模式,在城市规划空间布局优化的政策背景下,研究了工业园区的用地优化模式,认为园区的土地利用结构对园区各方面发展影响很大。张仁桥(2007)则在研究中以长三角为讨论对象,将其看为一个整体,站在产业集群角度,对产业集群在区域空间上的分布组合关系进行了研究。易成波(2008)在研究中构建了城园一体化理论,认为工业园区的发展阶段与所在城市的发展阶段存在同步、领先、滞后等关系,随着园区的不断成熟扩张,将形成城市的某个新区,最终形成产城融合的形态。

从上述研究来看,站在园区与区域一体化的高度分析园区发展,为本书研究园区的环境污染问题提供了很好的空间尺度视角。

(五)园区制度与管理体制

由于工业园区在管理中,管委会常常作为派出机构进行委托管理,从制度等政治学角度研究园区管理逐渐兴起。闫国庆(2006)认为园区的建设和运营是不断制度创新的结果,政府作为制度安排的主体,在园区政策的优惠程度、公共平台搭建、配套服务等方面起指引作用。易希薇(2010)在研究园区制度与园区绩效时更是明确提出,国内对工业园区的研究主要集中在探讨工业园区的建立、发展模式及评价体系等方面,较少涉及对工业园区绩效及其影响因素的分析,而作为我国特定的行政、财税等制度的产物,工业园区的绩效并不完全是市场规律和现有的市场竞争的函数,近年来出现的重复建设、规模不经济、绩效低下等现象很大程度上是政府竞争行为的结果。关于园区建设中产生的问题,研究的目光开始投向制度、体制等管理学领域。朱永新(2001)在其专著中对工业园区的管理体制进行研究,归纳了以下两方面课题,包括:(1)工业园区在地方政府和市场的关系调节中如何发挥纽带作用;(2)由于政企不分、经济开发职能和社会管理职能间的矛盾、工业园区与周边城区矛盾等问题,工业园区如何选择符合自身特点的管理工具。工业园区的研究不再仅仅从经济目标的实现出发,开始探索工业园区的现代化管理问题。

(六)循环经济园区和生态工业园区

进入 20 世纪 90 年代,随着循环经济学和工业生态学的研究深入,国内外关于园区的研究转向了生态工业园和循环经济园。循环经济(Circulative Economy)是由美国经济学家波尔丁率先提出的。其核心思想是摒弃传统经济理论中"自然资源—产品用品—废物排放"的流程,试图让自然资源能够在社会经济发展过程中得到最大效率的流通和利用,减少对外界资源的依赖。其基本原则就是资源减量、再利用、废物资源化,通过副产品和废物的循环利用,达到最大限度地减少对外在资源的依赖。其基本思想如图 2.4 所示。

循环经济园,就是在园区内既考虑产品上的互补性,又考虑生产上的互补性,还顾及企业之间的互补性,以最小环境代价换取最大经济效益,在这种思想下形成集约化的产业集聚。程达军(2006)在研究中认为,循环经济园区是园区企业能够将生产中的上下游有序联系起来,形成生态产业链,模仿自然生态系统的生产者、消费者和分解者,以资源为纽带形成具有产业联系的企业生产联盟。

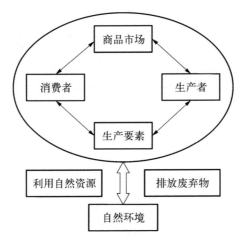

图 2.4　循环经济基本思想图

1995年Frosch和Gallopulos正式提出工业生态学概念。其核心思想是：不再孤立看待社会经济系统，而是将其纳入生态系统，即社会经济系统是生态系统的子系统。邓南圣(2004)将该理论的形成背景通俗地解释为人类从自然界中获取的资源是有限的，且自然界纳污能力也是有限的，若在攫取和排放两端均超过自然界的承受能力，将损害自然界的发展。美国Indigo发展研究所率先提出了生态工业园的概念。1994年，Lowe在美国首次对生态工业园进行了定义：生态工业园应是建立在一块固定地域上由制造企业和服务企业形成的社区，此社区的形成将比单个企业获得更大的"社会-经济-环境"效益。此后国外学者相继提出了多种不同定义，Côté R(1992)认为生态工业园区是保持自然资源与生产成本的平衡；Eurostat(2001)提出生态工业园区核心是运用环境资源的管理合作，达到环境效益与经济效益的共振。美国总统可持续发展委员会(PCSD)认为生态工业园的核心在于能够实现材料和能源的流动,最大化利用废物,建立可持续的生产模式。

国内学者万君康(2004)较早提出了"企业主导型、改造重构型、产业关联型"的生态工业园区建设模式。徐海(2007)则从资源的综合利用、园区内企业地位分布等角度对生态工业园区的组织模式进行了分类,包括中心型、平衡型和多元型三大模式。李敏(2007)认为生态工业园区可抽象为工业化的生态系统,内部也有生产者、消费者、分解者等角色。

在实践层面最为经典的就是丹麦的卡伦堡生态工业区,经过多年发展,该园区内自发形成工业共生体系,包括发电厂、炼油厂、石膏厂、水泥厂以及集中供热供水的复合生态系统。生态工业园区的发展是基于工业化可持续发展的要求,是循环经济学和工业生态学理论发展的结果,这成为实现工业园区绿色化发展的主要研究对象。

我国生态工业园区的建设始于2001年,原国家环保总局批准了我国第一个国家级生态工业示范园——贵港(糖业)国家级生态工业示范园区。在近二十年的建设中陆续出台了一系列法规政策,逐步形成了综合类、行业类和静脉类三大生态工业园区。截至2015年12月,全国共有37个国家生态工业示范园区通过评审,71个园区处于规划论证中。

(七)园区创新理论

奥地利经济学家熊彼特在其1912年的专著《经济发展理论》中提出,创新是社会进步变革的核心,其成败在于企业所在环境有无营造创新氛围。当新的生产方式突然出现时,新的经济动力就会到来。作为生产企业集聚的工业园区,应将创新作为园区新时期发展的原动力。基于此,迈克尔·波特从集群与创新相互关系的角度,站在产业竞争优势层面分析了产业集群的形成。他认为,产业集群在地理属性上,是彼此紧密联系的企业及企业相关的其他支撑机构在空间上的集聚现象,更是企业之间相互竞争的现象,产业集群内的竞争压力、持续比较可以提高集群企业的持续创新能力。当然,产业集聚发展,不同产业集群所在地点的进入,创新优势的建立,产业集群的形成通常需要10年或更长时间在广度与深度两个方向继续成长,以此加强产业集群的优势。魏心镇等(1998)在讨论高新区的建设特点时,论述了作为创新特性的一种表现,园区开始逐渐呈现创新孵化器的功能,主要为拥有技术、资金、新商业模式的初创企业提供发展场地。由于新创办的中小企业先天条件欠缺,需要孵化基地给予配套资金或技术的扶持,进行有组织的、适时的交流合作、信息共享和相互扶持,从而促进企业的快速成长。工业园区是孵化基地的最好选择,内含有新生企业的孵化空间,如配套设施、孵化场所等,这为企业经济的不断发展提供了良好基础。刘厚俊和沈剑平等(2003)分析类似中国的发展中大国,认为园区一旦进入发展周期,其核心发展动力一定来自园区建立的创新机制,并在案例分析中,设计了技术转让的相关机制。郝吉明(2022)关于构建工业园区减污降碳协同增效的研究中,认为首先要对园区产业活动与生态环境系统的相互作用进行全面揭示,从企业工业过程层面入手,自下而上开展园区精细化的物质流、能量流和水代谢分析,运用生命周期分析的方法,刻画园区碳足迹。在此基础上,开展园区经济流动分析,算明物质能量流相互的价值增值过程,还要针对关键减污降碳措施进行技术经济分析,在此基础上

第二章 工业园区环境管理制度的演变与研究述评

设计园区绿色发展路径。

在实践案例中,以创新发展为特色的诸如英国剑桥工业园区、美国硅谷、印度班加罗尔的工业区等世界知名工业园区,通过引进研究设施,投入研发资金,来增加服务和支撑工业,并集聚了大量科学家和工程师组建新公司,使他们互相联系和影响,通过技术创新与扩散将科技转化为生产力,不断形成创新优势。近年来,国际上绿色发展强调培育经济发展的同时,需要持续地保持资源、环境及生态系统的服务功能,这种经济发展与资源环境消耗间的关系常用"脱钩"来表达,即实现经济增长与资源消耗和环境质量影响脱钩,具体又分为相对脱钩和绝对脱钩。对工业园区而言,提高园区的资源产出率和碳生产率,是园区脱钩发展的重要任务和努力方向。通过以上论述可以发现工业园区从形成至运营,背后都存在不同的动因,这为分析园区制度提供了不同的研究视角。

二、关于工业园区环境管理模式的研究与实践

上一节提到在园区管理制度演变中,涉及园区环境管理的内容逐渐和园区整体的管理体制结合,因此有必要对工业园区的环境管理模式进行调研。齐晔等(2008)在其著作《中国环境监管体制研究》中对国内的环境管理进行了详细的梳理,对现行的园区环境管理从纵向与横向两个角度进行分析,园区的纵向管理主要是由地方各级人民政府及环保行政机构进行,属于"块块管理"模式;而横向管理主要从细分专业方面涉及除环保机构之外的其他相关专业管理部门,例如水环境保护涉及环保局的水污染防治部门,还涉及水利部门;大气污染涉及交通运输部门

等,也就是说,这种管理为"条条管理"。这对园区当前的环境管理特点进行了很好的归纳。

在研究园区环境管理遇到的困难时,主要集中于"管委会行政主体地位不明确""管理职能权限模糊""管理体制受多重外力制约"等问题。郭会文(2004)指出:"管委会不是一级政府,也不是地方人民政府的派出机构,造成与上级政府及其部门之间、管委会内部各工作机构之间、职能工作机构与上级政府主管部门之间的关系和权限含糊不清,使得一些地方政府对管理委员会的权限、职能随意性较大,无刚性约束。"皮黔生(2004)就指出,工业园区的管理体制是追求创新驱动,这决定了无法与传统管理体制融合,特别在涉及产业创新、节能环保等前沿问题时,将造成两种管理体制的摩擦,最终将"拖回"传统体制内,这对工业园区的发展不利。

为了分析清楚工业园区环境管理的地位和作用,需要对工业园区整体的管理体制进行分析,并且需要将环境管理放在与地方政府的管理体制互动中进行考察。国内外对于工业园区的管理模式主要集中以下六个方面。

(一)基于产业链角度的园区环境管理模式

张仁桥(2007)认为当前园区的污染管理是针对末端的管理模式,将企业的生产方式一个个孤立对待,没有从工业系统角度反观系统内部各成员之间的能量物质关系,这样导致治污效果差、治污成本高。同时破坏了工业区发展与周围自然环境之间的和谐。对此,Sarkis J.(2003)和 Zhu 等(2008)学者基于绿色供应链理论,设计了一种以企业产品为关联点,以企业间供应关系为纽带的环境管理链条。该理论在产业集聚区,如工业园区中有较大发挥空间。

(二)基于价值链角度的园区环境管理模式

Gereffi(1994)提出了价值链管理模型,其核心思想为以创造价值的活动作为连接点,摆脱了供应链理论中企业的顺序模式,实现了企业之间的跨界互动和融合,共同完成整个价值链上的价值最大化,该思想对本研究的启示在于园区的制度所引发的企业活动应更加注重价值创造这个共同点,制度应该形成更加密切关联的系统,作为园区环境管理的驱动力。田丽敏(2012)基于上述理论,对工业园区这一组织形态,认为拥有多个企业的工业园区,因内部不同企业的存在,会出现不同于单个企业的组织问题,企业、管委会、地方政府之间存在权力关系,且伴随着利益关系。园区的污染管理应该是建立在权力关系基础上的管理模式。工业园区的各参与者,根据其对园区价值创造和分配的权力,决定各自在污染防治层面的角色。企业在价值链中有空间扩张或改变自己的价值网络,改变了参与者、相关方的价值,改变规则以实现价值目标。这为本研究利益相关方的参与提供了素材。

(三)基于企业竞合行为的园区环境管理模式

Michael Porter(1998)认为,产业集群若没有竞争将走向衰落。2003年,对于园区内企业的关系进行考察后,魏后凯(2003)认为,由于地理上的邻近,工业园区内企业对于园区内的土地、劳动力、资金等稀缺要素,会形成潜在的竞争关系,这种竞争会使企业对于对手的关注比集群外的企业更加频繁,表现在资源环境层面,即对于环境容量指标的竞争。而园区内企业的竞争是一种合作竞争,是一种高层次的竞争。张秀生等(2005)认为园区企业的竞争是建立在资源互补基础上的,可促进竞争秩序的规范。王长峰(2011)则更进一步指出,产业集群内企业的良性竞争有利于内部各成员合作积极性的提高。

池仁勇等(2005)构建了工业园区的网络化模型,对于园区内企业,按物理空间分布可分为区内网络和区外网络。区内网络是园区地理空间内所建立的各种网络关系,包括各企业主体、管委会、所在地区政府的职能部门、金融中介、大学或研究机构等;区外网络是指其他地方政府和其他外部中间组织、企业和国际机构。这还是从园区内企业的关联角度进行的分析。谢奉军和龚国平等(2006)进一步从关系空间分布上将园区企业分为垂直网络和水平网络两大类。水平网络是指同行业或同类产品或服务之间构成的网络;垂直网络是指产品供应链上下游企业之间构成的网络,包括供应商、外包商、制造商、经销商、代理商等,并根据描述生物种群共生规律的 Logistic 方程,建立了园区企业网络的共生模型,且进行了实证分析。

(四)基于环境协议的工业园区环境管理模式

环境协议的主要内涵是基于参与方的自愿性,以协议方式建立一种新的企业间关系、政企间关系,以及企业与第三方社会组织之间的相互制约关系,达到促进企业主动进行环保活动的目的,从而改变环境质量和提高能效。该政策也称"自愿性环境协议",主要起源于 20 世纪 80 年代,改变了以往自上而下的管理思路,变为以合作为基础,企业与政府之间对于环境规制的博弈过程。

1964 年,日本成为国际社会第一个实现环境协议制度的国家,参与方多为地方政府、企业和社会组织。自 1996 年始,在欧洲陆续有 300 项协议达成,协议内容大部分涉及环境污染治理等领域。荷兰的表现最突出,有超过100个协议达成,且有明确目标和时间表。美国虽然起步较晚,但其签订的环境协议质量较高,且都由美国环保局推进。截至2015年,欧美国家以及日本等发达经济体已积累了多年的经验,并且在城市、工业聚集区等经济活动强度较大的地区产生了较好的环境效果。表2.3为环境协议在工业领域中的应用。

表2.3 环境协议在工业领域中的应用

国家	覆盖工业部门	关注的环保问题	签订方
日本	钢铁、冶金、汽车制造	空气质量、能源效率、金属回收利用、气候变化	企业、政府部门
法国	建筑、电力、水气供应、金属缺口	能源节约、废物循环、尾气排放、污染工艺改进	环境部、地方政府、工业联合会、企业
英国	橡胶、化工、运输、农业、塑料制造	CFCs、废物利用回收	原环保部门、工业联合会
瑞典	焦炭、石油、核能、造纸、汽车维修、运输、设备制造	能源节约、废物利用	原环保部门、工业联合会
德国	化工、冶金、电力	废物利用、能源节约	政府、工商联合会
丹麦	化工、汽车维修、运输	电池、CFCs、排放削减等	原环保部门、能源部门、工业联合会
荷兰	化工、运输、食品、塑料制造、烟草制造等	电池、CFCs、排放削减、废物管理、排放削减等	经济事务部、政府、工业联合会、大企业
加拿大	钢铁、冶金、采矿等	能源利用率	工业企业、原环保部门
美国	钢铁、冶金、炼油、汽车制造、木材加工等	气候变化、能源利用率、资源利用率、资源回收利用	工业企业、联合会、原环保部门

韩絮等(2011)提出建立基于环境协议的工业园区环境管理模式,认为工业园区作为工业企业集中的地区,适合环境协议这类灵活度高、成本低的创新环境管理方法,主要由环境目标、环境协议、制衡型环境管理三部分构成。其中,制衡型环境管理主要是指通过行政管理、社会监督及市场规制,制约企业行为,保证企业切实履行环境协议。构想的协议型工业园区环境管理模式如图2.5所示。

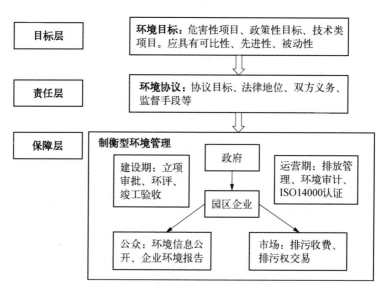

图2.5 协议型工业园区环境管理模式

从图2.5可知,通过环境协议将目标管理与制衡型环境管理相融合,建立协议型工业园区环境管理模式,将环境质量、污染削减作为环境目标,使环境管理更具前瞻性。刘华容等(2009)在制度建设层面论述集群企业的合作创新问题时,将产业集群内的制度分为正式和非正式两类,重点强调非正式制度使得企业间相互信任得到提升并获得较高声誉,反过来回馈企业间的信任合作。这样能从微观层面分析园区环境管理的企业主动性程度。

(五)基于"城园一体化"角度的环境管理模式

前述理论主要集中于园区内部的环境管理,但是随着园区企业的不断成熟,工业园区对所在区域形成强大而广泛的带动作用。因此,工业园区与所在区域之间的关系类型及特征决定了区域经济的整体运行情况。工业园区造成的居民投诉已成为近年来的很大问题。石惠芬(2011)以上海市某工业区为例,阐述了园区与城市经济发展互依共存的关系,认为园区发展成熟后会向城市新区过渡,而工业园区具有很强的地区产业化的特征,即园区的产业与当地经济发展密切相关,园区发展特色与当地政府行政特征、当地的风俗文化等相关,园区内部、企业与管委会、企业与当地政府等形成一体化的管理模式。魏守华(2002)则认为园区不断扩大,与城市新区融为一体,管理负担加重,应促使企业之间形成"俱乐部性质"的自治,通过各成员之间的充分合作与信任,有效降低园区管理的交易成本,这类管理模式将会成为未来主流。

(六)基于园区生命周期的管理模式

由于工业园区从初创到成熟,具有自身的生命周期,特别在其产业集聚和区域发展过程中,采用了不同的管理方法。通过 ISI Web of Science 和 CNKI 文献库相关搜索,以工业园区管理为关键词的文献并不多,1982—2015 年共有 27 篇研究,多数以定性分析为主。其中以顾朝林(1998)和王缉慈(2003)为代表,主要运用 SWOT 分析方法,对工业园区不同发展阶段的现状和前景进行分析,认为园区的初创阶段管理宜采用政府主导,待基础设施和公共资金成熟后,交由市场自主管理。钱进等(2011)则从社会转型角度对工业园区的软环境建设提出了观点,认为法制建设和可持续发展在当代工业园区的建设中至关重要。工业园区的管理路径,既存在部分的替代市场,更需要营造良好的市场环境。工业园区的最终目标是为市场的自主发挥作用提供条件,逐渐成为连接政府和市场的有效界面。商华(2007)基于园区的五个生态化阶段构建了工业园区的生态效率评价体系,分阶段探讨园区生态化程度逐渐加深的变化特征。基于生命周期的研究说明,工业园区不同发展阶段的目标和问题并不相同,园区环境工作也会遇到同样的问题,因此在解决这些问题时必须考虑园区的阶段性特点。

总结上述关于园区环境管理的研究,实质还是回到了园区管理的宏观构建问题、主体问题等基本问题。这就涉及在进行管理评价时,要更注重管理体制的构建是否健全、管理措施是否落实等更为基本的评价。这为本书的研究提供了基本视角。

三、关于工业园区环境管理绩效评价的研究

为了更好量化园区制度的环境有效性,构建评价体系,本节对有关园区综合评价的文献和案例进行了梳理。根据 ISI Web of Science 和 CNKI 的文献查阅,在 2000—2015 年,关于工业园区环境评价类的文献数量较多,硕博论文和期刊文献合计达 325 篇,占园区各类研究的 35.2%。国内外学者从不同角度提出了园区的评价模型,呈现"评价环境要素—评价经济、社会和环境综合水平—评价生态工业效率"的变化趋势,即从单纯的对环境要素类指标评判,逐渐发展为"经济—社会—环境"协调发

展的综合评价框架。

在关于园区环境综合评价的研究中,对于园区环境绩效的评价研究,是最为集中的主题,其基本思路是通过选取关键性刻画环境污染程度或表征环境质量变化的指标,通过时间上的变化来评判园区环境绩效。徐宜雪等(2019)以丹麦卡伦堡、加拿大伯恩赛德、日本北九州、德国鲁尔和韩国工业园区的绿色发展为例,总结了国外工业园区绿色发展五点经验:一是国家政策推动工业园区绿色发展;二是构建工业园区工业共生体系;三是多样化园区管理运作模式;四是静脉产业园助力构建循环社会;五是生态工业园区成为环境教育的窗口。

在国家实践层面,2010年我国为测度各地区绿色发展的进展,编制了"中国绿色发展指数",目的在于评判绿色和发展之间的关系,该指数已应用于国内不同区域之间绿色发展绩效的对比和评估。类似地,2011年商务部编制了"国家级经济技术开发区综合发展水平评价办法",并利用该方法每年对国家级经开区的综合发展水平进行评估,其中包括"生态环境和资源利用"主题的评估。2009年6月,原环保部实施了《综合类生态工业园标准》(HJ274-2009),该评价体系的核心在于要素的环境绩效评价。基于此,学者们根据不同理论又增加了其他指标,例如基于基础设施的共享、废弃物资源化利用等方面的环境绩效。除了绩效指数法外,还有研究利用数据包络分析方法测度生态工业园区的生态效率。以下归纳了三类常见评价体系。

(一)以园区内"环境与资源要素"为评价对象

元炯亮等(2003)提出生态工业园区评价指标体系,主要以环境和资源类要素为评价焦点,包括能源和资源的重复利用率等资源类指标,以及大气、水、工业固废综合利用率、危废安全处置率等生态环境类指标。黄海凤等(2005)将强度概念引入环境要素的评价,包括万元 GDP 综合能耗、万元工业产值的废水量、万元工业产值的废气量等,从产值角度对环境要素的强度进行了分析。耿勇等(2007)基于能值评价体系提出了一系列资源和环境要素的能值指标,包括可更新资源能值比、不可更新资源能值比等。上述研究都是从不同的理论角度围绕环境或资源类要素进行评价,并且大多集中于对园区的某时间点的表现进行评价,未考虑园区环境管理的过程,也很难为后续管理提供有针对性的支持。

(二)以"园区整体"作为评价对象

黄鹂等(2004)以园区发展水平、园区发展持续度、园区发展协调度三个维度建立了生态工业园的综合评价体系。覃林(2005)设计了一组关于生态工业园评价的指标体系,包括生态园区整体、环境质量及污染管理、社会经济发展和企业行动能力等四方面内容。黄海凤等(2005)则使用灰色聚类方法对生态工业园区的评价指标体系及标准进行了评价。张丽娜等(2006)将评价指标拓展至 11 项主题,涵盖了经济、环境和社会类指标。黄惠等(2006)首次将工业园区作为整体系统考虑,其建立的园区评价体系涵盖园区的内外两方面,并将园区企业之间的联动程度作为评价内容,考虑了园区内企业的产业链特性。高妍(2007)以循环经济发展为目标,提出了包括工业生产、经济管理、社会生活、生态环境等子系统的循环经济指标体系。

高省等(2007)研究了循环经济对于构造生态产业链的评价指标,从设计到生产、消费和再利用共四个环节设置了指标。目前评价工业园区环境管理是否有效,从循环经济理论出发,基于生态效率、可持续发展、物质流分析、"目标-过程-条件"等层面展开,主要是面向物质和能量流动的效率评价,评价重点在于投入产出结果和是否有循环行为的判断,这便于为行业企业提供比对基准。陈力洁(2006)采用模糊数学综合评价方法或灰色关联度评价,对循环经济绩效的投入产出结果集中进行分析,筛选了部分体现循环经济行为特征的指标,具有一定的借鉴意义。

在工业生态学理论运用于园区的相关研究中,主要是围绕工业系统和自然系统的相互关系展开的。较多研究集中于园区内原料和能量的流动循环、生命周期评价等,其中以对于生态工业园区的研究最多。在原国家环保总局发布的《生态工业示范园区规划指南》中,生态工业园的评价指标体系由目标层、准则层、指标层及分指标层所构成,具体如表2.4所示。

2015年我国实施的《国家生态工业示范园区标准》(HJ/T274-2015)已成为国家生态工业示范园区建设绩效评估的重要依据。根据上述评价标准,我国自1999年以来在全国范围内不同的行业和工业园区进行了生态工业园区建设的试点,均取得较好的生态环境结果。

(三)基于低碳经济理论的评价体系

低碳产业园是建立在低碳经济理论上的一种新型经济发展理论,在日本、韩国、欧美等国家和地区运用较多。李晓燕和邓玲(2010)把城市低碳经济指标体系分解为三个方面:目标层、准则层、指标层。其中,准则层由四大系统组成,包括经济系统、科技系统、社会系统和环境系统;指标层由27个项目组成。任福兵等(2010)构建了8个准则层,即能源利用结构指标、产业经济

表 2.4 生态工业园评价指标体系[①]

经济指标	经济发展水平	园区 GDP 平均增长率
		经济投入产出比
		万元 GDP 综合能耗
	经济发展潜力	高新技术产业占第二产业的比重
		科技投入占 GDP 比重
		主要资源的可用年限
生态工业指标	柔性结构	成熟生态工业链条
		产品种类
	重复利用	水重复利用率
		原材料重复利用率
		能源重复利用率
生态环境指标	污染物控制	万元 GDP 废水排放量
		万元 GDP 的 COD 排放量
		万元工业产值排放量
		万元 GDP 固废排放量
		危险废物安全处置率
	生态建设	环保投资占 GDP 比例
		人均绿地面积
管理指标	政策法规	园区内部管理制度的制定与参与
		地方政策法规的制定与实施
	管理意见	开展清洁生产企业所占比重
		企业 ISO14001 认证
	公众参与	公众对环境的满意度
		公众对生态工业的认可度

① 关于生态工业园区的评价指标体系的具体说明可见本书附录 5。

发展指标、农业发展支撑指标、科学技术支持指标、建筑支撑指标、交通支撑指标、消费方式指标和政策法规指标；指标层由52个项目组成，但不能体现出园区在不同发展阶段或空间区位上低碳经济指标的差异性。

上述评价指标体系局限于园区内部，并未和所在地区的发展特点进行融合，而且不能识别影响发展的主要影响因子，相关指标体系也未能体现出园区在发展不同阶段或区位上的差异性，所形成评价结果对决策帮助力度不够。

另一类关于园区的环境管理的评价，主要围绕园区部门职能展开。费洪平（2000）总结园区的职能如表2.5所示。

政府主导型的工业园区作为政府的派出机构，在招商环节、用地审批环节、税收补贴环节，具有较大自主权力，因此在环境问题的归因中，往往被认为是园区环境决策中的问题。其典型表现包括以下三个方面：

（1）园区环境管理边界模糊。部分园区管委会的环境管理内容仅包括执行管委会机关活动，不承担监督企业环境行为的责任，导致其对园区污染基本情况并不完全清楚；另外，部分园区仅考虑区内环境基础设施建设，未统筹所在地区周边需求，造成区外污染严重，间接影响了区内环境质量现象。

（2）园区管理粗放。部分园区环境管理政策使用"一刀切"标准，忽略了园区的发展阶段和区域性特点，导致管理失效。

（3）园区管委会缺乏动态管理。由于园区内污染具有动态性，其防治需专业知识，而少数园区环境管理人员由于知识储备不足，导致实际管理不能及时识别问题，或即使识别也无法长久监管，影响了园区环境管理体系的有效运行。

表 2.5　工业园区职能内容一览

分　类	职　能　内　容
规划类	制定工业园区经济和社会发展规划及年度计划,报请区政府批准后组织实施
	根据法律、法规的有关规定,制定工业园区有关管理办法
	按照工业园区总体规划,对工业园区土地进行统一规划、统一征用、统一开发、统一管理
	统一规划、管理工业园区各项基础设施和公共设施
事务类	监督和管理工业园区的环境污染,依法实行环境保护
	按照有关规定,管理工业园区的财产、税收、人事、劳动等事务
	协调工业园区的内外投资、外资利用、经济技术合作以及出口业务
	处理工业园区的涉外事务
	管理工业园区的财政收支
	管理工业园区的公益事业
	指导、协调有关部门设在工业园区的分支机构与企业的关系
	按规定权限任免和奖惩管委会机关和基层单位的工作人员
其他类	承担区政府交办的其他任务

基于上述的职能定义,张炳(2004)研究设计了关于园区绿色招商指标评价体系,在该研究中,以苏州工业园区为案例,在园区的招商职能服务上切入研究,并设计了资源利用效率、绿色投资环境、绿色招商要求三类指标,在企业的进入阶段设置门槛环节,发挥了园区的职能性作用。王艳华等(2006)以园区管理运营的应变能力为切入口,以运营柔性和链接柔性建立了园区

柔性管理的评价指标体系,但均为定性类指标,使评价缺乏量化论据。该研究的视角已触及园区管理的约束性条件,对于园区的灵活性有很好的阐述。

虽然针对园区生态环境的综合评价研究较多,但主要采用目标导向性的环境指标体系,缺乏对过程的阐述。这种目标导向的评估,容易站在结果终端论述,缺乏对决策源头的判断,缺乏挖掘制度性因素的深度,这造成了一定的局限性。或者说,当前园区环境的综合评价是一种末端的评价方式,这类指标体系不能清晰地反映该管理过程中暴露的问题或经验,且忽视了园区内企业、周边居民以及当地环保行政机构等多种利益相关方的参与。这些都为本书提供了值得讨论和研究的空间。

第三节 讨论与小结

本节主要讨论了工业园区的形成理论和特点、工业园区环境管理制度的演变以及园区管理绩效综合评价的研究,结合本研究的需要,可以归纳为以下三个方面。

一、园区环境管理制度研究主要聚焦"绩效评价"

在梳理比较园区环境管理制度演变中可发现,园区环境管理制度主要遵循国家环境管理制度的规则、标准等,呈现出被动接收上级指令的特点,但不同园区存在不同产业、不同园区地处不同地域,加之伴随新技术出现的集中性污染、新型污染等状况缺乏自主管理模式,造成园区管理制度的滞后。迄今的大多数研究主要集中于园区的环境绩效评价，例如，在环境绩效的概念内涵、指标类别、计算方式、考核方式等方面展开了大量研究，主要思路是选取园区发展过程中某几个关键时间点的环境表现，按照设计的绩效考核方式进行测评，对照园区最初制定的环境目标，进而剖析原因，绩效评价研究呈现出以结果为导向的静态评价特征，运用生命周期分析、能值分析、工业代谢分析等工具，将指标体系分解，对照目标发现问题后再针对差距进行剖析，以往研究往往止步于此，未对园区管理背后的制度性的问题进行再挖掘，对园区运营的程序性细节也缺乏足够的思考。

二、国内外关于园区制度的研究尚未考虑"区域性"和"行业性"特征

相关制度研究中，已经将园区的环境问题置于"经济—社会"的系统中分析，形成了复合分析的视角。但在具体针对不同园区的分析中，较少综合考虑园区发展的不同阶段、空间位置等因素，这造成在分析园区管理制度和模式时没有因地制宜地把握园区的自身特点，造成研究的宏观"陷阱"，即描绘了众多园区的共性规律，却无法解决具体园区的个性管理问题。随着园区由初创期进入成熟期，产业周期不断延伸，环境工作也面临新问题，加之园区不断扩大，与周边地区的进一步融合，也要求从时间、空间、周边关系等角度分析园区的环境问题。在研究方法方面，许多研究采用了问卷调查、深度访谈、统计分析等技术方法阐释了影响园区环境质量变化的影响因素，这些方法值得本研究继续使用。在管理制度的相关梳理中，发现意大利、德国、日本等国家已集中制定了与园区相关的土地利用规划、科技发展

规划等制度性文件,并形成了"制度影响-实施过程-目标效果"的研究思路,开始将目标导向和程序分析融合,这为本书的研究提供了很好的启示。

三、园区管理的评价研究需要补充制度影响的机理性研究

总结对工业园区的环境管理评价,其基本思路是跳出传统经济学的直线思维,转向循环型、低碳型、生态型等思路,园区的管理评价更加注重生态化、绿色化,更加注重园区的可持续发展水平、生态稳定性水平等;在评价框架中,多以"主题层—指标层—子指标层"思路构建指标评价体系,完成层级结构的构建。这些研究具有较显著的工具理性特点,而对于该方法如何影响园区的制度建设和决策系统缺乏功能理性的判断,使得园区环境管理工具不能有机融入园区制度体系中。虽然评价体系涵盖了经济、社会、文化等多元内容,但指标体系主要集中于考核环境质量的变化,缺少工业园区制度对于环境变化的系统性和整体性层面研究,对影响园区环境管理的制度因素缺乏全面深入的探索。例如,有关制度的哪些变量是环境有效性的主要影响因素,其大小方向如何,等等,现有研究尚未给出完整答案,而对于不同区域的环境有效性变化研究很少,政策建议的针对性和可操作性较弱。

本节的梳理对本书开展研究提供了充分的启发。关于工业园区环境管理制度的有效性研究要立足于制度这一关键对象展开,从管理制度、管理模式等方面进行分析,考虑制度中哪些内容与环境质量变化存在关系;不局限于环境管理结果的评价,而

应将程序评估和结果评估有机融合；在研究方法上，借鉴相关研究中关于制度文本的研究统计，对涉及园区自身产业、空间特点的制度，结合专家咨询和实地调研，探索抽象为可量化的考核标准，在政策影响因素、作用机制的研究基础上提出进一步改进制度的政策措施研究，统筹制度运行的程序性和目标性。这些研究最终转化为工业园区环境管理制度的有效性评价框架。迄今尚缺乏针对工业园区环境有效性指标体系的系统研究，本研究便尝试设计一套评估流程，为园区的实际管理提供具有可操作性、个性化的管理抓手，及时准确地发现制度性问题。

第三章 场域理论与工业园区环境管理制度有效性分析框架

第一节 关于制度有效性的研究

讨论工业园区环境管理制度的有效性,实质是分析园区制度供给与治理效能的关系,研究制度优势如何更全面地转化为治理优势。传统的园区环境管理主要围绕环境治理目标设计规划计划、行动方案、风险预警、绩效评价等内容,这在园区建设的初期和发展期,在一定程度上快速形成了自上而下的管理框架,获得令行禁止的效果。由于工业园区内新型产业的不断集聚,高新技术和创新业态的不断涌现,加之不同工业园区的外部地理环境不同,政府治理逐渐强化绿色发展的施政理念,经济类、社会类政策与生态环境类政策相互关联,园区自身特点、产业特点、空间特点、属地政府治理特点等因素相互交织、互相影响,造成新时代的园区环境管理面临更综合的格局,对于管理制度的适应性、精细化要求更高。可以说,园区环境管理制度的有效性实质体现的是园区现代化治理的能力高低。因此,设计和分析园区的环境管理制度、评判实践中园区制度的有效性要从更综合、更宏观的理论和思想切入分析,本节首先从制度的基本内涵、分类和功能出发,阐释制度的本质,明确制度之于管理的功能,以便更好地理解制度有效性的内涵。

一、制度的内涵、分类与功能

《现代汉语词典》对制度的定义是:"在一定历史条件下形成的政治、经济、文化等方面的体系,是督促大家一起遵守的办事规程或行为准则。"制度经济学家对制度的重要性进行了充分的论证,他们认为制度是一系列规则,包括正式的和非正式的规则;制度的功能在于规范人类的行为,提供激励和惩罚的机制;制度的制定和运行存在交易费用,故制度是决定经济绩效的根本因素,例如产权制度、契约制度、法律制度等,就是决定经济社会发展的制度性因素;现代制度的表现形式便是政策。同时,制度由于运行后具有操作惯性,这便是制度变迁中的路径依赖。这些论点已成为制度研究中的普遍共识。可见,制度是由不同内容政策规则构成的系统,并非简单的组合,涉及多类主体的参与。为更好地理解制度的内涵与功能,本节梳理了制度主义者的相关研究,几百年来关于制度的研究不断演化,主要是从哲学、经济学、社会学和政治学等角度展开论述。

早在17世纪,英国哲学家托马斯·霍布斯的名著《利维坦》中,借鉴国家概念对制度进行了定义,认为是"我们为自身安全而不得不订立的契约",基于此契约思想将制度定义为民众对特定人的委托,目的是开展公共管理,该思想显示出"委托-代理"的制度内涵。19世纪美国哲学家凡勃仑在其名著《有闲阶级论》中则定义:"制度的实质,应是个人或社会对有关的某些关系或某些作用的一般思维习惯,而生活方式所构成的是在某一时期或社会发展的某一阶段通行的制度的总和。"他认为制度是自发形成的一种生活方式的总和。进入20世纪,美国学者康芒斯

第三章 场域理论与工业园区环境管理制度有效性分析框架

进一步指出,制度应具有约束力,通过约束个人行动和集体行动,形成最重要的法律制度,他将法律规章作为制度的显著特征。

进入 20 世纪 70 年代,制度逐渐成为经济学家研究的对象。美国著名经济学家道格拉斯·诺思在其名著《制度、制度变迁与经济绩效》中认为"制度是社会的博弈规制,是大众和少数人之间的互相谈判,其中将产生交易成本"。美国学者埃里克·弗鲁博顿在《新制度经济学——一个交易费用分析范式》一书中认为"制度是人类相互交往的规则,促进劳动分工和财富创造"。美国人文科学院院士弗农·拉坦在《诱致性制度变迁理论:财产权利与制度变迁》一书中认为"制度是一套行为规则,主要用于支配特定的行为模式与相互关系",这是从行为学角度对制度的作用进行说明。林毅夫(1994)在《关于制度变迁的经济学理论》中对制度变迁进行了本土化的综述,其核心观点即"制度本质就是社会中个人所遵守的规则"。

在社会学视角下,19 世纪的马克斯·韦伯认为"制度是任何圈子里的行为准则,不仅包括规则、程序、规范等,还包括给予人类行动所提供的认知模式和道德模板",该结论从制度的价值功能角度进行了诠释。英国学者吉登斯认为"制度是社会中的互动系统,能长时间延续并在空间上进行人员配置",说明制度具有文化要素的趋同,是使人能够共同遵守的一种价值观。美国斯坦福教授理查德·斯科特(2011)基于前人的研究,在其著述中对制度进行了综合定义,即"制度包括为社会生活提供稳定性和意义的规制性、规范性和文化认知统一性的各种要素,及相关活动与资源",此论断将制度的价值性和工具性进行了统一。

在政治学视角下,新制度主义政治学的开山学者詹姆斯·马奇和约翰·奥尔森(2011)共同著述的《重新发现制度：政治学的组织基础》一书中认为："制度可被认为是社会组织的一类规则，包括惯例、程序、角色、习俗、文化、信仰和日常生活中的知识。"英国政治学家彼得·豪尔则认为，制度是嵌于各种政治、经济组织中的正式规则或非正式规则的习惯、程序、惯例与规范，制度的连续性构成了人类活动的规律性。从上述研究可知，政治学视角下的制度，其核心在于其连续性和包容性，应能够建构人类行为的规律性，这是从制度对于行为的规范角度进行的定义。

比较不同学科视角下的制度定义可以发现，哲学家注重制度的约束力和其作为规则实施的程序性；经济学者则将制度作为影响行为决策、调整相互行为的规则，存在各群体间博弈的成本；而在政治学者和社会学者看来，制度应从组织化或整体化角度理解其对人类行为的规范。简言之，经济学的制度观在于规则的实现及产生的成本控制，其功能以达到目标为目的；哲学家、政治学或社会学的制度观在于规则的构建和实施的程序性，其功能以程序控制为目的。

对于本书关注的工业园区环境管理制度，不仅具有上述研究中制度的普遍性内涵，还应体现工业园区制度的运行过程，体现实施中"多元参与"的特点，进一步将园区制度的分析提升至治理语境中，讨论制度供给对园区治理效能的逻辑。如刘军(2015)曾论述：工业园区的制度形成，涉及园区管委会、企业单位、周边公众、地方政府等各利益相关方，是在共同的、独立的、博弈的选择中产生，其特殊性在于既有公共管理意义上运用政治的、经济的、管理的、法律的方法进行组织、协调、指挥的意义，还包括各利益相关方的利益诉求不断分化和重组过程中产生的权利和

第三章　场域理论与工业园区环境管理制度有效性分析框架

义务,并形成与之匹配的规则体系。姜杰(2007)也曾对此进行总结,他认为由于园区各参与主体的利益诉求不同,制度产生的原因不同造成了园区制度在权利和义务方面的多样化配置,也就形成了国内各种不同的管理体制,当园区内权利和义务集中于微观行为主体的制度安排时,便成为市场调节制度,而集中于管委会或地方政府时,便成为政府调节制度,若双方都不偏重而两者内容都包含时,便成为混合调节制度。

不仅如此,由于园区内工业化水平不断更新、所在区域城镇化程度不断深入,园区制度在不同时间和不同空间内发挥的作用并不一致。于立(2005)在对产业制度分析时认为,市场调节是即时的、动态的,随时协调产业发展和需求结构的偏差,这就决定了产业制度是长期的、动态的均衡,园区内的产业制度也具有同样的规律。栾峰等(2007)则以常州高新技术产业园区为案例,剖析了产业园区在不断发展中升级转型的问题,指出园区政策会随着园区的扩张而在空间尺度提出规划。同时,由于园区不断与外界交流联系,造成园区制度应是不断更新和不断自我调节的成果,共同催生园区管理效益的最大化。程淑佳等(2009)论述了制度变迁在区域产业协调中的效用,提出只有理顺制度的对外关系,推进制度的系统化建设,才能为区域产业协调发展提供更强大的助力。该文揭示了园区制度间存在的系统性特点。

上述一系列研究所给予的启示是,只有综合考虑制度的一般内涵和工业园区的自身特点,才能全面客观地反映工业园区管理制度的内涵和功能,也才能更深入地分析影响环境变化的机制。为此,影响园区环境绩效的工业园区的环境管理制度应站在更宽泛的角度进行解释,包括能够直接或间接引发环境质量变化的产业制度、土地制度、专项环保制度等多项制度，这些制度内容多具有全局性、长期性、规律性和决策性等特点，其形式包括法律法规、政策规划、标准导则等类型，是一定时期工业园区管理和完成任务的行动准则。

基于上述制度内涵的分析，对于制度的分类，一般是从"制度如何建立"这一问题展开。一种观点比较极端，认为制度是基于自利个体自发产生的，在此种情况下，它们是没有任何协议或法律强迫，甚至未考虑公众利益而自发组织形成。另一种观点则认为，制度是人为设计的产物，权威主体如国会、企业主、团队长等具有完全理性引入某种被认为是合适的制度结构，这类称之为建构形成的制度（constructed）。制度分类则围绕这两派观点而展开。

基于上述两种极端观点，制度便衍生出受益于制度的群体即组织。自发形成的制度形成的为"非正式组织"，如俱乐部、协会、社区组织等；建构形成的制度所形成的为正式组织，如政府、企业、委员会等。但真实社会中不存在纯粹的正式或非正式组织，现代意义的制度经济学将正式组织定义为"最大化一个目标函数的一群个体"，由此形成的各种管理结构则内嵌于制度衍生形成的组织之中。

在上述理论基础上，众多学者对制度进行了分类。柯武钢等（2008）从制度的属性角度将制度分为规则和程序。张文健（2009）从博弈角度将其分为功能制度和组织制度。盛洪（2010）、李重照等（2013）在研究中对制度进行了梳理分类，包括从制度形态角度分为宏观、中观和微观制度；从制度领域分为政治、经济、文化制度；从制度的约束力分为正式制度和非正式制度；根据制

第三章　场域理论与工业园区环境管理制度有效性分析框架

度执行力分为强制性和非强制性制度；根据制度的起源分为内生型制度和外生型制度；根据制度所处社会生活环境分为社会性制度（例如租约、婚约等）和环境约束性制度（比如民主选举等）；根据制度的作用方式分为自上而下和自下而上的制度等。制度分类则决定了政策分类，政策研究能够直观反映制度的运行，例如，姚德文（2012）在《产业结构优化升级的制度分析》中将制度的内涵和外延分为四个层次：制度Ⅰ是一切由统治机关颁布的法律、法规、法令、政策等；制度Ⅱ可定义为正式规则和非正式规则；制度Ⅲ不仅包含上两个层次内涵，还要增加个体规则；制度Ⅳ则需增加一切纯粹或独特的个体规则，具体如图3.1所示。

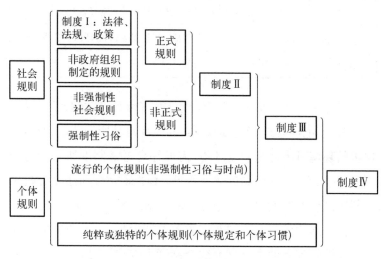

图3.1　制度的内涵与外延

综合上述对制度分类的研究，工业园区的制度分类相应存在多项分类标准。从园区制度的形成角度可分为规定制度（来自上级的规定）和园区自设的制度（园区自身行为）；从园区制度的内容可分为产业发展制度、土地管理制度、对外交流制度、环境制度等。图 3.1 揭示了制度的内涵和外延具有一定的系统性特征,这就是说,我们在讨论工业园区制度的时候,面对的实则为多项园区制度组成的复杂系统,内部的制度规则相互作用和联系,存在一定的逻辑关系和功能联系。基于此观点,本节认为园区制度系统应该具有以下要素特征,见表 3.1。

表 3.1 园区制度系统组成及内容

类 型	内 容
目标系统	园区制度要达到的目标及其要求,能够指导园区发展方向
表达系统	制度表现方式,如通过园区条文、规章等文本表达
组织系统	执行、落实制度的组织,包括园区管委会、地区环保主管部门等
保障系统	能够保证制度规范运行的机制

杨伟敏(2008)指出,基于制度的系统性观点,在对制度系统分析时,不能静态地、孤立地观察,而应注意其所处环境的影响,这里的环境可称之为制度环境,需要综合考虑制度所处的时间阶段、区域空间、配套制度等。因此,本书研究特别注意分析工业园区制度的时间性、空间性和园区制度系统之间各类关系。为了更好地比较园区不同制度类型的有效性,本书研究的工业园区环境管理制度主要分为综合制度和专项制度,大致可按照图 3.2 进行分类。

而对于制度的功能,主要是为了服务于政策实施和日常管理。对于制度功能的认知,也基本基于制度定义。新制度经济学家,诺贝尔奖得主艾利诺·奥斯特姆(2009)认为制度是一组运行

第三章　场域理论与工业园区环境管理制度有效性分析框架

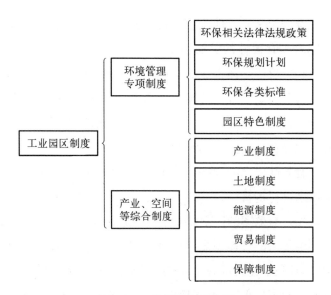

图 3.2　工业园区制度分类

规则，是用来禁止或允许某种行为或结果的一些规则，应具有指引作用或约束作用。道格拉斯·诺思则站在交易成本最小化的角度认为：制度界定了社会，尤其是经济的激励结构，内部化了外部利益。政治学家詹姆斯·马奇等（2011）认为制度的功能在于规范人们的行为，最终趋于制度化。我国学者冯务中（2005）从规则化和程序化角度，论述了制度基本功能就是规范人的行为。可以说，制度的功能首先应具有激励约束性，能够使外部利益内部化；其次对制度运行过程具有降低交易成本、防止制度成本过高的功能；同时，制度具有规范和引导人类行为的功能。

二、关于有效性的内涵分析

上一节对"制度"这一关键词进行了分析，本书研究中的另一个关键词便是有效性,而理解该关键词需要置于制度系统中进行阐释。有效性的英文为 effectiveness,其实质是通过实践活动与相应价值主体构成的价值关系互动,观察相应主体的需要是否得到满足。若无具体的实践活动,没有相应的结果,有效性的概念便失去意义。有效性的价值属性依赖于客体和主体之间关系而存在,具有问题导向和目标导向的工具属性。由于本书关于有效性概念的理解十分关键,因此有必要将其与相似的几组概念进行辨析。

首先是与**效率**的区别。效率是指通过较小成本或手段使得实践产生效果的过程缩短,增加单位时间内的活动效益。在经济学层面,是指在给定的投入和技术条件下,经济资源带来的最大可能性的满足程度,即完成的市场效率;在管理学层面,是指特定时间内,组织各种要素投入与产出之间的比率关系,而提高效率的途径也在于要素的有序分配,要素之间的复杂关系需要厘清。由此延伸至环境管理方面,就是在资金或人员的投入要素上合理匹配,最大程度提高环境管理的效率。

其次是与**效能**的关系,主要指为达到系统目标的程度,或在系统的期望过程中达到一组具体任务要求的程度。效能主要作为一种衡量效率和能力的工具,即达到一定工作效率所发挥出的能力。政府效能建设目标就是运用各种科学合理手段、制度或载体,调动主体积极性、创造性和主观能动性,提高工作质量。具体到环境管理行政层面,主要是指行政管理行动达到预期结果或影响的程度,具体而言是指,环保主管部门具备的工作效率,并在未来向公众提供的服务水平和能力。与行政效率不同,环境保护的效能着重质量层面,即更强调效果和质量,这是一种

第三章　场域理论与工业园区环境管理制度有效性分析框架

典型的目标导向型行政思路。

效益主要侧重于对效果和产生利益的评估，是劳动占用、劳动消耗与劳动所获成果之间的比较。效益更加偏重结果导向下的成本-收益比较，着重于物质层面的评价。管理效益取决于管理主体的理念、管理对象的作用方式，并受管理环境的影响。绩效则是从管理学角度分析，指为实现目标而在不同层面的有效输出。

美国学者利普赛特（1993）认为：有效性指实际的绩效，即制度能使大多数人及势力集团满足政府基本功能的程度。一般意义包括个人绩效和组织绩效两个层面。在公共管理层面，主要以绩效衡量政府活动的效果，其要点是包含多元目标。总而言之，有效性应包括三项共同特征：（1）目标导向，即设置具体目标，并通过各种方法或途径达到；（2）理性判断，即对实践产生的客观结果进行评价，评价方法具有科学范式；（3）需求产生，即从管理者或行动者的需求角度出发，制定相应政策或程序，满足大多数人对基本功能的需求[①]。

基于前述几组概念的辨析，可以看出所谓有效性的评价是对测定对象属性进行主观效用化的过程。这类评价具有价值判断属性，但核心要义在于能够从评价对象与评价主体之间的供需匹配角度进行判断。也就是说，解决的关键问题就是"客体的实践结果是否满足主体需求"，而对导致结果背后的原因和程序未做考虑。这正是有效性有别于其他概念的重要内涵。

基于上述比较，在本书讨论的有效性研究中，至少包括两个

---

① 这三项特征主要引自西摩·马丁·李普塞特.政治人：政治的社会基础[M].张绍宗译.上海人民出版社,2011.

层面的问题：其一，该制度对环境管理或环境绩效是否产生现实影响效力，这就是制度目标意义上的有效性；其二，测度影响效力的程度或方式，这是程序意义上的有效性。本书对于园区环境管理制度有效性的判断，就是要判定制度的目标、程序等是否有效，需要分析制度影响这些有效性的机制。正如冯务中(2005)对制度的有效性问题进行的详细阐述，其中核心观点即为"制度产生后即会对社会经济产生影响，或从无到有，或制度更新"。该研究对我们的启示在于，有效性概念，首先应反映结果的有效，其次应该反映实践活动的过程，即程序的有效，包括究竟是哪些因素影响了环境有效性、推动这一结果的机制原因是什么、怎样从制度层面进行优化管理等。只有考虑了程序因素的有效性，才是完整意义上的有效性内涵，才能切实有助于园区的管理决策。

三、关于制度有效性的研究

基于对制度内涵和价值的分析，以及对有效性的功能进行阐释，本节将阐述制度有效性的内涵。在政治学领域，对于制度的有效性有多种划分，一般从制度变迁角度看，主要分为三类：(1) 目标达标的有效性(effectiveness as goal attainment)，即通过测度制度设定的目标是否达标来评估制度；(2) 问题解决的有效性(effectiveness as problem solving)，即通过对制度实行后产生问题的解决效果来评估制度，该类有效性分析偏重制度运行过程的效率和持久性；(3) 集体最优的有效性(effectiveness as collective optima)，即通过设定对于集体最理想的问题解决方案比对现行制度的效果。Oran R. Young(1994)进行了制度有

第三章 场域理论与工业园区环境管理制度有效性分析框架

效性概念的系统化和拓展,他认为应包括六类内容,即目标达标的有效性、行为有效性、过程有效性、解决问题的有效性、构成有效性、可评估的有效性。Arild Underdal(2004)基于此则认为行为有效性可通过过程有效性分析观察,构成有效性和可评估有效性涉及效率、制度稳定性等因素,可以通过解决问题有效性概括。还有学者从制度有效性的结果角度分类讨论有效性的内涵,涵盖内部效果和外部效果、直接效果和间接效果、有益效果和无益效果。这是从制度带来的效果角度进行的分类。国内学者在国外相关研究基础上对制度有效性进行了延伸研究。谢志贤(2010)将制度的有效性划分为制度执行过程的有效性和制度功能发挥程度的有效性,前者指程序的有效性、方法的有效性,后者指结果的有效性、评估价值的有效性。王明国(2011)基于因果关系分析制度有效性,认为应重视制度与效果之间的因果关系、制度互动中产生的复杂关系等。我国 2006 年试点实行的综合类生态工业园区标准(HJ/T274-2006)、行业类生态工业园区标准(HJ/T273-2006)和 ISO14000 国家示范区创建标准及评价方法等均属于目标导向的环境管理标准。

  从上述研究中可以看出,制度有效性的分类存在多种视角,缺乏统一的核心概念,但从前人对于制度有效性的分类可看出,在目标有效性、过程有效性、问题解决有效性等内涵的解释方面存在共识,这给予了本研究一定的启发。一旦确立了制度有效性的内涵,那么如何提高制度有效性,或者说哪些因素会影响制度有效性的最优发挥,便是研究有效性的另一重要问题。在政治学研究中,Young O. R.(1994)认为存在两类影响因素,一类是制度本身属性引发的内在因素,另一类来自制度运行所处的外在环境因素。Arild Underdal(2011)则认为制度有效性的决定因素包括制度不同属性、各类制度的核心要义和制度间的协调性,三者互相联系且互相影响。Ronald B.Mitchell(2008)提出影响有效性的因素包括经济费用、人力投入、信息透明等具体指标。Birol(2000)通过分析环保管理人员的教育程度、公共基础设施资金投入等参数,得出人力与财力的投入是影响环境质量关键的结论。从国外的研究中可以看出,对于影响因素的分析已注意到制度类别、制度间协调性、人力、财力等成本性因素。

在研究影响环境制度有效性因素时,国内学者张海滨(2008)认为应从三个层面予以考虑,即制度面临的问题、制度自身的核心因素和制度运行的时空环境。齐皓(2009)通过研究国际环境制度差异性认为,制度的形成阶段与制度的实施阶段需要区别考察,这其中涉及利益相关方参与程度、制度运行不同时段的环境不同等因素。另外,成帅华(1999)认为增加透明度是提高制度有效性的途径之一。邱德胜(2005)认为良好的环境管理效率可以借鉴 P.Haggett 提出的区位熵概念来表征,通过对工业园区内产业集聚程度进行刻画,间接反映了产业集聚对环境治理效率的程度,计算公式为

$$E_{ij} = \frac{q_i}{\sum_{i=1}^{n} q_i} \Big/ \frac{Q_i}{\sum_{i=1}^{n} Q_i}$$

其中,E_{ij} 表示某区域 i 部门对于高层次 j 区域的区域熵;q_i 指某区域 i 部门的有关指标,例如、产值、产量或生产能力等,n 代表某类产业的部门数量。Q_i 代表高层次区域 i 部门的有关指标,E_{ij} 值越大,表示产业的集聚程度越高。

第三章　场域理论与工业园区环境管理制度有效性分析框架

在对综合类生态工业园区管理绩效的影响因素研究中,武春友等(2005)提出了三个影响要素,即产业结构要素、技术进步要素和对外联系要素,并以天津泰达工业园区进行了实证分析,得出了产业结构变化有利于环境质量的提升。魏楚(2008)和薛文骏(2013)以我国各省产业结构与能源效率之间的关系,表明产业结构调整是影响能源使用的主要原因。林伯强(2015)利用我国各行业进出口数据,运用 Tobit 模型进行了实证分析,对环境因素进行测算,结论表明对外贸易有益于提高能源效率。为了更好地探究技术进步与环境管理之间的关系,李世祥(2009)运用回归方法对国内 15 个工业行业的综合能耗进行分析,研究结论显示高耗能技术结构的变化会引发工业行业能耗的变化,在其动态函数模型模拟中,长期对能耗技术进行改进会对工业行业的能耗有积极作用。杨丰强等(2014)以能源使用的有效性为例,认为政府干预强度大会有利于使用效率的提高,这也为环境有效性提供了值得借鉴的视角。

在进行制度有效性研究中,另一个关注的主题便是如何进行有效性评估的问题,关键在于明确测度有效性的标准。战略环评作为涉及决策过程和实施的环境评价类制度,其有效性研究通过"制度—法规—管理—实施"等环节构建有效性实施系统。这与本书研究具有相似性,其研究思路值得借鉴。Partidario(2004)在研究战略环评制度的有效性时指出,应该界定两类问题:评估标准和标准的表现方式。Sadler(1996)认为环境评价的有效性评估标准为三类,即目标(是否达标)、程序(是否合规)和成本(是否最小);Fischer(2002)则认为还应考虑制度的运行环境、不确定因素干扰、制度实施对象的特点等。在制度有效性评估研究中,关于国际制度有效性的研究成果也具有一定的启发性。基于制度经济学理论,认为交易费用等成本类因素应作为制度有效性的评估标准。王传兴(2000)指出制度效果的形成、维持和变迁,根本动因在制度的交易成本。田野(2006)进一步指出,制度分为一般正式组织、非正式协议、自我实施的正式协议等,每一类制度的交易成本影响因素各不相同。而刘庆荣(2004)则提出交易成本是评估制度有效性的一类工具。

综合前人研究与工业园区的自身特点,本研究可借鉴以下评估标准:(1)目标有效性。主要是与制度设定的标准进行比较,比如评价园区规划环评、园区环保规划等设置的区域环境目标和评价指标的可达性和相符性。其中包括环境要素是否符合园区环境规划要求;资源要素是否符合清洁生产等规定的标准;环评执行率等环境管理指标是否达到园区管理要求等。(2)程序有效性。主要测度园区制度运行中相关环节是否与相关法规要求或规则符合,要涵盖园区各项制度的自身运行评价,还要考察制度之间的协调性和相容性,要对园区制度中的关键要素进行评价,还要对运行方法进行考察。(3)成本有效性。主要评价制度运行是否在有效合理的时间内用最低成本达到最佳效果。

基于上述分析,讨论园区环境管理制度的有效性内涵,必须考虑园区制度体系涵盖内容广泛、主题各异,园区自身产业和属地禀赋不同,造成影响园区环境管理制度有效性的因素也较复杂,相关文献研究和实践分析较少,但对于园区环评制度的分析研究和实践政策较多,《环境保护法》《环境影响评价法》和《规划环境影响评价条例》等一系列法律法规就规定了对产业园区、产

第三章　场域理论与工业园区环境管理制度有效性分析框架

业集聚地等区域开展规划环评。2011年2月,原环境保护部又印发了《关于加强产业园区规划环境影响评价有关工作的通知》,开始全面启动规范产业园区规划环评工作。2016年1月,原环保部印发《加强规划环境影响评价与建设项目环境影响评价联动的实施意见》,规定在联动区域范围内,编制环境影响登记表的项目以及部分市政基础设施豁免办理环评手续,部分环境影响报告书的项目环评形式简化为报告表,部分环境影响报告表项目实施告知承诺管理,共享规划环评监测数据。2020年11月,生态环境部进一步印发《关于加强产业园区规划环境影响评价有关工作的通知》,在深入夯实园区主体责任、衔接碳排放等新规定新要求、充分发挥规划环评效力等方面提出了新的工作要求。

工业园区的规划环评制度作为已实施多年的一项相对成熟的制度,具有制度研究的代表性,许多学者对其有效性开展了研究,对该制度有效性的研究进行回顾有助于本研究思路的拓展。陆书玉(2001)曾归纳环评制度有效性的四个层次,包括制度层次,即是否按照法律法规执行;管理层次,即协调环评技术部门和政府部门、利益相关方的关系;技术层次,即因子筛选和评价方法之间的科学性;项目落实层次,即建设单位有无在实际操作中落实环评建议。田良(2000)在论述环评有效性时,将其作为系统性问题对待,涉及政策法规系统、实施保障系统、技术支持系统和人员配备系统,该研究从系统学角度对环评制度的构成和关键因素进行分析,十分具有借鉴性。包存宽(2007)在论述战略环评制度(SEA)的实施有效性时,将中国与若干发达国家的SEA制度从应用模式、相关立法、行政管理、应用范围、工作程序、公众参与等方面进行逐一对比分析,发现我国SEA制度与国外制度的差距,其研究视角是从制度的全流程管理层面进行的比较研究。王会芝(2013)在其博士论文中针对中国的战略环评制度有效性进行评价,着重论述了制度环境的重要性,按照"制度环境—具体操作—实施结果—目标实现"流程进行有效性评估,突出体现了制度运行环境对有效性的影响。包存宽等(2015)以"时间-空间-关系"三元维度对城市规划及其规划环评等制度特征和内容进行分析,该研究充分考虑了环评制度的时间性、空间性和关系性特征,具有动态分析制度运行的视角。基于这些关于园区规划环评制度有效性的相关研究思路,以及制度有效性的内涵、工业园区自身特点,例如,综合考虑园区的发展阶段、园区的周边区域空间特点,以及园区内各项制度协调性等,关于工业园区环境管理制度是否有效的研究应包含以下综合性内容:(1)工业园区环境管理制度在实施过程中是否遵循了相关程序;(2)制度运行是否实现了预期目标,或者说该制度对于环境目标的可达性;(3)政策运行成本,即评估该项制度投入成本与产出效益之间的关系,观察是否以最小的成本和最短时间完成制度目标。尤为重要的是,针对园区这一特殊主体,应综合考虑不同园区所处区域发展环境不同、各个园区的发展阶段有先后、园区制度从设计到实施、各项制度之间关系还存在相互的协调性和实施的不确定性等,这意味着在分析制度的环境有效性问题上,要综合考虑园区发展的时间、空间因素和制度之间的系统性的关系因素,以上这些都应成为分析园区制度有效性的重要内容,虽然有效性解释的内涵维度各不相同,但最终目的还是为了保证工业园区这一工业集中区域能够可持续发展。

第二节 场域视角下的制度有效性分析框架构建

一、场域——制度有效性的分析语境

由于园区环境管理制度有效性的内涵复杂、影响因素多元，分析管理制度的有效性需要更系统的分析框架。20世纪中叶，面对社会演化的系统性和复杂性，法国思想家布尔迪厄提出了场域的概念。布尔迪厄认为，从分析的角度来看，一个场域可以被定义为在各种位置之间存在的客观关系的一个网络，或一个架构；正是在这些位置的存在和他们强加于占据特定位置的行动者或机构之上的决定性因素之中，这些位置得到了客观的界定，其根据是这些位置存在不同类型的权利或资本。占有这些权利就意味着在这一场域中利害攸关的专门利润的得益权的分配结构中实际的和潜在的处境，以及它们与其他位置之间的客观关系、支配关系、屈从关系、结构上的同源关系等。通俗来说，场域是一种反映主客观关系的体系，场域之间的要素是不断变化的，整个社会是"大场域"，继而可以分支为若干个经济、政治、文化等"子场域"，各场域间存在独立的运行机制、规则或规律，但相互间又存在内在联系与逻辑关系。布尔迪厄社会学理论将场域定义为系统各种要素之间存在的客观关系网络或一个架构。正是这些要素的存在及其相互作用，使得整个系统图景得以呈现，系统功能得以实现。场域和区

域、系统等概念有关,却又有些差别。场域描述的是一种客观关系网络,是可识别、可描述、可测度以及可优化的,可以通过用关键要素或变量来拆解分析,通过构建结构方程或模式来进行量化和调控。

在场域视野下,园区环境问题的产生不仅仅通过大气、水、土壤等环境介质引发,而且要追溯环境问题出现的制度性根源,这些制度内容要综合考虑园区的不同发展周期、属地空间、产业结构、工业地产等多重因素,甚至包括园区环境利益相关方对环境问题的认知度和参与度。不同的园区存在不同的制度场域,对于生态环境问题有不同的引发路径,不同群体对环境问题有不同的认知图景和行为模式。从这个角度而言,园区的生态环境管理的有效性突显为一种文化和社会现象,而不仅是一种科学机制,这是一种站在制度的社会学意义层面的全新视角。基于新的分析视角,对于园区生态环境问题的管理体系研究将超越传统研究的科学(理性)范式,如加强源头防控、技术设施、奖惩考核等一般性理念,而上升至对园区环境问题发生的制度场域进行系统优化,如通过对公众环境问题的认知度和参与度提高来减少在园区产业准入环节可能导致的环境群体性事件的发生,促进政府、企业和社会的协同防治等。制度场域的变化,将会对环境问题出现的时机、边界、相关主体带来新的变化,表现为制度场域涉及的社会经济文化、自然环境背景、环境污染因子、行动主体互动等会随着时间、空间、主体因子等发生变化,这对环境管理的目标设置、政策工具选择、成本投入等产生不同的影响。图3.3展示了制度场域的运行概念模型。

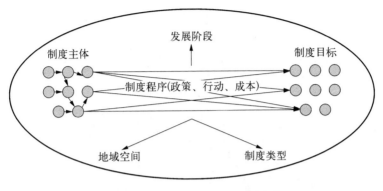

图 3.3 制度场域的运行概念模型

二、场域视角下的工业园区环境管理制度有效性的内涵

基于上述场域理论,工业园区的环境管理制度的有效性需置于制度场域的框架中理解,分为宏观、中观、微观等三个层面:宏观层面存在制度变迁场域,即环境管理制度的运行效率需要结合所在的工业园区特点分析,从时间性、空间性和关系性三个方面进行描述;中观层面存在制度治理场域,在日常治理过程中,园区会涉及管理的程序、管理的目标、管理的主体等内容,这些构成了多元参与治理的机制;微观层面存在制度效益场域,制度的实施是用规则来调整、重构不同主体之间的关系,而制度优势则体现在对每一个治理对象、每一项治理目标的具体政策中,这些政策都伴随着不同类型的行动,相应都存在各异的成本投入,这些都是制度效益场域的经济性体现。图 3.4 展示了工业园区环境管理制度的三个层面对应的场域关系,本章将对三个层面的有效性内涵加以具体阐释。

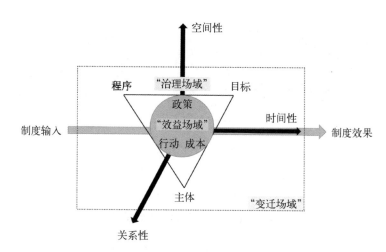

图 3.4 工业园区环境管理制度场域示意图

（一）宏观层面："时间-空间-关系"的有效性

前文曾谈到，由于园区所处地理位置不同、发展阶段不同，环境管理制度的场域会发生变迁，因此对园区环境管理制度进行有效性分析，应特别注意其所处的地理空间、发展阶段等特征。洪亮平（2007）认为在对城市规划制度进行可持续性评价中应该把握该城市的空间范围特征，如内部规划范围、各类土地占比等，其中园区规划也应遵循该规律。张帆等（2007）从生态工业园区的不同发展阶段的特点切入，将其分为控制类与指导类指标，并进行了分析。园区所处区域的特点对于评价指标的选择和评价体系的建立具有重要影响。该研究在借鉴国内外最新研究成果的基础上，针对北京工业开发区的发展现状和特点，考虑相关性、可操作等原则，初步提出了一套生态工业园区评价指标体系框架及其计算与评价方法。在制度层面分析园区管理，蒯正明（2010）在论述制度系统的构成和有效运作时，对制度之间的相互关系进行了阐述,认为区域内各部门制度设计的目标不同,易造成最终整体目标不一致,需要考虑制度之间的协调性问题。在实际操作过程中,园区制度之间存在协调性和包容性,制度的运行还有不确定性等,都可以归纳为关系性因素。

事实上,早在20世纪初,法国思想大师列斐伏尔(Lefebvre)针对城市发展就提出过三元辩证法,认为城市发展存在三个分析维度,即时间性、空间性和关系性。在这里,传统的时间、空间概念并不是通常意义上的物理含义,而是指制度运行的场域要素,这里的关系性就是指环境管理制度运行过程涉及的其他各种制度之间的关系。相应地,工业园区作为区域单元,其制度的有效性评价应该涵盖地理选址、发展阶段、制度间关系等不同维度问题,且此三个维度相互关联与融合。

对于园区制度在时间性层面的分析,不仅包括园区的发展阶段(如园区的初创期、成熟期、转型期等),还应包括园区内某产业所处的经济周期性。在制度层面还包括规划所处的阶段性(如"十二五"和"十三五"阶段),在环境问题层面还包括污染出现的阶段性或季节性特点,因此对工业园区的认识,必须面对由于阶段发展显现的环境问题,充分考虑时间性的影响。

在空间性方面,由于每个工业园区都有特有的地理位置,具有不一样的周边环境,当地的城市规划、土地规划等都会影响工业园区的发展,从而引发不同的环境问题,例如,有些园区的内外企业共用一套基础设施,这些都会对园区内的环境管理效率产生不同影响,故空间性因素要纳入有效性的分析框架中。

在关系性方面,包括园区环境管理中对外交流关系程度,环境管理制度与园区产业类、土地类、民生类政策间的协调性和相容性,例如,当前的园区规划目标与城市规划目标的协调性,以及园区的发展目标与城市定位、园区资源禀赋和人口现状、产业布局之间关系、产业发展或用地规划等有无考虑所处区域的整体产业发展等因素,还包括园区环境管理政策与所在地区相关政策、与上位政策之间的协调关系等。

在时间性、空间性和关系性的融合方面,工业园区的制度设计应充分考虑园区发展阶段,例如,是处于园区创立的初期、快速发展阶段,还是趋于成熟阶段,从而判断该阶段主要面临的环境问题和急需解决的资源问题。而关系性层面应该着重于园区制度之间的协调性与相容性。

将空间性、时间性和关系性三维要素融入有效性评价体系,不仅是站在源头对环境影响的有效性进行评价,更具价值的是将园区制度的执行,紧密结合园区的发展时间和空间位置,充分厘清园区制度间的层次关系、功能关系,这样才能更客观地发现园区制度设计或实施中的问题。图 3.5 形象表达了工业园区"时间-空间-关系"的环境有效性内涵。

(二)中观层面:程序-目标-主体的有效性

"程序-目标-主体"的有效性,其内涵包括三方面内容:其一是要明确制度实施的过程,即厘清制度影响传递的路径;其二,虽然某项结果的出现可能有很多制度因素的影响,但鉴于制度相互作用的复杂性,既需要识别出关键性的制度因素,也必须通过在程序中的考察进行甄别;其三,园区环境管理涉及的主体是园区制度运行的主要参与者和感受方,包括园区管委会、园区企业和对园区环境质量敏感的社会方,这些参与方之间可能是合作关系,也可能是竞争甚至对抗关系,这对于制度运行的效率

第三章 场域理论与工业园区环境管理制度有效性分析框架

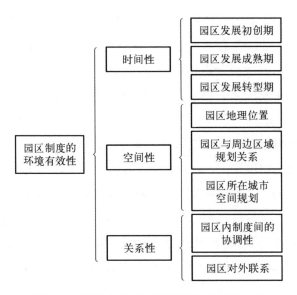

图 3.5 时间-空间-关系视角下的有效性内涵

影响较大。

当前对于园区环境的绩效评价，主要通过设计指标体系，对比政策执行前后结果和预期目标之间的差距，以此作为评判园区管理效果的依据。朱丽(2011)从七个方面总结了当前的评价主题：(1)园区可持续性的发展能力评价；(2)园区综合生态效率的评价；(3)园区综合发展水平的评价；(4)园区生态系统的循环性评价；(5)生态工业系统的构建和柔性的评价；(6)园区绿色招商指标体系的评价；(7)评价方法的相关研究。不论何种主题下的评价，其方法都是侧重于将各项制度中环境指标进行分解和重构，对于园区制度的执行过程、执行成本等过程性细节缺乏考虑。杨凯等(1999)在对环境影响评价制度有效性研究中认为，首先应分析制度属性，即该项制度是否具有法律法规体系的依据、是否有效构建了环境管理的操作程序、是否协调利益相关方关系、是否平衡了制度顺利实施的时间阶段和空间环境等因素;其次应分析评价主体的选择、评价指标体系的设置等,这种分析思路的目标是尽量展现制度的全流程环节。

基于上述研究,园区制度会更符合环境管理的需要,会不断改变管理制度的倾向,将从仅仅面向结果的制度评价,转变为程序-目标的制度评价,更全面地反映制度在环境管理过程中的有效性。另外,必须明确有些制度内容偏向于程序,如环境监管类制度,有些制度内容偏向于目标,如环境目标、环保标准等,在实际分析中需要分析清楚该制度内容是偏向于程序有效(A区域),还是偏向于目标有效(B区域),具体如图3.6所示。

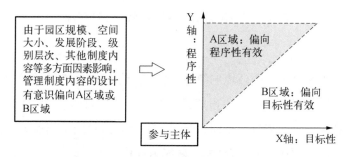

图3.6　程序-目标-主体的偏移关系

但在园区制度的程序执行和目标评判中,存在谁来执行、谁来打分的问题,在制度治理场域中,参与方围绕环境管理存在利益的博弈,园区管委会虽然是园区公共安全和公共利益的维护者,也是环境管理的规则提供者和执行者,但存在发展冲动而导致政企合谋,一旦园区环境质量下降或环境破坏严重,又会导致遵守环保规则的企业出逃,反过来破坏园区的营商环境。园区企业作为环境的受体,既是园区环境保护的责任主体,也是园区环境治理的监督者,不同产业、产业链上下环节的不同企业、企业中不同工艺,对环境规则产生不同的反映。而园区周边的居民是园区环境的直接感受者,对园区引入的产业有无污染性、污染有无违规排放等问题最为敏感。上述主体与园区的日常管理密切相关,不同的行动主体基于各自不同的角色定位,产生包括习惯、理念、执行等在内各异的倾向,并形成自身的行动逻辑与联络习惯,最终改变管理的程序和目标。这些主体之间可能合作或竞争,甚至对抗,这将会对制度治理场域产生影响或冲击,既可能通过良好共治形成一个坚韧、稳固、高效的治理场域,也可能使冲突强化并阻碍治理的实施,因此,程序的实施和目标的可达,需要主体的权责认知明确、关系稳定友善。

(三)微观层面:政策-行动-成本的有效性

前人研究将"有效性"内涵定义为技术程序的有效,即在技术设计和执行过程中是否完整,这就局限于工具本身的技术性研究;还有研究认为有效性应表现在对于综合决策的支持与否,这仅从决策的辅助作用进行论述,而对园区管理的成本方面关注不多,未纳入有效性内涵中考量。在微观层面,政策是制度运行的具体载体,是园区环境管理的依据和基础,园区管理是通过政策的建立和调整,以规范、引导和重构园区各类主体的行动。因此,行动是政策效果的落实环节,园区管委会、企业等不同行动者具有多样化的目标和利益需求,而不同资源的行动者会基于自身的目标,选择最为经济、最为便捷的方式。无论企业生产还是园区运营,都存在人力、财力等多个要素的投入。

基于此,在对园区制度的环境有效性的评价中,还需要进一步分析制度运行的成本。在制度效益场域中,由于园区环境制度的制定、执行、评估和反馈是一个整体,通过对实施政策的成本分析,可以评判政策执行的经济性。园区污染的治理,既要保证园区经济效率,在改善环境质量的同时还要尽可能减少成本的投入和效率的损失,这样才能真正将效率作为评判制度的标准,切实提高制度制定和实施的有效性。

事实上,在公共管理学中,成本分析一直是评判公共政策在制定并实施后质量高低的工具,并试图通过货币形式测算由于政策造成的社会福利变化。在园区制度的环境有效性分析中,以往研究中并未将成本纳入制度实施的评估中,存在不计成本或成本过高的公共政策。事实上,经济学中采用帕累托最优来衡量社会变化是否有效,但公共政策的实施不可避免会使一部分利益方受损,故经过卡尔多和希克斯改进后,表述为"受益人的收益足以补偿受损人的损失",形成卡尔多-希克斯标准,主要计算社会收益是否超过社会成本。

在分析工业园区制度的环境影响的有效性内涵时,本质就是对园区制度可能导致的成本和收益进行评估,从而在各项制度组合方案中选择成本最低、效益最大的制度准则。目前存在以下六类准则来评估制度有效性:

(1) 政策工具或组合能否达到环境改变的目标;

(2) 制度运行是否能够成本足够小;

(3) 在制度运行中是否对政府反馈了足够的信息;

(4) 制度组合是否与园区内公共基础设施的运行技术匹配;

(5) 是否会对园区排污单元提供污染减排积极性的激励;

(6) 政策执行是否兼顾了公平。

第三章 场域理论与工业园区环境管理制度有效性分析框架

以上六项准则是在目标给定的情境下选择一种最小成本达标的方案,在进行工业园区制度的分析中纳入制度效益场域分析,可以选择最小的社会总成本,或最小的社会福利损失,以达到制度设计的本意。

(四)各层次之间的关系

从上述各层次的内涵分析可以看出,工业园区制度的环境的有效性内涵的三个层次并非孤立存在,而是相互融合,密切联系的。归纳而言,园区环境管理制度场域涵盖三个子场域,即制度变迁场域、制度治理场域和制度效益场域,三个场域在宏观、中观、微观层面共同构成制度的有效性内涵。

在分析园区环境管理制度有效性时,首先应注意制度会随着时间、地点的变化而改变,产生变迁的诱发因素,这是制度在宏观层面外部边界的演化,因此在时间-空间-关系有效性分析中,需要充分考虑不同园区的发展阶段、主导产业不同、园区发展周期和园区的所在地区的发展环境,因而评价园区制度实施和目标设定方面,应有所不同;一旦考虑了这些不同点,实际也就纳入了园区的时间性和空间性因素,制度还会由于不同制度类型、制度层级之间的关系造成制度有效性变化,故制度的关系性因素也应融入其中。在制度变迁的宏观尺度下,中观层面的程序-目标-主体有效性是制度治理场域的具体体现,主要考察不同制度变迁环境下,各行为主体会产生的不同制度执行程序、设置不同的政策目标,相互间发生连锁反应或系统性演化。在微观层面上,制度会具化为不同的政策,落实为具体的操作行动,而宏观、中观的变化和治理,在制度运行和具体实施中,必须将人力、财力等成本类因素纳入考虑,观察是否以最小成本获取最大效益,这体现了政策-行动-成本的内涵。以上三个层次相辅相成,有机构成了有效性的"三角关系",具体如图3.7所示。

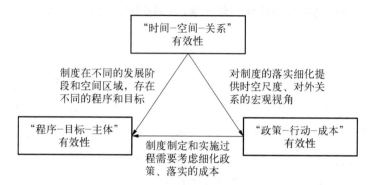

图 3.7　园区环境管理制度有效性的"三角关系"

通过构建的园区环境管理制度场域的不同层次,园区环境管理实践将按照此分析框架形成具有全过程管控、多层级响应和系统性应对等特点的管理模式。

第一,构建面向全过程的生态环境风险防范体系。不同制度场域将带来不同的园区生态环境风险演化逻辑,根据三个层次的制度子场域影响形成制度运行全过程的优化调控机制,进一步将全过程的优化机制分解到现实园区管理过程中,包括事前风险决策、识别、评估,事中风险控制以及事后应急、追责和修复补偿等环节,将机理研究与管理实践结合起来构建面向全过程的风险防范体系。

第二,形成多层级的生态环境风险防范体系。首先基于环境问题发生和影响的场域特征(包括物理空间特征、时代文化特征、社会结构特征等),通过微观场域识别在不同场域下风险事件发生和演化过程中涉及的各类主体(政府、企业和社会公众),

通过利益相关性分析界定不同主体所扮演的利益角色以及承担的管理责任。进一步分析环境事件发生的每一个环节（从事前决策到事后赔偿）所涉及的园区管理部门及其在风险防范中所承担的职责，进一步研究相关职能部门间的组织架构和管理模式，并探讨相应职责如何在不同区域、不同行政层级的部门之间进行分解，在此基础上构建多层级的环境问题防范体系。

第三，打造应对系统性生态环境风险的防范体系。通过对生态环境风险事件的回顾不难发现在一定的场域条件下，生态环境风险不断累积叠加，最终演化至可对社会经济环境整体复合系统产生严重危害的系统性风险，识别出系统性风险发生的场域特征，特别是其中的关键风险因素，有助于尽早识别系统性风险发生的先兆，最大限度地降低或阻断风险的演进与危害的扩大，防止系统性风险的发生。

三、从场域视角分析工业园区环境管理制度有效性的价值

前文谈到，制度的有效性评价与具体项目的有效性评价不同，项目评价更多的是"在一定的政治和组织环境下，对社会环境和条件的社会干预项目的绩效"，侧重于结果的评估，而对于制度的环境有效性的研究，面对的是制度体系的整体研究，更侧重于制度功能或制度与组织之间的关系。

从场域视角分析园区环境管理制度，能够首次将园区的制度作为体系分析，充分考虑园区自身发展的特点，分析的是制度运行的过程，涉及园区管理的多个参与者。对于管委会等管理

部门,制度的环境有效性评价能够发现制度运行中的各类问题,促进其改变管理方法,作为其决策的辅助工具;对于地方环保主管部门,可以作为其地方环境管理的工具,在其区域高度统筹环境规划等工作;对于企业,能够对园区制度的运行效率和环境影响之间的关系有清晰认识;对于周边民众能够推动其参与管理的各个阶段,便于对制度运行结果的反馈;对于第三方服务机构(如环评机构、环境公益组织)能够客观分析制度影响环境问题的原因。除了满足各方需要的功能外,对于制度的有效性分析,应该具有预期、判断、选择和导向等基本价值。

1. 预期价值

这是制度有效性分析的基础价值。对于工业园区的管理制度分析,主要凝聚利益相关方共同预期的目标,在时间-空间-关系的维度下分析园区环境目标,能够最大程度符合园区环境管理的预期,调动各方参与环境管理的主动性和积极性。

2. 判断价值

判断性主要是基于园区制度是否符合园区环境保护的需要,通过程序-目标-主体的分析,能够在执行效果上判断是否达到园区环境管理的目标,是否符合园区对企业节能环保的要求,判断各项政策如环保规划、环保资金、环评制度等的落实程度。

3. 选择价值

这项功能是园区制度价值的表现,通过对不同类型制度执行程度的分析、不同制度之间的作用比较,能选择出刻画园区制度有效性的指标。根据制度评价的结果,能筛选出影响有效性的关键指标,具有指导价值。

4. 导向价值

这是对制度有效性评价最重要的价值,通过对各类制度设置环保管理的共同目标,引导和调控园区内各方的行为,逐步形成价值观的统一,保证制度实施始终围绕目标展开。

第三节 场域视角下的工业园区环境管理制度运行与机制分析

通过构建园区环境管理制度的场域,阐释了观察制度运行、判断制度有效性的三个维度,分析制度设计、编制、实施等环节与制度参与主体间的作用关系,将园区环境管理制度的有效性内涵阐释为"制度变迁-制度治理-制度效益",这对深入剖析园区环境问题的制度性根源提供了创新的视角,基于此,对重新审视和优化现行环境管理政策和运行机制提供了提升的途径。为此,有必要基于场域视角对园区环境管理制度和运行机制进行探讨和分析。

一、制度场域与工业园区环境管理政策

(一)园区环境管理政策类型及分析框架

在制度内涵一节中曾论述过:制度内容依托于政策,制度运用的最直接表现便是相应的政策工具。可以说,制度的现实世界的体现便是政策,工业园区环境管理制度的表现是其各项关于环境管理的政策。本书为将制度分析具象化,将政策作为制度的外在表现进行研究。陆军等(2004)在论述区域财政与金

融制度时，认为政策是制度的一种外在化的表现手段，目的是帮助管理主体达成预计目标。但政策学理论指出，制度环境概念即政策工具的运用有其适用环境，这里的适用环境包括管理主体和客体的特点、匹配制度的协调性等内容，这实际揭示了政策分析应考虑的制度环境。而在研究环境管理政策时，常常分为三种工具类型，即命令-控制型、经济激励型和自愿型三种。

命令-控制型政策工具，又称强制性工具，主要指由政府制定和实施法律法规，通过运用行政和法律手段，以纠正污染企业的生产和排放行为，强制其执行环境标准。按照是否直接管控污染物，又分为直接管制和间接管制。直接管制主要是针对允许排放的污染物最大浓度、排放速率、排放总量等；间接管制主要是通过对生产技术、生产地点的选择进行规定。其排放标准的设置主要根据环境目标设定。例如，工业园区的各项规划、规章、标准、发布的信息数据、目标指标体系、人力物力投入等，便属于该工具类型。

经济激励型政策工具，主要指通过常见的经济激励手段，包括价格、成本、利润、信贷、税收、收费、罚款等调节各方面利益关系。此类环境政策工具不调控污染企业的生产决策，只调控企业面临的市场环境，用经济杠杆使企业改变其经营决策。主要分为两大类：一类是惩罚性，即通过与污染行为相挂钩的税费增加污染者的成本，促使污染者减少污染；另一类是激励性，即通过市场交易或补贴方式增加环境友好型产品的收益，促进生产者增加供给。前者的代表为庇古税，后者的代表为排污权交易、排污收费、绿色金融、各项补贴等。

自愿型环境政策工具，又称行动法则或协商式协议。欧盟

第三章　场域理论与工业园区环境管理制度有效性分析框架

委员会将自愿性工具定义为企业和政府为了达到环境目标而订立的协议。该工具主要以园区企业为主体，体现了园区企业环境行为的主动性特征。例如，工业园区内形成的行业协会或企业俱乐部，这些组织利用同行业生产工业的相似性，自主制定自愿性环境保护行动、参与行业性环保政策的制定、培育绿色生产习惯等。工业园区内的自愿型工具，如企业的清洁生产、ISO14000认证、自愿性环境协议（VEAs）、企业环境信息披露等。

除以上三类主要环境政策工具，还有混合型工具，兼有自愿型工具和强制型工具的特征，其主要代表不仅有环境税收、排污许可证交易等常见形式，还包括押金-退款制度、入园环保承诺书等新形式。事实上，在实际环保工作中，多数情况下是综合运用各种政策工具，基于园区环境管理制度有效性的三层制度场域内涵，并结合 2007 年 IPCC 对不同政策工具的评估内容[①]，本节梳理了在不同制度场域下的环境政策工具类型表现，表 3.2 具体比较了不同环境政策工具在管理有效性方面的具体表现。

从表 3.2 可知，工业园区制度对于环境有效性的影响，是多项政策工具综合作用的结果，进一步说明了园区制度的系统性特点。在第二章中对园区政策的讨论中已有说明，我国陆续出台了多项工业园区管理政策，不仅包括环保类的专项政策，更多的涉及产业发展、土地利用、对外贸易、技术创新等内容，但这些经济类、土地类、科创类政策中都会融入"绿色化"内容，为更全面地分析政策现状，本节将融入了环境保护的不同主题的园区管理政策也纳入工业园区的政策文本体系。

---

① 该评估内容可详见 http://www.ipcc.ch/pdf/assessment-report/ar4/wg3/ar4-wg3-frontmatter.pdf.

表 3.2 园区环境管理有效性框架下的政策工具比较

工 具		"时间-空间-关系"有效性	"程序-目标-主体"有效性	"政策-行动-成本"有效性
命令-控制型	规章和标准	初期受欢迎,在市场功能薄弱区域效率高	直接设定排放目标,效果取决于严格执法和企业遵约情况	取决于设计,统一使用易使得程序成本过高
	发布信息数据	取决于与其他政策组合时发挥最大作用	取决于"透明度"和接收方的使用,需与其他政策联用	不同的程序设计,产生不同的成本
经济激励型	可交易许可证	行业发展成熟,有互补的政策进行配合	取决于排放限额、参与程度和遵约情况	随着有限参与和较少的部门而减少
	补贴等经济激励	受惠方欢迎,但既得利益者会干扰,受地方经济水平限制	取决于政策的设计,因经济刺激不及时导致目标的延滞实现	取决于补贴的程度和政策设计,易造成执行成本冗余
自愿型	自愿环境协议	参与者得益,政策设计时机把握恰当	取决于方案设计,包括目标清晰、监管得力、第三方介入及时	取决于政府激励、奖惩的程度与灵活性
	企业主动减污	需要有鼓励制度的配合及良好的区域环境	取决于企业运营情况,是否有盈利和充分的人力与财力保障	增加了企业运营成本

在政策工具分析的基础上,我们结合园区环境管理的具体工作内容,将园区制度体系中涉及生态环境保护的内容进一步分类概括为环境污染治理、资源循环利用、能耗强度控制、环境风险控制等四项内容。由此,分析园区政策的环境有效性现状将涉及十分庞杂的政策体系。为便于对园区的政策进行整体研究,本节借鉴 Rothell 和 Zegveld(1981)的政策工具理论,根据前文阐述的三类环境经济学政策工具(命令-控制型、经济激励

型和自愿型),结合工业园区政策涉及环境的不同领域(污染控制、资源集约、能源利用、环境风险),以及政策发布的层级(国家级即面向全国发布的政策、省市级即面向地方发布的政策、园区级即园区自身构建的政策),建立工业园区政策的分析框架。另外,为更好地了解园区政策中的重点内容,本节运用软件 ROST Content Mining 6.0 对政策文本的内容进行关键词词频统计,以对园区政策文本的内容进行全面理解,识别其内容重点。综合对政策的工具属性和内容的分析,能够较全面地了解园区制度的制定现状。

基于以上讨论,建立如图 3.8 的工业园区环境管理政策三维分析框架:政策工具类型(X 轴)、政策领域类型(Y 轴)和政策层级类型(Z 轴)共三个维度,分析不同政策工具类型的内在联系和结构问题,以及不同政策工具的内容重点。

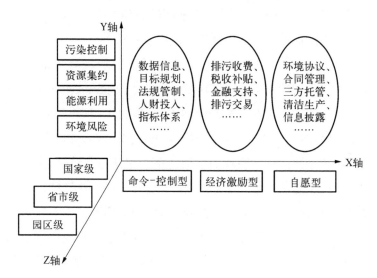

图 3.8 工业园区环境管理相关政策分析框架

（二）关于国家级环境管理政策的分析

自 1993 年始,原国家环保总局发布的《关于进一步做好建设项目环境保护管理工作的几点意见》即对类似工业园区等产业集聚区域的环评和污染物控制提出了目标。自 2003 年以来,我国关于园区的环保政策逐年加大。其中以生态工业园区的政策经验最具代表性。自 1999 年原国家环保总局开始生态工业园区的理论研究和实践探索以来,2003 年在原环保部、商务部、科技部等部委的推动下,截至 2020 年 12 月,已通过 106 个国家级生态工业园区的建设规划,其中 34 家已通过验收并授牌。已创建或创建中的生态工业园区覆盖我国 25 个省份,取得了显著的环保成绩。随着 2015 年 1 月 1 日新《环保法》的实施,对企业违法排污的处罚加大,环保管理部门的执法力度增强,地方政府的环境绩效考核启动,这些都为工业园区的环保制度建设和管理提供了有力保障。可以说,工业园区的环保政策实施,基本与国家宏观层面的法律法规建设实施同步进行。

本节选取了自 1979 年蛇口工业区建立以来,至 2020 年国家层面出台的涉及工业园区环境管理的重要政策文本作为研究对象。这些政策文本涉及产业结构、土地利用、对外开放、财税政策、环保政策。由国务院各相关部委或独立或联合出台,形成了我国关于园区环境管理的政策体系。这其中既包括《生态文明体制改革总体方案》《生态环保"十三五"规划》这样的综合类文件,也包括《规划环评技术导则》这样的专项政策。不仅包含生态工业园区建设的专门园区建设文件,也包含其他体现了园区环境管理的文件条文,以此为分析对象,力图分析其中政策脉络和关注重点。通过查阅国家发改委、工信部、原环保部等各部

第三章 场域理论与工业园区环境管理制度有效性分析框架

委网站及相关年鉴,搜集关于工业园区的政策共 64 项并分为 A、B、C 三类,分类标准如图 3.9 所示。

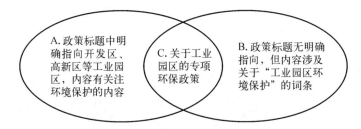

图 3.9 工业园区政策分类标准说明

按此标准对国家发布的工业园区管理相关政策统计如表 3.3 所示(虽然有些政策或标准已失效,但分析其内容可了解园区管理的沿革)。

表 3.3 国家发布的涉及环境保护管理内容的相关政策分类统计表

类型	序号	文 件 名 称	发文机关	发文时间
A类	1	《关于批准国家高新技术产业开发区和有关政策规定的通知》*	国务院	1991.3
	2	《国家高新技术产业开发区考核标准(试行)》	科技部	1993.5
	3	《国家高新技术产业开发区外高新技术企业认定条件和办法》*	科技部	1996.7
	4	《国家高新技术产业开发区管理暂行办法》	科技部	1999.8
	5	《关于进一步支持国家高新技术产业开发区发展的决定》*	科技部	2002.1
	6	《关于清理各类园区用地加强土地供应调控的紧急通知》*	原国土资源部	2003.2

续 表

类型	序号	文 件 名 称	发文机关	发文时间
A类	7	《关于清理整顿各类开发区加强建设用地管理的通知》*	国务院办公厅	2003.7
	8	《关于促进国家级经济技术开发区进一步提高发展水平的若干意见》*	国务院办公厅	2005.3
	9	《支持国家电子信息产业基地和产业园发展政策》	原信息产业部	2006.8
	10	《关于促进产业集群发展的若干意见》	发改委	2007.11
	11	《关于促进产业集聚发展和工业合理布局工作的通知》	工信部	2009.3
	12	《国家级经济技术开发区和边境经济合作区"十二五"发展规划（2011-2015年）》*	商务部	2012.10
	13	《关于促进国家级经济技术开发区转型升级创新发展的若干意见》	国务院办公厅	2014.10
B类	1	《关于逐步建立综合能耗考核制度的通知》	原国家计划委员会	1980.5
	2	《征收排污费暂行办法》*	国务院	1982.2
	3	《中华人民共和国环境保护标准管理办法》*	原城乡建设环境保护部	1983.11
	4	《工业企业环境保护考核制度实施办法（试行）》	国务院	1985.6
	5	《节约能源管理暂行条例》*	国务院	1986.1
	6	《污染源治理专项基金有偿使用暂行办法》*	国务院	1988.7
	7	《中华人民共和国水污染防治法实施细则》*	原国家环保总局	1989.7

第三章　场域理论与工业园区环境管理制度有效性分析框架

续　表

类型	序号	文　件　名　称	发文机关	发文时间
B类	8	《关于进一步做好建设项目环境保护管理工作的几点意见》*	原国家环保总局	1993.1
	9	《关于开展加强环境保护执法检查严厉打击违法活动的通知》*	国务院	1993.3
	10	《国家环境保护"九五"计划和2010年远景目标》*	原国家环保总局	1996.1
	11	《国务院关于加强环境保护若干问题的决定》	原国家环保总局	1996.8
	12	《建设项目环境保护管理条例》△	国务院	1998.11
	13	《重点用能单位节能管理办法》△	原国家经济贸易委员会	1999.3
	14	《中华人民共和国水污染防治法实施细则》*	国务院	2000.3
	15	《国家环境保护"十五"计划》*	原国家环境保护总局	2001.12
	16	《中华人民共和国清洁生产促进法》△	全国人大常委会	2002.6
	17	《中华人民共和国环境影响评价法》△	全国人大常委会	2002.10
	18	《国务院关于投资体制改革决定》《政府核准投资项目目录》	国务院	2004.7
	19	《国家环境保护"十一五"规划》*	国务院	2007.11
	20	《关于抑制部分行业产能过剩和重复建设引导产业健康发展若干意见的通知》	国务院	2009.9
	21	《国务院关于加快培育和发展战略性新兴产业的决定》	国务院	2010.10
	22	《产业结构调整指导目录(2011版)》*	发改委	2011.3

113

续 表

类型	序号	文件名称	发文机关	发文时间
B类	23	《太湖流域管理条例》	国务院	2011.9
	24	《工业转型升级规划(2011-2015)》*	国务院	2011.12
	25	《"十二五"国家战略性新兴产业发展规划》*	国务院	2012.7
	26	《"十二五"节能环保产业发展规划》	国务院	2012.7
	27	《关于保障工业企业场地再开发利用环境安全的通知》	原环保部	2012.11
	28	《循环经济发展战略及近期行动计划》	国务院	2013.1
	29	《全国生态保护"十二五"规划》*	原环保部	2013.1
	30	《国家重点监控企业自行监测及信息公开办法(试行)》*	原环保部	2013.7
	31	《大气污染防治行动计划》	国务院	2013.9
	32	新《环保法》(修订)	全国人大	2014.4
	33	《关于加强工业企业关停、搬迁及原址场地再开发利用过程中污染防治工作的通知》*	原环保部	2014.5
	34	《水污染防治行动计划》	国务院	2015.4
	35	《2015年循环经济推进计划》*	发改委	2015.4
	36	《生态环境监测网络建设方案》	国办	2015.7
	37	《促进大数据发展行动纲要》	国务院	2015.8
	38	《生态文明体制改革总体方案》	中办、国办	2015.9
	39	《关于开展绿色制造体系建设的通知》	工信部	2016.9
	40	《2030年前碳达峰行动方案》	国务院	2021.10

第三章 场域理论与工业园区环境管理制度有效性分析框架

续 表

类型	序号	文 件 名 称	发文机关	发文时间
C类	1	《关于加强开发区区域环境影响评价有关问题的通知》*	原国家环保总局	2002.12
	2	《水土保持科技示范园区建设实施方案》	水利部	2004.4
	3	《关于切实做好企业搬迁过程中环境污染防治工作的通知》*	原环保部	2004.6
	4	《关于进一步做好规划环境影响评价工作的通知》	原国家环保总局	2006.1
	5	《国家生态工业示范园区管理办法（试行）》*	原国家环境保护总局	2007.12
	6	《关于当前经济形势下做好环境影响评价审批工作的通知》	原环保部	2008.12
	7	《规划环境影响评价条例》	国务院	2009.8
	8	《关于加强国家生态工业示范园区建设的指导意见》	原环保部、商务部、科技部	2011.12
	9	《国家发改委、财政部关于推进园区循环化改造的意见》	国家发改委、财政部	2012.3
	10	《关于加强化工园区环境保护工作的意见》*	原环保部	2012.5
	11	《关于加强环境影响评价管理防范环境风险的通知》*	原环保部	2012.7
	12	《关于组织开展国家低碳工业园区试点工作的通知》*	国家发改委、工信部	2013.9
	13	《国家生态工业示范园区管理办法》（修订版）	原环保部	2015.12
	14	《国家生态工业示范园区标准》（修订版）	原环保部	2015.12

115

续 表

类型	序号	文件名称	发文机关	发文时间
C类	15	《关于深入推进园区环境污染第三方治理的通知》	国家发改委、生态环境部	2019.7
	16	《关于组织开展绿色产业示范基地建设的通知》	国家发改委	2020.7
	17	《国家高新区绿色发展专项行动实施方案》	科技部	2021.1
	18	《关于推进国家生态工业示范园区碳达峰碳中和相关工作的通知》	生态环境部	2021.8

注：* 为已失效文件；△为其后有修订的文件。

从以上71份典型文件及表述中，可以发现，从文件发布的部门和层级角度，园区环境管理涉及的部门既有环保专业部门，也有园区发展相关部门，包括生态环境部、自然资源部、科技部、商务部等多个部门，在发布的园区文件中都聚焦或涉及园区的绿色化建设，如图3.10所示。

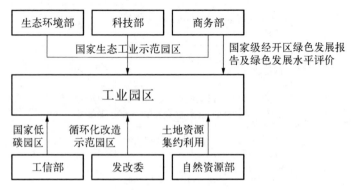

图3.10 各部委推进绿色化园区建设

第三章　场域理论与工业园区环境管理制度有效性分析框架

为了快速了解园区环境管理政策的内容,本节采取统计工具对园区政策类型和主题进行分类统计,结合政策分类统计,发布的园区政策中 A 类政策占比 17.7%,B 类政策占比 61.3%,C 类占比 21%。由此可见,园区政策中涉及环保内容的综合型政策较多。为了更好地识别政策内容中的重点,首先以工业园区或园区为主关键词,人工将所收集的政策相关章节进行筛选,再运用 Java 爬虫技术抓取 1979—2020 年政策中含有园区关键词的文本(对计算机语言无法识别的图表,通过人工整理),形成文本库。运用软件 ROST ContentMining 6.0 统计文本库中的主题词出现频数得表 3.4。

从表 3.4 中可知,法规标准、信息数据等内容是政策文本的重点,分布占比 11% 和 9%,说明国家级政策对于园区环境管理,重点内容在于运用政策法规、排放标准进行管制;针对园区内管理信息平台建设和数据库建设,在 2010 年后的管理政策文本中明显增多,说明园区试图通过数据信息摸清园区环境底数,而且通过数据共享推动园区内部门、与地方环保部门间的协调性。

根据场域视角下构建的园区环境管理有效性分析框架,在"时间-空间-关系"维度中,政策文本中"规划""环境影响""土地利用"等内容出现频率很高,相应的政策文本中都会说明结合园区发展情况和空间属地进行时效性分析,例如《关于进一步加强产业园区规划环境影响评价工作的意见》中有这样的表述:"产业园区规划环评结论及审查意见被产业园区管理机构和规划审批机关采纳的,其入园建设项目的环评内容可以适当简化。简化内容包括符合产业园区规划环评结论、审查意见的入园建设

表 3.4 政策文本的关键词分布统计

关 键 词	频数	百分比(%)	累积频数	累积百分比(%)
法规标准	102	11%	102	11%
信息、数据	83	9%	185	20%
规划	83	9%	268	29%
环评	74	8%	342	37%
环境影响	65	7%	407	44%
大气/水	65	7%	472	50%
循环化利用	55	6%	527	56%
能源	46	5%	573	61%
监测	46	5%	619	66%
基础设施效率	46	5%	666	71%
高新技术	46	5%	712	76%
土地利用	46	5%	758	81%
公众参与	37	4%	795	85%
区域/流域风险	28	3%	823	88%
第三方组织	28	3%	850	91%
人员管理	28	3%	878	94%
排污权交易	18	2%	897	96%
绿色产业	18	2%	915	98%
PPP模式	9	1%	924	99%
财政、金融支持	9	1%	934	100%
合计	932	100%	/	/

第三章　场域理论与工业园区环境管理制度有效性分析框架

项目政策规划符合性分析、选址的环境合理性和可行性论证,以及符合时效性要求的区域生态环境现状调查评价(区域环境质量呈下降趋势或项目新增特征污染物的除外)。"在程序-目标-主体维度中,政策文本中"第三方组织""公众参与"等内容主要包括政策实施涉及的主体,例如《国家生态工业示范园区管理办法》中指出,"获批开展示范园区建设的工业园区应向社会公众公开建设目标、任务、内容、进展及成效,污染减排成效和环境质量改善状况等相关信息。同时积极配合环保、商务和科技等三部门推广园区创建的成功经验和有益做法,发布相关数据和信息;积极参加相关培训、交流、产业对接活动,加强园区间的交流、合作和互鉴"。在政策-行动-成本维度中,"人员管理""财政金融支持"等主要涉及管理行动中产生的成本投入管理,例如《国家高新区绿色发展专项行动实施方案》指出,"各国家高新区管委会紧密结合工作实际,加强组织领导和工作协同,制定切实可行的实施方案,制定出台促进绿色发展的产业、投资、财税、服务、保障等政策措施,建立推动绿色发展的制度体系,做好试点示范和推广应用,确保各项工作落实到位"。通过对政策文本内容的分析,基本都可以在有效性框架内找到对应的政策内容,这进一步说明了本书研究框架的普适性。

从管理政策工具类型角度分析,能够从环境经济学角度把握国家级政策工具的侧重类型,对政策进行编码,按照"政策编号-章节号-条款号"方式进行编码,梳理整合形成基于政策工具的内容分析编码,示例见表3.5。

表 3.5 政策编码示例

政策编号	政策名称	政策相关内容	编码
A类12号	《国家级经济技术开发区和边境经济合作区"十二五"发展规划(2011-2015年)》	第四章重点任务：9.强化生态环境保护管理	A12-4-9
B类28号	《循环经济发展战略及近期行动计划》	第三章构建循环型工业体系：第十一节产业园区	B28-3-11

在编码基础上，梳理整合政策工具内容分布，并运用前述政策分析框架进行分布统计，得到工业园区政策工具频数分布表，具体见表3.6。

表 3.6 政策工具频数分布统计表

类型说明	命令-控制型					经济激励型			自愿型			合计
	信息数据	目标规划	法规管制	指标体系	人财投入	排污费及交易	税收补贴	押金退款	环境协议	合同管理	第三方托管	
污染控制	11	16	25	18	9	11	38	0	2	0	2	132(28.8%)
资源集约	16	18	32	15	2	21	33	2	4	2	2	147(32%)
能源利用	5	12	30	21	4	12	31	2	3	1	2	123(26.8%)
环境风险	0	9	18	22	8	0	0	0	0	0	0	57(12.4%)
合计	291(64.1%)					150(31.9%)			18(4%)			

第三章 场域理论与工业园区环境管理制度有效性分析框架

从关键词频数和政策工具内容频数分布统计来看,国家发布的环境保护管理政策涵盖内容分布较平衡,涉及领域也比较全面,其中环境风险领域涉及相对较少,占比 12.4%;政策工具的使用是较为全面的,但三大类工具使用占比不同,命令-控制型工具占比 64.1%,经济激励型占比 31.9%,自愿型工具仅占比 4%,与国内环保的管制型思路一致。

在命令-控制型工具中,以目标规划、法规管制、指标体系三类最多,占比达 53.6%,在关键词统计中,"法规""环评""规划"等累积词频也达到 30%,这表明工业园区的制度设计显著体现了自上而下的管理思维,表明了园区高度重视环境的决心。"环评"关键词的大占比显示,在准入门槛上对园区建设就做了规定。而在人力、财力投入方面,占比仅为 5.1% 和 4.7%,这表明工业园区在财政支出和团队建设方面力量薄弱,其结果是,即使在顶层设计上有很好的制度,若缺乏配套的人力、财力落实,也易导致政策无法落地。

在经济激励型工具中,税收补贴用于环境质量改善者较多,这说明工业园区内以补贴进行企业补助还是占主要市场。这类经济激励政策容易造成部分企业以绿色或新能源招牌骗补贴的情况,而激发企业主体环保主动性的排污权交易市场建设较弱,仅占比 31%,这说明园区的排污权交易市场建设还缺乏政策的宏观构建和指导细则。

在自愿型工具中,虽然自愿型政策对改善园区环境绩效最具自主性和灵活性,但由于企业加入自愿性的环境协议动机中,有可能隐藏应对管制的动机,易造成无法从实质上替代命令型政策。事实上,Brouhle、Griffiths 和 Wolverton(2009)曾选取 199

个美国金属加工业的样本企业,实证比较自愿计划和管制压力政策下的环境绩效,其结论也验证了管制压力对企业绩效改善有显著影响。

总结来看,国家级发布的工业园区政策,在涉及环境管理的内容时,主要采取自上而下的管理思路,对法规标准建设、信息数据建设等方面关注较多,但对于园区管理的配套政策、自主性鼓励不足。政策工具类型主要聚焦园区发展初期的管理,对园区自身产业特色、园区发展阶段和园区产业链的变化考虑较少。

(三)关于省市级和园区级的管理政策分析:以上海市为例

为进一步分析政策在不同层级上发挥的作用,本节对省市级和园区管委会发布的园区政策进行分析[基于上一节构建的政策分析框架,Z轴维度(见图3.8)是从省市级、园区级发布政策角度对园区进行分类]。鉴于园区政策的完整性和园区的典型性,本节选取上海市及市级生态工业园区——莘庄工业园区为例进行分析①。自2009年以来,上海市从土地指标、产业结构、规划环评等多方面加大对产业集聚地块和工业园区的管理。

为了更好地分析上海市现行园区政策的特点,本节选取上海市关于园区管理的政策作为分析样本,共计58项(见表3.7),对上海市园区管理政策进行分析。

---

① 2009年上海"两规合一",梳理明确了104个规划工业地块,包含97个工业园区,具体见本书附录。

表 3.7 上海市涉及工业园区环境保护管理相关政策分类统计表

类别	编号	政策名称	发文机关	发文时间
A类	1	《上海市经济技术开发区条例》	上海市人大	1988.11
A类	2	《上海市产业园区管理办法》(征求意见稿)	上海市政府	1990.4
A类	3	《关于开展本市开发区综合评价工作的通知》	上海市经信委	2010.9
A类	4	《上海市出口加工区管理办法》	上海市政府	2010.12
A类	5	《关于促进上海国家级经济技术开发区转型升级创新发展的实施意见》	上海市政府	2015.8
A类	6	《关于促进上海市生产性服务业功能区发展的指导意见》*	上海市经信委	2015.9
A类	7	《上海市特色产业园区管理办法》	上海市经信委	2022.9
B类	1	《上海市人民政府关于加强本市环境保护和建设若干问题的决定》*	上海市政府	1999.9
B类	2	《上海市城市总体规划（1999-2020）》*	上海市政府	2001.5
B类	3	《关于加强本市开发区区域环境影响评价工作的实施意见》	上海市政府	2002.5
B类	4	《上海市实施〈中华人民共和国环境影响评价法〉办法》	上海市政府	2004.7
B类	5	《上海市土地使用权出让办法》	上海市政府	2004.11
B类	6	《上海市环境保护条例》	上海市人大	2006.5
B类	7	《上海市人民政府关于贯彻〈国务院关于落实科学发展观加强环境保护的决定〉的意见》	上海市政府	2006.8

续 表

类别	编号	政策名称	发文机关	发文时间
B类	8	《关于本市郊区工业用地规划指标核定的若干意见（试行）》*	上海市规土局	2006.11
	9	《关于加快本市产业结构调整盘活存量资源若干意见的通知》	上海市经信委	2006.12
	10	《上海市绿化条例》	上海市人大	2007.1
	11	《上海市人民政府关于印发〈上海市节能减排工作实施方案〉的通知》*	上海市政府	2007.8
	12	《上海产业发展重点支持目录（2008年）》*	上海市发改委	2008.8
	13	《关于加快推进上海高新技术产业化的实施意见》	上海市政府	2009.7
	14	关于印发《上海市鼓励企业实施清洁生产专项扶持实施办法》的通知	上海市经信委、市财政局	2009.7
	15	《关于实施上海市2009-2011年环境保护和建设三年行动计划》*	上海市政府	2009.7
	17	《上海市并联审批试行办法》	上海市政府	2009.7
	18	《关于加强对企业跨区迁移管理通知》	上海市财政局、市国税局、市地税局	2009.7
	19	《上海市实施统计数据网上直报工作管理办法》	上海市政府	2009.9
	20	《关于进一步完善环评公众参与中信息发布工作的通知》	原上海市环保局	2010.1

第三章 场域理论与工业园区环境管理制度有效性分析框架

续 表

类别	编号	政策名称	发文机关	发文时间
B类	21	《关于加强本市重点行业挥发性有机物（VOCs）污染防治工作的通知》	原上海市环保局	2012.10
	22	《上海市工业区转型升级三年行动计划(2013-2015年)》*	上海市经信委	2013.10
	23	《上海市清洁空气行动计划(2013-2017年)》*	原上海市环保局	2013.11
	24	《上海市人民政府办公厅关于转发市安全监管局制订的〈上海市禁止、限制和控制危险化学品目录(第二批)〉的通知》	上海市政府	2014.6
	25	《上海工业及生产性服务业指导目录和布局指南(2014年版)》*	上海市发改委	2014.6
	26	《上海产业结构调整负面清单及能效指南(2014年版)》*	上海市经信委	2014.6
	27	《上海市大气污染防治条例》	上海市人大	2014.6
	28	《上海工业及生产性服务业指导目录和布局指南(2014年版)》	上海市发改委	2014.6
	29	《关于印发上海市2015-2017年环境保护和建设三年行动计划的通知》*	上海市政府	2015.2
	30	《绿色产业园区评价导则》*	上海市质监局	2015.11
	31	《上海市水污染防治行动计划实施方案》	上海市政府	2015.12

续表

类别	编号	政策名称	发文机关	发文时间
C类	1	《上海市生态工业(产业)园区管理办法(试行)》*	上海市经信委、原上海市环保局	2012.3
	2	《上海市"无燃煤区"、"基本无燃煤区"区划和实施方案(2011-2015年)》*	原上海市环保局	2012.5
	3	《上海市环境保护局关于落实环境保护部〈关于切实加强风险防范严格环境影响评价管理的通知〉有关工作的通知》	原上海市环保局	2012.8
	4	《原上海市环保局关于开展本市产业园区规划环评和跟踪评价的通知》	原上海市环保局	2012.8
	5	《关于本市实施环境保护部〈关于发布《规划环境影响报告书简本编制要求》的公告〉有关事项的通知》	原上海市环保局	2012.10
	6	《上海市环境保护局关于发布〈关于开展环境影响评价公众参与活动的指导意见(2013年版)〉的通知》*	原上海市环保局	2013.5
	7	《上海市环境保护局关于发布本市产业园区规划环评及跟踪评价报告编制技术要求(2013年版)》*	原上海市环保局	2013.5
	8	《上海市生态环境局关于进一步加强本市产业园区规划环境影响评价工作的通知》	上海市生态环境局	2021.12

注：*为已失效文件。

在上海市市级关于工业园区环境管理的政策中，A类政策占比14.6％，B类政策占比68.8％，C类政策占比16.6％。这说明上海市很早就在各类政策中重视园区的环境问题了,而且关于经开区的管理条例提出得较早(1988年),与上海市经开区建设同步(1985年),但园区的环境保护专项政策起步较晚,进入2012年后才开始出现生态园区专门建设办法。

类似上一节分析方法,以工业园区或园区为关键词,筛选涉及园区建设的各方面章节汇总,运用Java爬虫技术抓取1999—2021年收集的政策中关于含有园区关键词的文本,对计算机语言无法识别的图表,作者加以人工阅读,将文本汇总后再运用词频统计软件ROST Content Mining 6统计文本中的主题词频数,见表3.8。

从政策主题内容上看,主要涉及土地利用、产业结构调整、环评、能源结构调整、信息数据、科学选址等,累积占比48%,说明上海市在认识园区的环境问题时,主要是从能源、产业、土地等角度进行管理,而且也重视信息数据在园区管理中的重要作用。可以发现,上海市在园区的管理政策设计方面,充分考虑了工业园区的地域性、能源利用较大等特征,注重产生环境问题的多方面原因,试图通过对各类制度的调控综合解决环境污染。对于政策工具的使用分析上,同样对上海市政策进行单元编码,经过人工梳理整合,得到上海市发布的园区政策工具分布统计表,见表3.9。

从上海市关于园区政策中涉及园区环境管理的文本分析来看,大部分政策内容是国家政策的延续和细化,这也集中体现了园区管理面临的问题在国家和地方层面具有普遍性,而且在管理上存在政策共识。在政策涉及的领域方面较为全面且平衡,但在环境风险方面内容不多。

值得注意的是,由于上海市作为直辖市具有较自主的经济

表 3.8 政策文本的关键词分布统计

关 键 词	频数	百分比(%)	累积频数	累积百分比(%)
土地利用	79	11%	79	11%
产业结构调整	63	8%	142	19%
环评	55	7%	197	26%
能源结构	55	7%	252	34%
信息数据	53	7%	305	41%
科学选址	51	7%	356	48%
区域联动	49	7%	405	54%
大气污染	47	6%	452	61%
规划环评	41	5%	493	66%
低碳示范	37	5%	530	71%
公众参与	32	4%	562	75%
环境风险防范	30	4%	592	79%
数据统计	27	4%	619	83%
基础设施运行	25	3%	644	86%
部门合作	25	3%	669	90%
专项资金	20	3%	689	92%
生产性服务区建设	17	2%	706	95%
环境协议	15	2%	721	97%
高新技术	13	2%	734	98%
指标	12	2%	746	100%
合计	746	100%	/	/

表 3.9 政策工具频数分布统计表

类型说明	命令-控制型					经济激励型			自愿型			合计
	信息数据	目标规划	法规管制	指标体系	人财投入	排污费及交易	税收补贴	押金退款	环境协议	合同管理	第三方托管	
污染控制	9	10	37	6	11	4	13	4	17	19	3	133 (36.8%)
资源集约	8	9	24	8	12	0	19	8	4	23	0	115 (31.9%)
能源利用	6	8	11	0	14	0	15	6	3	18	0	81 (22.4%)
环境风险	0	12	7	0	9	0	0	0	0	4	0	32 (8.9%)
合计	201(55.7%)					69(19.1%)			91(25.2%)			

和管理权力,这决定了上海市在处理园区管理问题有更多的独立性,从政策发文部门看,已呈现多部门联合管理的现象,园区管委会与当地环保管理机构之间合作的操作细则内容开始增多,将地区选址和区域环境质量结合的政策内容也开始陆续补充。同时,将更多的重点放至如何落实和执行层面。在政策类型上,自愿型环境管理内容增多,类似环境协议这类政策占比 6.6%,有所增加(国家级同类政策占比 2.2%),但经济激励型政策相对减少至 19.1%(国家级同类政策占比 31.9%),这说明上海市对于工业园区更多地依靠命令-控制型管理工具(占比 55.7%),缺乏有效的经济激励的相关配套政策。

在前文建立的政策分析框架中,Z 轴分类为国家级、省市级和园区级。本节选取上海市莘庄工业园区作为园区案例进行分析,主要原因是:第一,莘庄工业园区始建于1995年8月,是上海首批进入国家生态工业园区建设名单的园区,具有建设时间长、政策完备的特点,便于分析;第二,莘庄工业园区是一个综合型工业园区,地处闵行区。2003年闵行区人民政府授权上海市莘庄工业区管理委员会负责该地区的开发建设、社会事务、行政管理工作,这体现了工业园区的区域综合发展功能的特点,因此将闵行区的园区政策一并作为分析对象。

首先,对莘庄工业园区的规范性管理文件进行了梳理共27项,具体见表3.10。

表3.10 莘庄工业园区涉及环境保护管理相关政策文件分类统计表

类别	编号	文件名称	发文单位	发文时间
A类	1	《上海市莘庄工业区总体规划(2002年)》*	闵行区政府	2002.3
	2	《莘庄工业区"十二五"规划》*	莘庄工业区管委会	2010.8
	3	《关于批准上海市莘庄工业区和日照经济开发区为国家生态工业示范园区的通知》	原环保部	2010.8
	4	《莘庄工业区政府信息公开工作年度报告》	莘庄工业区管委会	2010.10
	5	《关于建立莘庄工业区市政市容管理联席会议制度》	莘庄工业区管委会	2011.6
	6	《莘庄工业区关于建立政府购买社会组织公共服务制度的实施办法(试行)》	莘庄工业区管委会	2013.7

第三章 场域理论与工业园区环境管理制度有效性分析框架

续 表

类别	编号	文件名称	发文单位	发文时间
B类	1	《闵行新城总体规划(2007-2020年)》*	闵行区政府	2006.8
	2	《闵行区生态文明建设规划》	闵行区政府	2010.12
	3	《关于印发闵行区循环经济发展"十二五"规划的通知》*	闵行区政府	2011.10
	4	《关于闵行区生态建设与环境保护"十二五"规划》*	闵行区政府	2011.10
	5	《关于闵行区"十二五"期间主要污染物问题控制工作方案的通知》*	闵行区政府	2012.3
	6	《关于闵行区2012-2014年环境保护和生态建设三年行动计划》*	闵行区政府	2012.3
	7	《关于在闵行区深入推进节能降耗工作的实施意见》	闵行区政府	2015.12
C类	1	《上海市莘庄工业区国家生态工业示范园区建设规划(2005-2020年)》*	莘庄工业区管委会	2006.1
	2	《关于莘庄工业区环境影响报告书的审查意见》	原上海市环保局	2008.3
	3	《莘庄工业区环境质量和环境风险专项整治实施方案》	莘庄工业区管委会	2008.1
	4	《莘庄工业园区创建国家生态工业示范园区建设规划验收报告》	莘庄工业区管委会	2009.5
	5	《莘庄工业区创建国家生态工业示范园区暨国家循环经济试点2009年度示范工程和优先项目》*	莘庄工业区管委会	2009.7
	6	《上海市莘庄工业区循环经济试点实施方案》	上海市政府	2010.7
	7	《莘庄工业区关于推进城中村及城乡结合部环境卫生整洁活动的通知》*	莘庄工业区管委会	2012.4

131

续 表

类别	编号	文件名称	发文单位	发文时间
C类	8	《莘庄工业区第五轮环境保护三年行动计划(2012-2014年)》*	莘庄工业区管委会	2012.5
	9	《关于在闵行区深入推进节能降耗工作的实施意见》	闵行区政府	2012.6
	10	《莘庄工业区推动垃圾分类、促进源头减量实施方案》	莘庄工业区管委会	2012.10
	11	《莘庄工业区空气重污染应急预案》的通知	莘庄工业区管委会	2012.11
	12	《开展"加强生态建设 建设美丽园区"环保知识大赛》*	莘庄工业区管委会	2013.10
	13	《关于加快推进战略性新兴产业及传统优势产业发展实施意见(2013-2015年)》	莘庄工业区管委会	2013.10
	14	《莘庄工业区区域内紫江河黑臭河道的整治方案》*	莘庄工业园区规建办	2015.9

注：*为已失效文件。

从表 3.10 可知，工业园区的自主措施逐渐增加，从政策名称分析，针对的内容越来越细致，在城区规划文本内容中对产城融合进行了较多描述。同理，进行关键词分析和工具属性分析后，分别得到表 3.11 和表 3.12。

从关键词分布来看，园区发布的政策内容主要集中于"法规标准""目标、指标""数据"等方面，累计占比 30%。这说明园区政策很大部分内容是要保持与上级政策的一致性，更多的工作在于完成上级制定的目标，而信息数据类工作在园区层面作用更大。值得注意的是，在"环保资金"方面有所提升，但"人员培

第三章 场域理论与工业园区环境管理制度有效性分析框架

表 3.11 政策文本的关键词分布统计

关 键 词	频数	百分比(%)	累积频数	累积百分比(%)
法规标准	44	12%	44	12%
目标、指标	36	10%	80	22%
数据	31	9%	111	30%
产业准入	31	9%	142	39%
目标管理	27	7%	169	46%
创新成果专业化	26	7%	195	54%
环保措施跟踪	26	7%	221	61%
产学研结合	21	6%	242	66%
进出口绿色贸易	18	5%	260	71%
政策交流	16	4%	276	76%
环保资金	16	4%	292	80%
企业档案	15	4%	307	84%
节能产品推广	15	4%	322	88%
信息公开	11	3%	333	91%
垃圾分类	9	2%	342	94%
环保宣传	7	2%	349	96%
社会组织服务	7	2%	356	98%
措施定期考核	6	2%	362	99%
人员培养	2	1%	364	100%
合计	364	100%	/	/

表 3.12　莘庄工业园区的环境政策工具频数分布统计表

类型说明	命令-控制型					经济激励型			自愿型			合计
	信息数据	目标规划	法规管制	指标体系	人财投入	排污费及交易	税收补贴	押金退款	环境协议	合同管理	第三方托管	
污染控制	4	5	9	6	4	2	3	1	9	8	7	58(45%)
资源集约	2	5	8	6	4	0	5	0	0	0	7	37(28.7%)
能源利用	2	5	6	2	2	0	7	0	0	3	0	27(20.9%)
环境风险	0	1	2	1	0	0	3	0	0	0	0	9(5.4%)
合计	74(57.4%)					21(16.3%)			34(26.3%)			

养"方面差距很大。从统计结果整体来看,园区的政策内容趋于服务化,即更大的措施在于服务企业,而不是管制企业,这与上两级政策有很大不同。

综合分析园区政策文本关键词及政策工具类型,自主性和独立性更大,政策关键词更趋具体化,不断细化上一层次政策的表现。内容上对于环境污染控制加大自愿型环境政策明显增多,占比 26.4%。在环境协议、合同管理、第三方服务等体现自愿型政策的项目中占比明显上升,这说明在园区的自主管理层面灵活性较大,愿意借助市场的力量解决管理中出现的问题。在人与财等要素性投入环节指导性政策更少,说明园区在环保层面的运行成本考量仍显不足。

(四)场域视角下园区环境管理政策所面临的问题分析

通过对国家级、省市级和园区级政策的文本梳理和分析。

第三章 场域理论与工业园区环境管理制度有效性分析框架

从整体意义上分析,可发现国内园区政策的设计上存在政策体系不系统、政策结构不合理、考核的目标导向较强等三方面问题,而这都会对工业园区的环境有效性产生影响:

首先,在政策体系方面,管理部门存在"九龙治水"或多头管理的问题,仅从近 20 年的政策制定部门分布来看,涉及主管部门包括原环保部、工信部、能源局、发改委等十多个部门,而进行实际环境管理的人力与财力配备又仅由原环保部(或原国家环保总局)一家承担,考核验收却又由多家单位进行,缺乏政策层面的协调。这造成了实际的环境管理上部门之间发现的问题和数据信息无法共享,部门的权责关系未梳理清晰。而且,园区环境管理政策与所在城市环境管理之间的隶属关系错综复杂,缺乏专项政策进行管理,也造成相应的人、财投入和目标要求所需的支持相距较大。在园区用地的政策管理方面,用地规模较大、园区内用地构成单一、粗放式的用地依然存在,教育科研、配套设施用地比重较低,这些都是由于用地政策和产业政策不协调造成决策不全面所致。总体来说,政策体系不健全、不完善。

其次,在政策结构方面,从分析结果来看,园区环境管理政策偏向于命令-控制型,其次是经济激励型,而自愿型政策较少。这与我国整体的环境政策演变历程相符。而命令-控制型政策的实施和园区各种管理模式匹配不是一一对应。本书第一章曾论述我国园区的不同管理模式,在公司型的园区管理中沿用命令-控制型的环境管理政策,弱化了参与主体的积极性,导致管制成本过高而绩效低下,而且伤害了园区内自主管理的氛围。同时,在政策的细分结构中,过于偏重于宏观性的政策管理,如规划、理念、计划等,而忽视了园区作为地区性经济聚集区的特性,对于"园区管委会与地方政府的关系""园区自主制定的政策与国家或省市制定政策之间的协调性"等问题没有提及,这就造成了在园区的实际管理过程中,面对诸如"产城矛盾"就无法在园区内部解决,也无法与当地的环境行政主管部门联动。

另外,缺乏配套的人才培育措施、资金筹措方法等可操作性环节,导致在管理的全过程之中,显示出虽然管理主体高度重视和决心,但园区个体面对管理细节问题时将束手无策。这将会拖慢园区环境管理的速度,或者降低园区内环保工作的质量。

再次,在政策工具的实际应用中,许多政策都设计了指标体系这一管理工具。在分析中发现所设置的指标作为目标导向,与园区发展过程、园区内的产业发展过程等结合不够,即使提及管理方面的考核,大都是定性考察,没有对重要性的排序。事实上,大部分环境政策还是针对末端控制并以指令性方式主导,这就无法解决一类污染物在排放过程中可能转化为新的污染物。另外,在污染物的限制方面,只是对工艺过程的最终产物进行管理,而没有管控工艺过程中的中间产物或副产物。在经济激励型的政策工具使用上,存在类型单一、缺乏替代政府进行环境资源交易的市场组织者和中介的机构。重视园区内对企业的环保激励和补偿无可厚非,但将激励和补偿作为管理的常规手段,易忽视园区自身特点和产业结构相对应的环保标准的设置,造成"千园一面",没有突出园区本身的特色,究其原因还是管理没有结合过程的现实情况而展开。毕竟园区的利益相关方较多,环境问题的出现很可能是综合性实际因素作用的结果,因此,过于依赖目标考核,即使最后得出了分数,也不能确定究竟是哪个环节造成的原因,对后续管理也无法提供实际改进性建议。

第三章 场域理论与工业园区环境管理制度有效性分析框架

此外,政策间协调性不强,实行细则不详,法规之间联系存在断裂。在防治原则、措施及法律责任的承担方式上差别不大,貌似具有针对性但缺乏政策之间的协调导致园区环境问题无法得到整体解决。

通过对园区制度的演化过程分析归纳,可发现基本是按照国家环保政策发展流程演变,园区环境管理也是随着园区环境问题不断显现而不断发展的,从最初的单个企业点源管理,进展至园区的综合环境管理,再到基于工业生态理论的生态工业园区,再深入至产城融合的区域一体化环境管理,园区政策的演化逐渐趋向成熟。上述分析的政策体系现状表明,为了构建有效性评价体系,有必要阐述园区政策的优化途径,以提高制度的环境有效性。

第一,健全园区环境政策体系。为了避免政出多门造成的管理成本过高,同时面临大大小小园区遍地开花的情况,建议设立专门统一的园区管理部门,例如,国家发改委等宏观机构作为统筹政策的制定主体,将原环保部、水利部、工信部等专业主管部门联合,打造一个信息共享、职能协作的平台。这样可使园区环境政策的制定更趋系统性、科学性和合理性。另外,在园区管理方面一直没有专项法律依据,导致园区环境管理依据的环境类法律,缺少立法依据,应逐步从制定法律法规、技术细则、行业管理等层面形成完善的政策体系。

第二,优化政策工具结构。在经济激励型政策中,应深化经济杠杆作用,例如供排水系统管理,划分供水阶段、使用阶段和污水处理阶段,每一步都以前一步的使用效率为基础进行分配。推进排污权交易制度在园区的运用,由于排污权交易市场是以市场为基础的环境经济政策,园区由于空间的相对固定,为排污权市场的建立提供了很好的区域实践空间。推动园区环境污染的第三方治理制度建设,根据国务院《环境污染第三方治理管理办法》增加以自愿型环境协议为主的管理制度,例如建立污染治理合同登记方案,对违规运营企业进行信息公开和违规处罚,并引进第三方环保服务商,以在线监测设备运行维护为主。

第三,加强程序管理和目标考核的统一性。建设信息数据的在线准入管理体系,考查企业对园区水环境保护的压力,使工业园区作为系统单元,高效利用水资源,并最大限度地减少水污染物的外排。基础信息纳入园区管理的数据库,包括基础数据资料、信息网络资源、专家数据库等,这些是总结园区实际管理案例取得的共识。在此基础上,过程管理能够不断开展历史数据的对比,以作为后续管理的背景值,而目标考察则分解至园区的程序考察之中。

第四,需要加强信息数据的公开和共享,对管理成本进行管控。虽然整个园区都处在相同的环境规制下,但园区管委会、当地环保主管部门和园区企业三者之间,仍然存在环境信息的不对称。不同行业之间,产业链的上下游企业之间的环境信息不互通;管委会在设计管理目标时常常未考虑企业对于园区环境的要求;园区周边居民对园区内的环境管理动态也不知情,由此引发对园区环境管理的不信任而导致邻避冲突,造成制度运行成本增大。基于此,信息数据的建设和公开化显得尤其重要,甚至是保障园区制度有效运行的重要组成部分。

从前述政策文本分析,未发现涉及园区环境管理成本的专项文件,即没有测度"花了多少成本"达到目标。这造成在制度的运行中成本过大或浪费。因此,对于成本有效性在园区环境管理中的分析显得更加迫切。

二、我国工业园区环境管理制度的相关主体及运行机制

上节从制度建设和文本内容方面对工业园区的制度进行了分析,但在场域视角下,制度要想发挥作用,需要稳定成熟的运行机制保障,需要园区管理制度的各参与主体科学高效的实施,本节针对制度的实施机制和主体进行分析。

（一）工业园区制度实施的相关主体

根据第二章对于我国工业园区发展历程的梳理,园区制度的实施主要涉及地区政府、管委会、企业、社会组织、公众等,这五方构成了园区管理的主体。张曙光(1994)提出国内经济制度的管理存在三角结构与三角替代关系(主要是政府、市场和企业,两两之间形成互动,各自形成效用和成本),而集中在工业园区这一空间,便形成了五方参与模式,如图 3.11 所示。

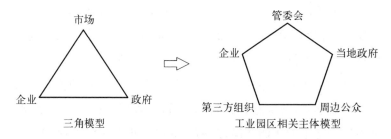

图 3.11 工业园区的主体模型

园区管委会和当地政府是制度实施的主要发布者,企业和周边公众是制度实施的主要接受者,它们之间关系密切,具体描述见表 3.13。

表 3.13 园区管理的周边关系

相关关系	具 体 描 述
部委、省级政府与工业园区	纵向协调与管理,其定位共同点在于财税收益,但在环境绩效诉求方面存在差异
当地政府与管委会	管委会可被视为城市政府的派出性机构,同时具备市场盈利和社会公共事务管理的职能
管委会与企业	作为管理的主客体,企业接受制度较被动,主要是单方面接收政策,双方未形成有效合作
周边居民与工业园区	涉及非经济性社会事务,居民与工业园区之间构成了基本的委托代理关系
第三方组织	主要指社会组织,例如环评机构、环境监测机构、园区所委托的公共基础设施运营商等,其受管委会委托对公共事务进行建设和管理

这五类利益相关方都通过不同途径参与园区制度的实施,企业是园区的主要排污单位,有必要对其特点进行分析。与园区外企业不同,工业园区内的排污企业,由于集中于固定的地域空间内,且享有园区内实施的特殊政策,决定了它们具有不同于园区外企业的排污特点,具体分析如表 3.14 所示。

基于上述分析,园区内的企业在管理污染中,单独依靠自身力量较难达到目标,且成本高昂。另外,管理主体力量分散化,各有所需却不能协调共谋,此局面的原因正在于没有厘清相关方的利益诉求。

(二)工业园区制度的运行模式分类及优劣势分析

由于园区制度的落实有赖于园区管理模式的实现,故本节主要分析当前工业园区管理模式特点。进入 21 世纪后,随着工

第三章 场域理论与工业园区环境管理制度有效性分析框架

表 3.14 工业园区企业的特点

特 点	内 容 说 明
地理区域性	由于地处同一园区,其企业的环境管理具有明显的区域性特征,公共基础设施由企业共享,例如集中供热、集中供电、污水纳入公用官网,共享环境基础设施、研发、办公、后勤等公共服务平台,执行相同的环境质量标准和污染排放标准,尤其是面临相同或相似的制度环境,在园区尺度上解决环境问题可以发挥集体组团效应。而且,在园区的相关生态示范创建活动如创建生态工业园区等,可密切企业之间的联系,一方面有利于密切传统的产业链关系,另一方面会由生态关联演化为生态工业园等
同行业生产工艺相似性	园区内企业若处于同一行业内(如同属纺织行业、汽车行业等),其原辅料使用、工艺使用、特征污染物等均具有相似性,正由于存在该相似性,将对应污染特征相似的企业联盟,可以设想,同业组成的行业协会可在同一行政区域内制定本行业的环境标准、打造行业环境信息平台,变"园区-企业"为"园区-行业协会-企业"的管理,从而下沉管理重心,在企业自治方面获得更大自由
产业链上下游关联性	由于园区企业产品或工艺方面存在上下游关系,这种产业链上的关系造成企业污染物之间的传递。产业链分工细,中小企业越多,产业链上游企业的污染易转移成为下游企业的管理成本,污染物易集中在产业链上的中小企业中,这是企业主体在管理污染方面的另一个特征

业园区作为区域经济的主要承载方式,一方面为高新技术产品的开发和生产提供基地,另一方面作为区域经济增长的辐射中心,承担部分政府管理职能。园区的类型出现了新的变化,基于管理主体的性质的不同,我国的工业园区管理模式可细分为六种类型,下面对这六类园区管理类型逐一分析。

1. 行政区型管理模式

政府通过设立专门的管委会作为派出机构,管理工业园区内的一切事宜,实行单一窗口的一站式管理和一条龙服务。管理体制的最高决策是地方政府设立的专门机构。环境管理作为一项职能作为独立或综合部门设置。具体代表见表3.15。

表3.15 行政区型园区管理模式

园区名称	园区管理机构	环境管理职能部门
新加坡肯特岗科学园	新加坡科学理事会负责管理	裕廊镇管理局负责园区的环境基础设施的建设
日本筑波科学城	首相办公室下设立科学城推进本部管理	由环境厅部门的副部长作为成员管理
韩国大德科学城	韩国政府组建的大德团地管理事务所	由大田市环保行政机构负责科学城的日常环境服务
青岛经济技术开发区	管委会与黄岛县合署办公	由县环保局派出人员常驻开发区指导环境管理

存在的问题：工业园区管理与政府行政管理职能交叉，如工业园区和行政区政府都会涉及工商、税务、社区服务、生态环境等专项管理。但是，对于专项管理的具体内容，工业园区和行政区的所遵循的管理规则和管理目标会冲突。工业园区的管理由于要促进区内企业的发展，故管理存在特殊性和超前性；行政区强调行政管理的系统性，要求管理有利于自然、经济和社会的协调发展。因此，工业园区管理和政府行政管理并不完全一致。

2. 管委会型管理模式

此模式即工业园区所在区域政府通过设置专门派出机构直接负责园区的管理事务，成立管委会作为工业园区的主要管理主体。由于西方发达国家主要长期实行市场经济，政府对经济管理多用间接方式。截至 2015 年,国内 54 个国家级开发区中,实施管委会管理体制的主要 45 个。其操作方式:地方人民政府授权或由地方行政机构授权,组建工业园区管委会作为政府的派出机构,对园区进行日常管理和运营。管委会工作内容见表 3.16。

表 3.16　管委会型园区管理工作内容

序号	内　　容
1	编制工业区总体规划和社会经济发展规划,经批准后实施
2	依法制定开发区的各项行政管理规定,执行优惠政策
3	负责开发区的土地规划、征用、开发和管理等基础设施、公共设施的建设管理
4	依法管理开发区财政、税收、劳动人事和工商行政,保护职工合法权益
5	按规定权限审批或审核开发区的投资类项目,提供咨询和服务
6	按规定处理开发区一般经济涉外事务
7	管理开发区的进出口业务
8	管理开发区的环保工作,防治污染
9	兴办管理开发区的教育、科教文卫和公益性事业
10	监督、管理、指导开发区内各类企事业单位
11	监督、协调市政府各部门设在开发区分支机构的工作
12	协调开发区内的非市属分支机构的有关工作
13	根据需要设立精简、高效的工作机构,按规定权限任免和奖惩所属机关和单位人员

该管理模式优势:第一,相对的独立性,园区管委会与所在区政府相互独立,其内设部门接受管委会统一指导,职能部门可

以相互沟通,具有较大的弹性,工作效率较高;第二,大类归口管理,将相近职能的部门归并为一个大类管理,如部分园区将民政、文化、教育等职能归并社会事业大类,充分实现了"小政府、大社会"的改革目标。

该模式存在的问题:虽然这类以行政管理为主的管委会模式,在对园区的初创阶段有极大的推动作用,但由于园区持续发展需要更多的自主性,园区内企业集中形成的新问题,导致管委会用现行管理制度无法解决。例如苏州工业园区,最初由政府规划将苏州几个郊县划出地块而形成,园区实行管委会和乡镇两级管理体制,管委会主要负责园区的整体规划和新区建设;其他地方由乡镇政府管辖,但管委会作为准政府,对社会事务的服务职能欠缺,严重滞后于经济管理的职能。

3. 公司管理型模式

该模式的特点是运用经济管理的模式管理园区。工业园区的建设和运营由专门的公司来管理,内部采用公司董事会管理的制度,董事来自企业、高校和科研机构、银行等多方力量。其运行方式如图 3.12 所示。

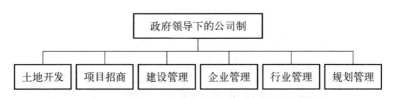

图 3.12 政府主导下公司管理模式组织架构图

这种管理模式在 54 个国家级园区中占比不大,国内外案例介绍见表 3.17。

第三章　场域理论与工业园区环境管理制度有效性分析框架

表3.17　政府主导下的公司型园区代表示例

园区名称	园区管理机构	环境管理职责
阿斯顿大学科学园	伯明翰大学技术有限公司	负责科学园的技术、市场咨询
上海张江高科技园	高科技园区总公司	负责园区的规划建设和招商引资
上海漕河泾园区	漕河泾开发有限公司	负责园区公共基础设施建设
中新苏州工业园区	苏州工业园区	进行日常环境监管、企业服务
宁波大榭园区	中信大榭开发公司	进行基础设施控制和布局

对于上述园区不同的管理模式，可以总结其各自的优劣势，优势在于：第一，职能明确，运作效率高，主要集中于土地开发、项目招商等经济服务类工作，而劳动人事、工商行政、公共安全等由所在地政府负责；第二，按照现代企业制度进行经营运作，对经营风险能够直接承担；第三，引入国内外资本进行融资，以壮大公司实力。

劣势在于选择公司管理模式，需要所在区域的市场经济比较成熟，政企完全分开，政府、组织和个人习惯按照市场经济规律处理事务，过早采用公司管理模式，不利于工业园区的快速发展。工业园区前期开发角色和后期管理角色的错位。工业园区前期由一个企业开发，企业以地产商性质介入，进行土地开发或基础性设施投资，这类行为是完全的企业行为。当引入生产性企业后，管理矛盾出现，在产权明晰情况下，企业间的平等关系被打破，开发公司对于企业主体的管理不是交易合同能够完成，服务和管理就会失效。开发公司权利和义务的错位。对于工业园区内的环境污染问题，作为企业已通过向政府缴纳税收完成，开发公司和政府的责任义务是清晰明了的,但工业园区由园区管理一个区域,造成企业责任义务关系的错位。例如,上海漕河泾开发总公司其管理以公司代理为主进行,其管理架构如图3.13所示。

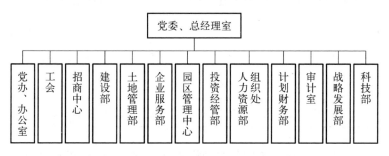

图3.13　上海漕河泾开发总公司管理架构

该园区环境管理的特点在于,进区企业签订《企业环保告知书》,其"三废"须符合国家或上海市的相关排污标准。属于较为典型的自愿型环保管理模式。

4. 大学管理型模式

该模式由大学、科研院所与企业合作建立,其目的是将打通科研成果转化为实际产品的"最后一公里"。具体管理是由大学或科研机构成立专门机构和领导团队负责,形成大学科技园或孵化中心。管理内容包括园区规划、重大项目的遴选、协调园区建设等任务,企业给予资金和人力支持。我国大学类科技工业园区发展建设加快,截至2014年,被国家科技部或教育部确定的国家级大学科技工业园建设试点单位有15个,如表3.18所示。

5. 自组织型模式

该类工业园区自发形成,无专门面向整个园区的管理机构,以美国硅谷和128号公路为代表案例。该类管理模式,特征在

第三章 场域理论与工业园区环境管理制度有效性分析框架

表 3.18 大学管理型园区示例

东北大学科技园	天津大学科技园	北京大学科技园
清华大学科技园	东南清华大学科技园	上海大学科技园
浙江大学科技园	华南理工大学科技园	哈尔滨工业大学科技园
合肥大学科技园	东湖高新技术开发区大学科技园	岳麓山大学科技工业园
西安大学科技工业园	四川省大学科技工业园	云南省大学科技工业园

于"自由",人力资源、物资、资金可以自由流动,这样能够吸引大量创新技术、风险资本,其内部形成的经济社会结构能够对外部环境变化灵活适应。

6. 基金会或协会管理模式

主要由政府、企业、金融机构、大学和其他相关机构组成,共同承担管理职能的综合管理体制。其优势是,政府以出资形式间接施加影响和干预,有利于实现政府对园区的宏观调控与管理;通过设置专项资金管理带动行政管理和技术管理的高效运行。

基于上述关于园区管理模式的分析和梳理比较,我们可以发现,随着工业园区管理参与相关方的逐渐介入,逐渐呈现出管委会、地方政府、园区企业与社会公众良性互动的园区环境管理模式。但由于园区模式的不断多样化,管理主体的不断变更,各参与方的权责也不断发生变化,以"谁污染、谁治理"为基本原则,未来在管委会主体层面,依然需要不断研究符合园区发展阶段和产业结构的生态环境管理方式,建构富有韧性、动态调整的生态环境风险防范长效机制;在社会层面,社会组织、园区公众将探索监督企业合规生产行为、管委会正确履行风险防控职能行为等参与机制;在市场层面,研究安全生产、预防风险的驱动机制及"政府-社会-市场"协作机制。在此基础上,分析多渠道的、制度化的沟通,多层次的政策利益协调,环境信息共建共享等途径,形成以"管理机制、驱动机制和参与机制"三重动力推动政府、市场和社会形成良性互动模式,形成政府上下级、不同部门之间,政府、市场和企业之间,共同防范生态环境污染风险的合力,构建基于政府企业公众等多元主体共治的生态环境风险防范的协作机制。

(三) 基于场域视角下的工业园区环境管理机制优化思路

通过对工业园区制度的运行模式分析,可发现我国园区大多未设立单独的环境管理部门,多数是在其战略规划部门或经济发展部门下附带环境管理职能。而其管理的主要工作内容主要以配合上级主管部门工作为主,例如:

- 联系上级环保行政主管部门,并处理领导交办的工作;
- 新改项目申报时配合上级原环保部门进行现场勘查;
- 定期进行企业环保工作检查,主要关注环保设施的运行情况;
- 对环境污染事件或环境污染举报事件配合区县环保监察大队进行处理;
- 处理产业与居住区之间的环境问题纠纷;
- 日常环保宣传和资料整理等。

上述工作职能大多属于上级任务的落实,缺乏主动性,更没有从园区制度运行机制方面提高效率。为了提高工业园区制度在环境领域的有效性,需要制度的运行机制更加科学高效。而形成高效运作的园区环境管理制度运行机制,至少包括以下四个方面的内容。

1. 强化园区制度参与各方的信任机制

信任是信息沟通、消除矛盾的基础,对于管委会和企业而言,双方在环境治理的具体措施和目标上常常存在分歧,企业认为管委会有时通过提高环境标准进行变相淘汰,管委会在环境容量、排污指标分配等信息方面透明度不够,导致相互猜疑,使得政策在执行过程中大打折扣。对此应构建有效的协商平台,及时沟通信息和最新变化。另外,可以充分利用行业协会的自主性优势,赋予一定的管理权限,管委会做好监督和验收等工作,做好动态管理,实现"程序-目标-主体"的有效性。

2. 优化利益相关方的协调机制

由于工业园区内企业聚集,污染管理存在外部性,各方利益诉求不同,对于环境污染造成的损害意见不一,园区内产业链上下游的企业在环境管理投入方面缺乏协调机制,导致下游企业承担了过多的管理费用。对此,制度运行中需要优化协调机制,合理分配权责,使得投入环境管理的成本和收益匹配,实现"政策-行动-成本"的有效性。

3. 构建制度的维护机制

在园区制度的运行中,企业出于经济利益的考虑,隐瞒信息或合谋破坏制度的实施,此时就需要一个最终仲裁的制度维护者。例如设置专门处理园区环境问题的委员会,仅隶属于上级环保行政主管部门,保证其独立性。此委员会能够最大范围平等地征求各相关方意见,制定相应的规章标准,实现共同管理园区环境的目标。在此过程中,仲裁者需要厘清矛盾,对制度实施后的反馈及时回应,真正实现协商式的管理。

4. 适时运用倒逼机制

园区环境良好将会给各方带来正效应。良好的园区环境会吸引更多优秀企业落户园区,形成绿色竞争力;同行业企业能够相互借鉴治理环境的工艺流程,降低企业各自的治污成本;优良的环境质量也会提高当地政府的管理绩效,进一步促进对园区环境日常管理的支持;周边区域也会因环境的改善提高公众的满意度。可以说,环境制度的运行具有传递性,使相关主体都能共享制度运行的效果,这样也倒逼企业加快环保治理,倒逼那些不利于环保的制度进行修订。在这一过程中,充分考虑了园区的发展阶段和周边区域的现状,实现了"时间-空间-关系"的有效性。

综合以上论述,一个理想有效的园区环境管理制度的运营机制应如见图 3.14 所示。

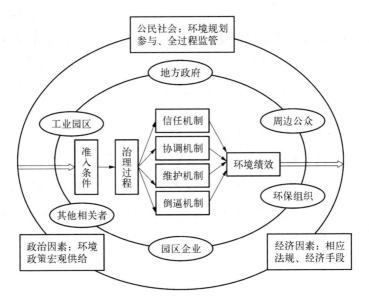

图 3.14　园区环境管理的运行机制

第三章 场域理论与工业园区环境管理制度有效性分析框架

第四节 讨论与小结

本章通过对制度、有效性以及制度有效性等基本概念的剖析，结合社会学的场域理论，构建了工业园区环境管理制度有效性的分析框架，深入阐释了制度场域中的"时间-空间-关系""程序-目标-主体""政策-行动-成本"三个层次的有效性内涵，并阐释了三层次的有效性内涵间关系及优化管理模式的作用。

（1）制度分析的系统性。在对制度概念的梳理及分类中，制度具有规范和引导人类行为的功能，制度体系是各项制度的有机组合，应从系统论的角度认识制度。制度既包括程序上的运行，也包括结果上的指向，这个过程包含两个价值：其一是降低活动间的交易成本；其二是引导实践行为创造价值。

（2）有效性分析难点在于溯因剖析。对于有效性的认识，不仅包括对于实践产生结果的考核，还应包括对产生这一结果背后过程和原因的分析，如影响的因素、程度和机理。而这就决定了有效性的评价研究应是多维度的评价，需要通过评估造成结果的原因入手，回溯制度过程中的问题，从而综合判定有效性大小。

（3）场域视角提供了制度有效性的综合分析视角。基于环评制度的有效性分析思路，结合工业园区的实际特点，工业园区本身具有地理空间特征，园区本身存在发展阶段的因素、园区内的行业发展也存在周期性、园区的制度之间存在有机结合的关系性，使得园区环境管理制度应放在"时间-空间-关系"的三维框架内考虑；工业园区制度的运行和目标、参与主体与运行模式决定了制度有效性应包括"程序-目标-主体"有效性；而制度需要政策的运行具体实施，其中存在各类成本的投入，即包括"政策-行动-成本"有效性的分析。以上三方面有效性内涵相互联系，互相融合。

（4）制度有效性分析的价值。对于制度有效性分析的目的，应首先考虑其满足各利益相关方需要，即各方对制度发挥何种功能的需求，这有利于将各方利益诉求综合并寻求最大共同点；其次，应考虑制度本身的功能，包括对园区和地方管理部门的帮助，这是管理层面的功能、对未来工作的预期功能等。

基于场域视角下的工业园区的管理制度有效性内涵，本章还详细分析了园区环境管理制度的政策类型、内容、工具和管理模式，形成了以下三点结论。

第一，总结了园区政策的演进特点。园区环境政策与全国环境政策的演进是相呼应的，之前一直以命令-控制型政策工具为主，2004年后逐渐出现经济激励型和自愿型政策工具，其中自愿型工具较少。在对园区政策统计分析中，当前园区政策设计中，存在政策体系不系统、政策结构过分偏重命令-控制型、管理手段以结果考核模式为主等三大问题。对此，应该在园区的管理上应加强自身政策建设的系统性，从部门协调、人财支撑等配套措施上加强管理；其次应改善政策结构，园区污染主体来自各企业，要激发治污主动性，利用园

第三章 场域理论与工业园区环境管理制度有效性分析框架

区政策的灵活性培育排污权交易市场,在管理过程中进行细化;摆脱依赖结果考核的简单考核模式,将制度建设、人财投入、行业间协作等可量化的、体现管理过程的指标纳入考核对象,真正找到园区环境问题出现的症结,更好地服务于后续管理。

第二,分析了园区政策内容特点。在对国家、地市和与园区政策的分析中,可以发现在我国园区管理中的特点,首先在数据信息方面,逐渐作为园区管理中的重点,说明该项内容是制度运行有效的基础。特别在 2013 年后园区的环境数据中对于建设数据平台和数据共享中心的占比加大,这主要是针对之前管理中对于不同部门之间由于统计口径不同,同一类别数据信息差异迥异现象。其次,在多方参与管理方面逐渐突出,改变了以往自上而下的管理范式。另外,在园区的管理方法上的金融支持较少,造成园区的管理方法的可行性和灵活性较差。而且,与当地环保机构的联系和参与类文件较少,在实施管理、监督管理及机构人员的管理方面尚不健全,缺少利益相关方参与的专项文件,即在公众参与的能力建设方面存在瓶颈有待完善。但管理政策缺乏对投入成本的测度,造成投入成本大而环境效果一般,变相形成成本浪费。

第三,归纳了园区管理运营特点。由于国内园区由于模式不同,造成在制度设计、管理部门及人员配备上都存在差异,除了规划环评一项专门针对园区的环境制度外,在技术层面、规章制度、实施管理、监督管理等方面仍不健全,部门间协同和信息沟通存在较大差异。当前的工业园区的环境管理特点如表 3.19 所示。

表 3.19　工业园区环境管理特点

分　类	主　要　内　容
管理主体	管委会或开发总公司的管理部门,监管主体为地方政府各级环境管理机构
管理模式	主要为"自上而下",分类为政府监管模式和准政府监管模式
地方管理机构	由中央、省、市、县、乡共五级政府环保行政机构组成
主要管理制度	园区规划或项目环评制度、工业区区域风险评价制度、工业园区污染物排放的总量管理制度、工业园区的环境重点源管理制度、工业园区的环境准入制度、工业园区的公共基础设施管理制度、工业园区的公众参与机制

最后,本节总结了当前工业园区常见的六种环境管理模式。

这些模式主要是基于园区管理模式发展而来,依据不同主体、不同产业内容等,拥有不同的管理特点,各有优缺点。

例如,管委会型管理模式的优点在于级别配置高,独立性强,精简高效,但在人事任命、资金往来等方面存在定性不明、制约管理效能的问题。再如公司管理型模式,公司将担负管理与开发的双重职能,涉及园区规划建设、基建建设、招商引资、土地引用、园区管理等,优势在于园区开发管理工作更专业化,对市场信息更敏感,但弊端在于缺乏政府行政权力,无力支持社会管理。

总之,不论哪种管理模式,其优劣势决定了制度实施的路径和效果各不相同,更需要在场域视角中进行分析。

第四章 影响工业园区环境管理制度有效性的因素

第一节 影响工业园区环境管理制度有效性的因素识别

一、场域视角下的园区环境管理制度因素

前三章主要研究了园区环境管理制度的内涵与分析框架,本章将着重深入论述影响有效性的因素。由于政策一直作为制度的表达载体,故本章聚焦于政策进行论述。通过大量文献调研和归纳,结合前文对园区相关政策内容的分析发现,研究一般采用污染物的排放有无达标反映环境制度的实施效果(Tian et al,2014)。特别是针对园区环境管理政策的绩效评估,近年来许多学者都进行了相关研究。张玥等(2015)基于原环保部发布的评价指标进行评估,发现园区生态化改造存在政策体系不健全、环保标准待更新等问题。田金平等(2016)基于生态工业示范园区验收及规划基准年绩效变化,运用数据包络分析法对生态工业园区环境绩效进行了评价。杜真等(2019)针对园区的生态化过程,梳理了包括生态工业示范园区、循环经济园、低碳园区、绿色园区建设的一系列政策,将政策演变特点归纳为"试点-示范-推广的一般模式、参与政府部门决策模式、产业

共生与多种环境管理措施并行的模式"。许丽君(2019)从产业经济学角度出发,分微观(企业)、中观(产业链)、宏观(园区整体)三个层面构建评估园区环境绩效评价指标体系。朱艺等(2019)则选取了资源产出率和资源循环利用率两类指标,从循环经济角度测算了入选国家绿色园区的42个样本,发现园区循环经济管理水平东部表现最好。马中等(2020)从推动主体、实施路径、重点方向等角度分析,我国园区绿色发展存在问题主要表现在顶层设计缺位、风险防范意识不足、应对污染变化的能力待提高等。这些研究为本节的分析提供了很好的借鉴。

为表征园区环境管理的效果,本研究同样选取环境质量数据作为绩效目标。虽然园区环境表征数据较多,但考虑数据的可得性及各园区历史数据基础,且由于废气(SO_2)和废水(COD)是上海市国民经济社会发展规划中表征城市环境治理成效的主要污染物排放指标,也是原环保部"十一五"和"十二五"时期总量控制计划目标的规定项目,鉴于数据的可得性与完整性,本章仅选取SO_2、COD的强度指标作为因变量,作为测度影响有效性的表现性因子[①]。虽然,进入"十三五"后,$PM_{2.5}$、VOCs、O_3等逐

[①] 关于因变量选取的说明,水中COD越高,表明水体中还原性物质(如有机物)含量越高,而还原性物质可降低水体中溶解氧的含量,导致水生生物缺氧以至死亡,水质腐败变臭。我国水体中有100多种污染物,从目前水体中污染现状看,最主要的代表物就是COD。我国空气二氧化硫二级浓度标准为每立方米60微克,是国家要求城市必须达到的标准,也是保护人体健康的最低标准。2005年我国二氧化硫排放量为2 549万吨,是世界第一位,还有40%以上的城市达不到国家的二级标准,是国家空气污染最需要解决的问题之一。因此,"十一五"期间确定削减10%的二氧化硫排放量,它的目的就是保护人民群众身体健康,缓解酸雨恶化,提高能见度。虽然,"十三五"期间又进一步将$PM_{2.5}$作为管控目标,但从本书研究制度有效性的运行机理角度,污染物指标变化不影响有效性分析的逻辑。

第四章 影响工业园区环境管理制度有效性的因素

渐作为大气污染物主要考核指标,本节囿于数据的完整性和可得性,仅选取 SO_2 作为大气污染表征因子,可以从一定程度说明园区环境管理制度运行的机制。

结合本书前三章的分析,特别是第三章中对于园区政策的主题词词频分析,综合园区管理制度有效性的三个维度,进一步提炼表征园区管理政策内容和运行机制的关键词,可以发现影响园区环境管理制度有效性的因素主要集中于经济规模、产业结构、土地利用、对外交流、资金投入、专职人员、环评执行、环境规制、企业主动性等九个变量,这九个变量从不同角度反映了园区制度中的关键因素,如经济规模、产业结构、土地利用、对外交流等变量,可以直接反映园区的发展阶段、空间属性和对外关系;再如环保资金投入、专职环保人员数量等变量反映了园区管理的投入成本因素;环评执行、环境规制等变量则反映了园区环境管理的程序和目标因素;而经过 ISO14000 环保体系认证的企业占比则反映了参与园区环境管理主体的积极性。通过对这些因素进行分析,有助于从因子分析方面测度影响环境管理制度有效性的政策因素程度。

在第三章对制度的内涵分析中曾提到,制度存在多种分类,根据内容可分为产业制度、土地制度、环保制度等;根据功能可分为各种专项计划、行动计划、配套支持平台等。但从总体分类来看可归纳为两个领域:关于生态环境保护和关于经济社会发展,即专业性和综合性政策。基于场域视角,以及有效性内涵各维度之间的相互关联,表 4.1 对于本节拟分析的政策因子与制度有效性间关系进行了说明。

表 4.1　政策因子与制度有效性间对应关系说明

有效性类型	政策内容的关键主题	具 体 说 明
"时间-空间-关系"有效性	园区经济规模(时间性)、产业结构(时间性)、土地利用(空间性)、对外交流(关系性)	产业类因素和环保类因素之间的比较、不同区域的工业园区污染物排放的效果,在三维视角下开展研究,以及后续上海不同区域工业园区的比较
"程序-目标-主体"有效性	环评执行率(程序性)、环境规制(程序性、目标性)、企业参与环境管理的主动性(主体性)	产业政策内容包括对园区环保工作的促进和产业生态化建设,而环境政策内容包括园区企业内部环境工作和园区整体的环境政策;从制度的运行过程包括制度的设计、制度执行和制度的评估三阶段,每一阶段都会对园区的环境产生不同程度的影响
"政策-行动-成本"有效性	环境规制(政策性)、环评执行率(行动性)、资金投入和环保管理人员投入等(成本性)	人力、财力的投入作为测度成本最直接的两类因素分析

二、影响工业园区环境管理有效性的政策性因素实证分析

（一）变量与数据说明

根据本书研究的需要,以及为后续第五章案例应用进行铺垫,本节我们以上海市园区管理制度为案例,对涉及上海市园区管理制度相关的政策因素进行筛选和分析。研究数据来自上海市公布的电子数据及统计年鉴,先后共收集 49 个园区数据,由于有些园区在历史上合并或拆散,导致历史数据记录不全而舍弃,最终筛选出 25 个原始数据较完整的工业园区(名单见附录7)。为了分析不同级别园区政策的影响,在选取的样本中专门选取 5 个为国家级工业园区,20 家为市级工业园区。

第四章 影响工业园区环境管理制度有效性的因素

为保证量化分析的客观性,对管理政策涉及的9个控制因子进行数据表征,这些数据来源资料包括:工业园区的规划环境影响评价报告书、《上海市工业年鉴》(2011—2015)、《上海经信委园区年鉴》(2011—2015)、《上海产业和信息化发展报告——园区》(年度报告)、《上海市园区综合评价结果》、年度《上海市园区报告》、部分园区披露的环境统计报告、上海市开发区网站、上海市园区信息管理服务平台等,人工收集筛选出所需数据并建立数据库,采用专业数据分析软件Stata 12.0完成分析。以下为对相关变量的具体说明。

1. 园区经济规模

经济规模是衡量园区发展成就最重要的经济指标,也是刻画园区产业成熟度、管理规模的重要指标,园区经济规模的大小与环境管理的难度相关。在园区环境管理制度建设中,对于不同级别、不同规模的园区管理方式、重难点都会发生不同变化,环境管理的效果也随着园区规模的增加而变化,特别是工业园区根据经济规模分为国家级和市级两大类,国家级园区占城市GDP比值较大,因此园区经济规模的大小是影响园区环境管理制度有效性十分重要的影响因素。园区级别实质反映的是园区工业生产能力和规模,田金平(2012)在研究生态工业园区的环境绩效时,以工业增加值、工业总产值等作为影响变量,实证分析了我国部分省生态工业区的环境绩效,并在结论中指出国家生态工业示范园区对中国1 500余家国家级和省级园区的生态化发展具有重要的示范作用。基于该文献的研究方法,为了测度园区经济规模,我们将园区工业生产总值占城市工业生产总值比重作为衡量园区级别的指标。

2. 产业结构

由于各个园区的产业基础不同,发展历程不同,引进企业所形成的产业链不同,都会造成园区能源使用的变化,而化石能源的使用会造成污染排放程度的不同。特别在以化工、钢铁、平板玻璃为主导行业的工业园区,其能源结构偏向于重工业,能源消耗偏重,这反映了工业园区的产业结构变化,如何表征园区政策中有关产业结构的指标,是分析环境管理有效性的关键因素。通过文献梳理,沈满洪等(2009)以能源消耗的弹性系数来表征产业结构调整的程度,即以产业的能耗弹性系数表示能源消费大的产业增长速度,研究以数据包络分析(DEA)方法构建了能源技术效率指标,同时将结构调整划分为产业结构、工业结构、产权结构、要素结构和能源结构等五种要素,基于 1995-2006 年 29 个省、市及自治区面板数据的对此进行计量检验,结果发现:以"退二进三"为主导的产业结构调整一定程度上能够改善能源效率,降低污染排放。该研究说明能源使用效率能够在一定程度上表征产业结构的调整程度。事实上,以上海市为例,"十一五"期间,上海的能源消费年均增速 6.4%,而"十二五"期末,上海能源消费总量年均增长仅 1.6%。而该时期城市产业结构也随之发生了变化,2015 年上海市三产占比超过 50%。类似的,工业园区作为城市中的产业集聚区,其园区内的产业结构变化也可通过能源消耗指标得到反映,通过化石能源和清洁能源的使用情况反映园区产业发展政策的变化,而产业结构调整直接关系园区环境污染的程度,故本节采用各工业园区综合能耗弹性系数来表征产业结构变化。

3. 土地利用

前几章已经介绍过园区的扩大主要是通过开发工业地产不

断发展,通过土地转性和面积扩大推动园区企业的不断进入,进而形成园区产业格局,因此,土地利用情况能够在一定程度上刻画园区空间规划布局现状,而园区环境管理的难点之一便是如何科学规划园区土地,使得生产制造、生产性服务业等获得合理规划;同时,由于污染引起的园区周边居民环保投诉日益增多,园区内也存在为方便生产和生活需要形成的"工居混杂"的现象,这都反映了园区规划用地对环境造成的影响。郑德高和卢弘旻(2015)在研究上海工业用地更新情况时,通过对空间指标"工业用地占比"等反映工业园区的用地政策变迁,发现工业用地的变化与产城之间形态变化有相关性。由于工业用地指标变化能直接反映园区空间规划的变动,故本书采用各工业园区工业用地占园区总占地面积的比值来反映规划用地结构。

4. 对外关系程度

在园区发展过程中,园区的对外沟通联系能够反映国内外先进技术和环保先进技术工艺对园区产业的影响,特别是通过对外贸易能够加快园区企业与外界在某一产业技术更新和工艺改造方面的联系,促使园区企业在环境保护技术方面获得有效引入和使用,助力园区环境管理,实现绿色化生产。可以说,园区对外联系政策的实施,也将有助于园区内环境管理。林伯强等(2015)通过高度细分的联合国商品贸易统计数据整理得到各行业的进出口数据,构建包含Tobit模型的联立方程组,就对外贸易等因素如何影响能源环境效率进行了实证分析。测算结果表明对外贸易与能源环境效率之间存在正向的反馈作用,即一方面对外贸易通过进口产品技术外溢和对外出口交流两种途径对能源环境效率起到显著的促进作用;另一方面,能源环境效率高的行业会更积极地参与对外贸易。赵海滨(2016)在研究中也采用工业企业对外贸易额间接刻画企业贸易对环保工作的积极作用。基于这些文献启发,我们采用园区贸易指标,即进出口总额占园区工业总产值的比值,作为衡量园区对外交流关系的因子。

5. 环保资金投入

政策运行往往包括实施中的成本投入,其中环保资金投入便是环保管理政策中十分重要的因素,通过分析环保资金投入对园区环境质量的影响,可以反映园区环境管理政策运行中成本因素的影响。李文钊等(2012)对于制度结构、管理资本之间的关系进行了论述,验证了资本规模的增长与制度结构的形成存在交错性关系,资本作为变量将影响地方公共管理制度的绩效。王渤元(2006)对环保资金投入与区域经济发展、环保发展关系进行了研究,用定量化方法分析认为环保资金作为投入要素对于环境绩效存在正相关关系。借鉴以往研究经验,本书收集了园区环境统计公报、官方网站等的年度环保资金投入占园区总体投入占比,表征园区环境管理中的成本投入。

6. 环保管理人员投入

关于园区环境管理制度的成本有效性内涵,包括资金投入和人员投入两方面内容。在园区环境管理中,管委会或地方原环保部门环境管理机构建设和人员投入,直接关系园区管理政策落实是否有保障,因此,人力作为环保管理的主要保障,其人员数量和专业程度的投入将对区域管理的绩效有十分重要的影响。此前已有类似研究人力与环境绩效关系,王金营等(2004)通过构造人力资本指数测评管理绩效的高低,发现人力数量或结构的变化对管理制度的绩效有强相关关系。赖玢洁等(2014)

在构建生态工业园区环境绩效指数时,将园区的环保工作人员作为人力投入,纳入评价园区环境管理制度完整性评判的分类指标之一。基于前述研究经验,本书拟用环保管理人员(若无专职,将兼有该职能的人员计入)占管委会工作人员比例,来表征园区专业从事环保管理人员的投入因素。

7. 环评(环境政策)执行率

在刻画园区管理政策的行动有效性方面,本书认为,鉴于园区环评和企业环评是环境管理中必不可少的内容,分析园区环评执行率(有无环评报告或批复)可以反映园区环境管理的典型行动,即可将环评执行作为管理中的行动性因素,环评制度的执行力能够很好地反映园区对于企业的环境监管能力。换句话说,环评作为企业进入园区的建设门槛,与园区管委会的管理能力密切相关。"国家生态工业示范园区标准"(HJ 274-2015)等多项指标中更是将园区环评执行率作为园区环境管理指标体系中的重要一环。故本书用园区内企业的环评执行率来表征园区环境政策的行动有效性。

8. 环境规制

在分析园区环境管理政策类型时,基于第三章分析我国现行园区政策的类型,发现主要以控制性政策为主,因此,本节主要选取环境规制类政策作为政策类型分析对象。现实中,园区进行环境管理制度建设,最常见便是针对园区制定一系列的环境管理标准和目标,如设置年度环境质量目标、环境质量标准、污染物排放标准等,这些都会作为管制性手段督促企业注重环境保护。虽然这会增加企业治污成本,但另一方面会倒逼企业进行技术创新,对园区整体环境质量进行优化。王兵(2010)论述了环境规制对企业进行技术创新的刺激性作用,通过更新高耗能设备提高能源效率。杨凯迪(2022)选取云南、贵州等6个省的58个地级市,以2004—2019年的面板数据为实证研究的样本,通过构建计量经济模型来研究环境规制强度对水污染治理存在怎样的影响,研究发现环境规制强度对水污染指数具有显著的负向影响,环境规制会限制技术效率,而技术效率被限制之后,整体工业企业由于生产方面受到一定的影响,从而会降低水污染指数,环境规制会促进产业集聚,而产业集聚被激发之后,整体企业由于生产方面受到集聚效应,从而会降低水污染指数。而环境规制强度常采用Levinson(1999)的环境规制评价指数作为衡量标准,其计算公式为 $S_{it}=P_{it}/Y_{it}St\times100$(其中:$S_{it}$表示各省份的单位工业产值污染治理成本;$P_{it}$表示$i$省份$t$年的工业污染治理投资完成额;$Y_{it}$表示$i$省份$t$年的工业产值;$St$表示工业产值占GDP的比例)。基于该研究思路,本节以各园区工业废水和废气的治理费用之和与其工业总产值的比重作为园区环境规制强度的度量指标。

9. 企业参与园区环境管理的主动性

园区企业作为污染的主要责任方,分析企业参与园区的管理主动性可以反映园区最典型的参与者行为情况,且通过企业环境管理行为的研究还可以分析园区环境管理制度中主体参与政策的积极性。企业参与环境管理的主动性可以通过企业有无纳入ISO14000环境管理体系认证来反映[①],因此,通过统计分析

[①] ISO14000环境管理体系是在20世纪80年代由美国和欧洲的部分公司提出的,其背景是为响应可持续发展号召,目的是提高企业在公众中的形象。其概念最先由荷兰在1985年提出,于1988年开始试运行,然后在1990年开始推行标准化和许可制度。在国际市场中,随着绿色、环保意识的逐渐增强,国际市场对企业资质、产品等提出了更高要求,绿色、环保企业在国际市场中竞争力更强,所以从这个角度而言,建立ISO14000环境管理体系,取得ISO14000证书,相当于为企业提供了提供国际贸易的"绿色通行证",有助于消除非关税贸易壁垒,增强企业参与国际贸易的能力。

企业构建的环境管理体系能够很好地评估园区环境管理制度是否贴近企业环保管理现实,具有可操作性(贺桂珍等,2011),同时,工业园区内企业的环境体系建立将伴随环境信息公开,也会支持园区整体的环境信息汇总(吴玳玫等,2008;Jose A et al,2006)。借鉴文献做法,本节采用园区内被ISO14000环保体系认证企业的数量占比,来表征企业参与园区环境管理的行为主动性。

(二)变量的描述性统计及平稳性检验

按照前文所述,我们选择了2006—2015年上海的25个工业园区作为样本对象,首先对所有变量进行描述性统计分析。表4.2为所有变量的表征说明,表4.3为变量的描述性统计分析表。

表 4.2 变量内涵和表征意义说明

编号	内 涵	表 征 内 容
C1	园区工业总产值占城市工业总产值比例	园区经济规模
C2	能源消费弹性系数	园区产业结构
C3	工业用地占比	园区土地结构
C4	进出口总额占园区工业总产值的比值	对外关系程度
C5	年度环保资金投入占园区总体投入占比	园区环保财力支出
C6	环保管理人员占管委会工作人员比例	园区环保人力支出
C7	环评执行率	园区环境政策执行
C8	园区工业废水和废气的治理费用之和占工业总产值比重	环境规制落实程度
C9	通过ISO14000环保体系认证企业占比	园区企业参与环境管理的主动性
H1	单位生产总值SO_2排放量	环境管理效果表征1
H2	单位生产总值COD排放量	环境管理效果表征2

表 4.3 解释变量描述性统计分析

编号	名称	样本数	平均值	标准差	最小值	最大值
C1	园区经济规模	25	0.050 724	0.056 488 5	0.003 223 4	0.264
C2	能源弹性系数	25	−0.009 72	1.467 725	−22.35	0.85
C3	园区土地结构	25	0.624 628	0.144 516 1	0.143 323 4	0.894
C4	进出口额占比	25	5.103 668	4.132 06	2.458 730 2	24
C5	环保投入资金占比	25	0.035 264	0.057 336 3	0.004 577 2	0.838
C6	环保管理人员占比	25	0.152 716	0.154 188 7	0.002 335 1	0.738
C7	环评执行率	25	0.901 764	0.231 635	0.734 2	1.000
C8	环境规制落实	25	0.025 112	0.024 366 1	0.004 988 3	0.156
C9	企业参与环境管理	25	0.637 492	0.199 472 8	0.479 983	0.94

(三) 模型设定与实证分析

为了分析政策影响因子与环境效果的关系,收集整理的面板数据可应用最小二乘回归模型(Pool OLS)、固定效应模型(Fixed Effect,FE)和随机效应模型(Random Effect,RE)。根据计量方法学文献查阅,为了避免区域维度对于估计值的偏差影响,OLS可以不考虑样本的重复抽样,对所有观察样本进行回归分析,但不足之处在于易忽略样本的差异特性导致估计值不准。Hausman等(1978)认为个体影响处理是随机的,固定效应模型会将个体样本的影响局限为跨截面的变化,造成分析过于简单,同时,固定效应模型易失去较多的自由度。但随机效应模型是假设随机变化个体影响与模型中解释变量不相关,而实际建模中该假设可能省略了部分变量而造成信息缺失。为此,本书先进行随机效应模型检验,观察该模型是否满足个体影响与解释变量不相关的假设,若满足则应用随机效应模型,否则拒绝原假设而确定为固定效应模型。对上述的随机效应模型进行 Hausman 检验,当 Hausman 统计量在统计上显著时,选择固定效应模型进行参数估计,否则应当选择随机效应模型估计参数。本研究的 Hausman 检验如表 4.4 所示。

表 4.4 霍斯曼检验

相关随机效应-霍斯曼检验			
截面数据随机效应检验			
结果显示	Chi-Sq. Statistic	Chi-Sq. d.f.	Prob.
截面数据随机效应结果	257.448 314	3.1	0.001 2

由表 4.4 得出 Hausman 检验的 P 值为 0.001 2 小于置信水平 0.05,因此拒绝原假设,采用固定效应模型,参照类似研究田金平等(2014)、汪克亮(2013),本研究的影响因素计量模型如下:

$$\dot{y}_{i,t} = \alpha + \beta_1 X_1 + \beta_2 X_2 + \beta_3 X_3 + \sum_{j=4}^{k} \beta_j \times X_{i,j}^{j}$$
$$+ \varepsilon_{i,j}, \varepsilon_{i,j} | X \sim N(0, \sigma^2)$$
$$y_{i,t} = \dot{y}_{i,t}, if\ \dot{y}_{i,t} \in (-\infty, \dot{y}_{i,t}]$$
$$y_{i,t} = 0, if\ \dot{y}_{i,t} \in (-\infty, 0)$$

其中,y 代表测算出的园区第 t 年的环境效率,$i=1, 2$,

3，…，25表示各个园区，$t=1,2,3,…,T$表示时间跨度。X代表影响因子，如X_1代表产业结构，X_2代表工业用地占比等。

本节利用Stata 12.0对能源消费弹性、工业园用地占比、环评执行率等9个自变量分布进行散点图和拟合回归。分别选用园区单位工业产值的SO_2排放量（左侧）和单位工业产值的COD排放量（右侧）作为因变量进行比较，通过拟合回归从图4.1中各具体图示可以直观发现，园区经济规模、产业结构、环评执行率等三项与环境污染排放正相关；土地利用、对外开放、环保资金投入、环保人员投入、基础设施运行费用等五项与大气污染物排放呈负相关，而与水污染物排放呈正相关；企业参与环境管理行为与环境污染排放影响不明显；园区规模大小与污染物排放具有较为明显的正相关性。

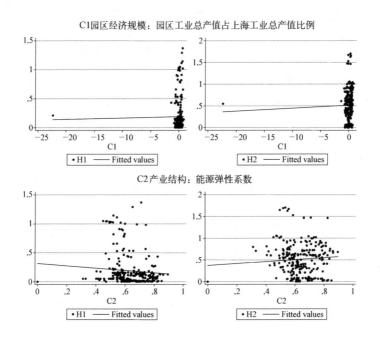

第四章 影响工业园区环境管理制度有效性的因素

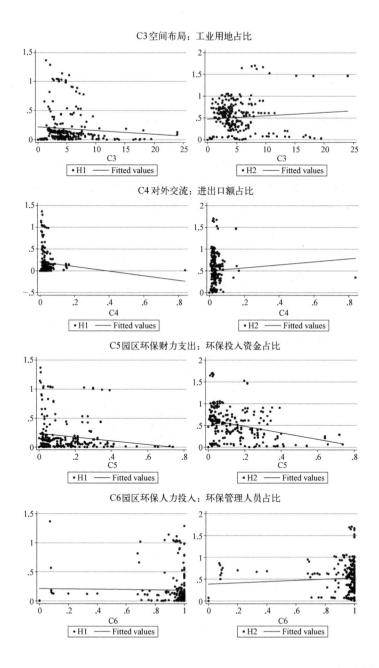

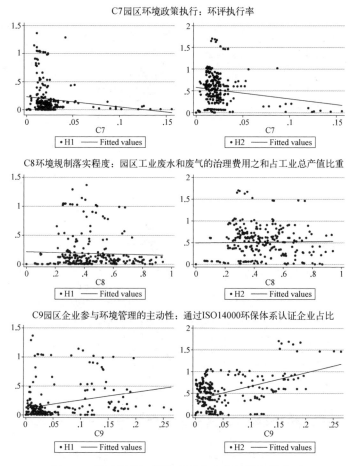

图 4.1　影响园区环境管理制度有效性因素散点图

为进一步分析误差项之间的异方差及序列相关性问题,本节采用最小二乘法进行参数估计,对各因素进行对比研究。主要分为两大类考虑:

- C1、C2、C3、C4(经济、土地、产业等综合政策因素)
- C5、C6、C7、C8、C9(环境保护类专项政策因素)

第四章　影响工业园区环境管理制度有效性的因素

进一步考虑分开解释变量对环境效果的考察。Model 1-1 和 Model 1-2 仅考虑产业等制度因素的影响(C1 园区工业总产值占上海工业总产值比例、C2 能源弹性系数、C3 工业用地占比、C4 进出口额比值);Model 2-1 和 Model 2-2 仅考虑环境类制度因素的影响(C5 环保投入资金占比、C6 环保管理人员占比、C7 环评执行率、C8 环境规制、C9 企业环境行为主动性);Model 0-1 和 Model 0-2 将全部因素纳入考虑作为比较,具体见表 4.5。

通过对于上述影响因素的分析,可以反映园区采用的环境管理政策有效性的程度和方向,这种分析思路正如政治学者 Thomas Schelling 所言"制度的影响往往是通过因素的表现来传递,识别这些因素的影响即能反映制度内部的黑箱"。在环境管理的有效性研究中,关键就是找到最重要的影响因素,找到影响因素的显著性和方向性。结合园区制度的有效性内涵,我们对表 4.5 的回归结果进行分析讨论。

(1) 园区经济规模是反映园区制度的时间性指标,当仅考虑该因素和污染物排放关系时,可以看出经济规模与环境污染物排放间表现出很强的正相关性,说明园区产值的增加在一定程度上促进了污染物的产生,这与之前的一些研究文献结论一致,这说明园区在处于产业集聚和快速扩张阶段,需要重点关注对污染物的管控。虽然我国一些园区在产业准入、源头防范、事中干预和事后应急的全过程环境污染风险防范体系方面已出台了相关的文件,如《产业集聚区产业准入指导意见》《规划环境影响评价技术导则 产业园区》等,但这些目前的相关政策多集中于源头或事中与事后应急的单一时间段的片面、割裂化的管理,随着园区经济规模的增加,生态环境污染类型开始变得多样复

表 4.5　工业园区制度中影响因素回归结果(2006-2015)

变量因素	H1 Model 1-1	H2 Model 1-2	H1 Model 2-1	H2 Model 2-2	H1 Model 0-1	H2 Model 0-2
C1 园区经济规模	0.200*** (0.412)	0.608*** (0.388)	——	——	0.109 (0.197)	0.059 3 (0.166)
C2 产业结构	0.004 08** (0.006 94)	0.001 69** (0.006 53)	——	——	0.029 0** (0.002 84)	0.001 37 (0.005 76)
C3 工业用地占比	−0.033 4*** (0.039 2)	0.097 3*** (0.046 2)	——	——	0.303*** (0.175)	0.227** (0.147)
C4 对外交流	−0.013 5** (0.005 65)	−0.023 5** (0.005 32)	——	——	−0.005 08* (0.006 63)	0.000 136* (0.005 58)
C5 环保资金占比	——	——	0.097 3** (0.196)	0.061 8** (0.165)	0.053 3** (0.120)	−0.373*** (0.101)
C6 环保管理人员占比	——	——	−0.056 8** (0.117)	−0.359*** (0.098 1)	−0.126** (0.111)	−0.282*** (0.093 6)
C7 环评执行率	——	——	0.018 7*** (0.076 9)	0.384*** (0.064 5)	−0.642 (1.133)	−1.642* (0.953)
C8 环境规制	——	——	−0.610 (1.094)	−1.462 (0.918)	−0.331*** (0.113)	−0.337*** (0.095 3)
C9 企业参与环境管理	——	——	−0.308*** (0.105)	−0.302*** (0.087 7)	−0.151* (0.416)	−0.138 (0.350)
常数项①	0.288*** (0.055 3)	0.603*** (0.052 0)	0.309*** (0.067 1)	0.388*** (0.056 3)	0.294*** (0.071 5)	0.367*** (0.060 2)
样本数	250	250	250	250	250	250
R方差值	0.049	0.127	0.084	0.332	0.100	0.340

① ***$p<0.01$,**$p<0.05$,*$p<0.1$ 分别代表 1% 水平显著,5% 水平显著,10% 水平显著。圆括号内是基于标准差计算得到的 t 统计量,下文同。

杂,而污染事件极易在排放增加的演变过程中造成不同污染物之间的相互影响,此时更需要管理制度的因时而变。因此,当经济规模叠加环保管理专项制度因素综合量化分析时,显著性减弱且边际效应从(0.200 和 0.608)降低为(0.109 和 0.059 3),这说明园区环境管理制度的调整应充分考虑园区经济规模所处阶段,这将有针对性地约束园区污染物的排放。

(2) 能源消耗系数和工业用地占比表征的是园区产业结构和空间布局的影响,即涉及园区发展核心的两项政策(产业政策和土地利用政策),这反映了园区发展的时间性和空间性问题。从回归结果看,这两项指标对污染物排放的影响是十分显著的。其中能源弹性系数反映产业结构的变化,这意味着不同产业能源投入的要素不同,若园区主要为石化、化工、钢铁等耗能高的制造业,污染物排放相对较多,这说明调整产业结构调整直接影响园区最终的环境质量变化,而园区产业结构变化与园区产业规划政策密切相关;工业用地占比虽仅描绘了园区工业用地占比的变化,但计量分析反映园区工业用地扩张带来的污染影响是十分显著的,这反映出园区内空间布局将直接影响污染排放问题,这也提醒园区规划阶段需要充分考虑用地和产业的布置,尽可能形成生态产业链。计量结果还显示在综合考虑环保类制度的协同作用时,回归结果仍然显示产业结构和土地利用带来的污染效应显著,且土地利用的边际效应(0.303 和 0.227)远大于产业结构的边际效应(0.029 0 和 0.001 37)。可见,土地制度对园区的环境影响更大,这反映园区环境管理制度的制定和实施中应首要考虑园区的土地空间性因素影响。

（3）进出口额占比表征的是园区对外关系因素，计量结果显示该指标与污染物排放间显著性并不明显，但方向性方面呈现与污染物排放呈负相关，边际效应较弱（分别为－0.005 08和0.000 136）。这说明加强对外交流能够降低区内污染，但鉴于对外贸易带来的设备、工艺、产品的多样性，进而对园区环境造成的污染成因复杂，无论进口产品或出口产品在园区内生产，都会存在技术溢出效应或污染效应，形成污染和保护的叠加，这就需要更具体的数据进行分行业区别对待，故园区环境管理政策实施中要精细化，最好能够"一业一策"，充分剖析对外关系的复杂性。

上述(1)-(3)主要是从园区环境管理制度的宏观维度分析了时间性、空间性、关系性要素对园区环境污染的影响，充分说明了环境管理制度制定和实施需要进行动态调整，将园区发展阶段、规划布局、对外交流等因素的影响有机融入园区环境制度建设中。

（4）环评执行率和环境规制表征的是环境管理制度的程序性、目标性内涵，即从园区的政策日常管理和目标管理两个角度观察有效性对污染物排放的影响。计量结果显示，单独考虑这两项因素时，环评执行率表现出很强的相关性，环境规制几乎不显示相关性，但综合考虑产业类制度因素后，结果恰好相反，这很有可能是因为产业准入环节只是在进入园区环节有效，一旦进入园区后，园区环境管理常态化后，反而环境规制设置的标准和目标约束性作用更大。这一结果的原因在杨淇微等(2016)研究中也有解释，这是由于项目环评只解决了企业个体问题，未将园区作为整体进行规划环评和项目环评进行有效联动，而规划环评能够从整体设置园区环境管理目标。闫高丽(2011)则从实证角度对项目环评和规划环评之间的矛盾进行了分析,认为园区的环评结论与项目单个环评结论若存在矛盾,直接导致园区环境管理程序性的失效;与环评执行率因素相比,环境规制的回归分析结果不仅呈现出高度负相关性,而且边际效应也很明显(-0.787),这说明当前的园区环境管理通过规制性手段,实际就是以目标性工具约束企业排放,且管理效果十分有效,这也验证了第三章政策分析的结论,即对园区的监管仍然是环境管理制度中的重要手段。综合两个指标的计量结果,可以发现仅程序性的环评执行需要结合环境规制的目标性管理,才能组合发挥制度作用,这反映出园区环境管理制度构建需要以目标管理来规范程序管理。

(5)企业参与环境管理的行为主动性指标表征的是园区环境管理制度实施中企业主体参与的程度,计量结果显示未与污染物排放出现明显显著性,这很有可能是由于虽然企业进行环境管理的积极性充分,但仅仅构建 ISO 环保体系并不能解决园区环境管理的系统性问题,特别是园区对于企业的信息数据并未完全公开,管理制度中的信息公开共享机制稍显欠缺,这都会导致企业参与环境管理的效果"打折扣"。这与之前学者研究分析类似,例如在环境信息数据公开层面,关键在于公开,这其中就暗含信息本身的完备性、披露与共享、覆盖范围是否完全等问题。单独考察该变量与污染物产生呈现负相关,这说明园区内企业具有环保的主动性,但在实际管理中需要督促其转化为公开。

(6)环保资金投入与环保管理人员既属于表征园区管理制

度的两项成本性投入因素,也反映园区环境管理的主体参与程度,计量结果显示环保管理人员的投入与污染物产生呈负相关关系,这与文献研究结论一致,即环保专职管理人员的投入量增加,工业园区的污染排放明显减少;而环保资金投入因素与污染物排放之间的显著性不大,且在水污染排放物方面还出现正相关,这很有可能是因为在资金的利用方式和优先顺序方面存在不一致,即有些园区的资金一段时间集中在大气污染治理,主要利用资金在大气污染设备的购买和管理,而对污水治理显得资金不足,或园区内水系不多,不是污染治理重点等。这两项指标量化结果反映出在园区环境管理制度的成本性建设中,有必要结合园区污染治理的重心,细化环保资金投入的方向,将有限的资源投入最需要治理的领域,提升管理制度的性价比。

上述(4)-(6)主要是从程序性、目标性、主体参与性、成本性等角度对园区环境管理制度的内涵进行分析,充分说明制度设计中需要将程序和目标结合考虑,主体参与的途径需要优化,政策实施转化为主体行动时候,治理成本需要有所侧重。

为了进一步验证上一节的结论,本节进行了稳健性检验,H1、H2 分别对 SO_2 和 COD 作为空气污染和水污染的表征值,利用 Pool OLS, Random Effect 和 Fixed Effect 模型对前述模型进行稳健性检验,结果见表 4.6。

根据三种回归模型的分析,Fixed Effect 模型显示,产值规模变量与污染物排放量呈正相关但显著性未变,其余变量显著性不变,各因子变量和污染物排放之间的关系未发生显著性改变,正负相关性也未发生改变,检验结果说明实证结果稳健性较好,进一步证明计量结论的可靠性。

第四章 影响工业园区环境管理制度有效性的因素

表 4.6 稳健性检验结果表

表征值	(1) Pool OLS H1 Model 1	(2) Random Effect H1 Model 2	(3) Fixed Effect H1 Model 3	(1) Pool OLS H2 Model 9	(2) Random Effect H2 Model 10	(3) Fixed Effect H2 Model 11
C1 园区经济规模	−0.164* (0.388)	−0.164* (0.388)	0.151* (0.416)	0.221 (0.345)	0.221 (0.345)	0.138 (0.350)
C2 产业结构	0.032 0** (0.004 83)	0.003 90** (0.004 93)	0.029 0** (0.002 84)	0.001 89* (0.005 99)	0.001 89* (0.005 99)	0.001 37* (0.005 76)
C3 工业用地占比	0.204* (0.160)	0.204* (0.160)	0.303* (0.175)	0.222 (0.142)	0.222 (0.142)	0.227 (0.147)
C4 对外交流	−0.005 25 (0.006 15)	−0.005 25 (0.006 15)	−0.005 08 (0.006 63)	0.000 929 (0.005 46)	0.000 929 (0.005 46)	0.000 136 (0.005 58)
C5 环保资金占比	0.068 6** (0.196)	0.068 6** (0.196)	0.109** (0.197)	0.037 6** (0.172)	0.037 6** (0.172)	0.059 3** (0.166)
C6 环保管理人员占比	0.004 22* (0.116)	0.004 22** (0.116)	0.053 3** (0.120)	−0.446*** (0.102)	−0.446*** (0.102)	−0.373*** (0.101)
C7 环评执行率	−0.074 2** (0.099 9)	−0.074 2** (0.099 9)	−0.126** (0.111)	0.278*** (0.089 3)	0.278*** (0.089 3)	0.282*** (0.093 6)
C8 环境规制	−0.583 (1.055)	−0.583 (1.055)	−0.642 (1.133)	−1.698* (0.938)	−1.698* (0.938)	−1.642* (0.953)
C9 企业参与环境管理	−0.285*** (0.109)	−0.285*** (0.109)	−0.331*** (0.113)	−0.297*** (0.096 0)	−0.297*** (0.096 0)	−0.337*** (0.095 3)
常数项①	0.281*** (0.086 6)	0.281*** (0.086 6)	0.294*** (0.071 5)	0.347*** (0.079 6)	0.347*** (0.079 6)	0.367*** (0.060 2)
样本数	250	250	250	250	250	250
园区数	25	25	25	25	25	25

① *** $p<0.01$, ** $p<0.05$, * $p<0.1$。

第二节　空间要素对工业园区环境管理制度有效性影响的对比分析

随着园区的遍地开花,不同地区都建设了工业园区。处于不同属地的园区,其环境管理将受地方管理影响进而产生不同管理效果。早在2011年,上海市就发布了《上海市化学工业区管理办法》,其中就对在化学工业区及其联动发展区域内建立工作机制,例如,"构建重要情况定期协商机制。管委会牵头,会同金山区人民政府、奉贤区人民政府和有关部门,定期对化学工业区及其联动发展区域内的重要情况进行协商,明确需要解决的问题和各方的责任""对于联动发展区域内的行政管理事项,管委会和金山、奉贤区人民政府相关部门应当相互通报情况"。这说明园区环境管理和属地管理有着密切关系。在环保方面,该办法第十四条(环境保护)专门指出:"进入化学工业区及其联动发展区域的项目,应当进行严格的环境影响评价,并采用先进的清洁工艺组织生产,保证污染物的排放符合国家和本市规定的标准。管委会需协助环境保护部门在化学工业区及其联动发展区域内,开展建设项目环境影响评价、试生产、竣工验收审批以及排污总量控制、环境监测、污染纠纷调查处理、执法检查和事故调查处理等工作。管委会应当加强对化学工业区及其联动发展区域内企业的环境管理,对企业落实环境保护法律制度的情况进行检查;发现违法行为的,应当及时制止,并向环境保护部门报告"。

为了进一步揭示园区环境管理制度有效性中属地管理特色

第四章 影响工业园区环境管理制度有效性的因素

的影响,本节继续选取处于上海市四个不同城区的工业园区进行比较,四个城区地理位置不同、区级政府都有属地管理特色政策。这四个地区分布于上海市的东部、西南部、南部和北部,均属于上海工业化进展中较有历史的工业集聚地,通过比较不同区域不同主导产业的园区,进一步讨论影响环境有效性的作用机理。四个区域的园区概况介绍如表4.7所示。

表4.7 处于上海不同区域工业园区的介绍

城区名称	园区名称	建设年代	级别	主导产业
浦东新区	金桥出口加工园区	1990年	国家级	金桥园区已经形成汽车、电子信息、现代家电、食品加工与生物医药四大支柱产业
	张江高科技园区	1992年	国家级	生物医药创新链,集成电路产业链和软件产业链
	康桥工业区	1992年	市级	以电子信息产业、医疗器械和医疗服务产业、汽车及零部件为主的现代制造业为主导产业
	南汇工业区	1994年	市级	以资本密集型和技术密集型为特征的光电子光伏产业、装备制造产业以及随之形成的生产性服务业
	外高桥保税区	1990年	市级	自由贸易、出口加工、物流仓储及保税商品展示交易等多种经济功能于一体
	洋山保税港区	2005年	市级	主要发展和提供集装箱港口增值、进出口贸易、出口加工、保税物流、采购配送、航运市场等产业和服务功能
	川沙经济园区	2001年	市级	以先进制造业、临空产业为主;物流园区以现代物流、仓储业为主
	星火工业园区	1984年	市级	环保型生产企业、机械加工、生化、电子、仓储

续　表

城区名称	园区名称	建设年代	级别	主导产业
金山区	金山第二工业区	2006年	市级	新型表面活性剂、功能性涂料、合成新材料、生物医药、化工类物流五大产业集群
	金山工业区	1996年	市级	绿色化工、制造工业、现代物流、都市农业、电子信息、特色文化
闵行区	闵行经济技术园区	1983年	国家级	以机电产业为主导,医药医疗产业、轻工产业为辅
	上海紫竹科学园区	2001年	市级	主营机械、电子、金属制品等产业
	莘庄工业区	1995年	市级	以信息产业、机电和汽车配件、新型材料为主导产业
宝山区	顾村工业园区	2006年	市级	机械制造、汽车零部件
	宝山工业园区	2003年	市级	精品钢延伸业、金属装备业、新材料研发及制品业、电子电器业、流通贸易服务等产业

对上海市上述四个工业集聚地区内15个工业园区进行比较分析,对于废气的回归结果如表4.8所示,对于废水的回归结果如表4.9所示。

通过对四个不同区域工业园区的回归结果比较,可以发现,产业结构、土地利用这两项因素对于环境影响与前文的回归结论并不完全相同。其中金山区、闵行区、宝山区均表现为显著的正相关性,且金山区的边际效应最大,这主要由于金山区分布的化工企业较多,涉及石化产业、精细化工等,对能耗、土地需求大。而浦东新区的工业园区与污染物排放其负向作用,这主要由于浦东所分布工业园区主要以生物制药、先进制造、生产性服

第四章 影响工业园区环境管理制度有效性的因素

表4.8 废气回归结果

	浦东新区	金山区	闵行区	宝山区
	m4	m5	m7	m8
变量因素	H1	H1	H1	H1
C1 园区经济规模	−2.755*** (2.480)	5.197*** (4.452)	0.193** (0.350)	−0.632** (0.455)
C2 产业结构	−0.058 5** (0.083 5)	0.558** (0.788)	0.046 7** (0.029 1)	0.001 34*** (0.002 98)
C3 工业用地占比	−0.906** (0.510)	8.500** (4.768)	0.076 0*** (0.163)	0.003 69*** (0.032 0)
C4 对外交流	−0.033 7** (0.015 0)	−0.219 (0.289)	−0.041 1 (0.040 2)	0.001 05 (0.002 04)
C5 环保资金占比	−0.335** (1.555)	−4.312*** (47.80)	−0.505** (0.808)	−0.004 89*** (0.006 31)
C6 环保管理人员占比	−0.371** (0.381)	−8.106** (4.007)	−0.129** (0.106)	0.004 93*** (0.010 3)
C7 环评执行率	−1.912* (0.491)	1.674* (1.644)	0.005 30 (0.079 7)	−0.024 3 (0.029 2)
C8 环境规制	−0.755** (1.477)	−33.45** (54.96)	3.799* (4.605)	−0.025 8** (0.354)
C9 企业参与环境管理	−0.381* (0.318)	−3.338 (2.142)	0.214 (0.196)	0.003 93 (0.018 1)
常数项	2.663*** (0.603)	6.429* (2.999)	0.068 8 (0.058 9)	0.043 8 (0.030 6)
样本值	80	20	30	20
园区数量	8	2	3	2
R方差值	0.371	0.535	0.298	0.735

表 4.9 废水回归结果

	浦东新区	金山区	闵行区	宝山区
	m12	m13	m14	m15
变量因素	H2	H2	H2	H2
C1 园区经济规模	−1.032** (2.033)	2.010** (1.181)	0.159** (0.540)	−5.176** (8.684)
C2 产业结构	−0.060 6** (0.068 4)	0.020 0** (0.209)	−0.074 9*** (0.044 8)	−0.024 2** (0.056 9)
C3 工业用地占比	−0.359** (0.418)	3.836** (1.265)	0.055 3*** (0.251)	0.277*** (0.610)
C4 对外交流	−0.021 1** (0.012 3)	−0.082 6 (0.076 6)	−0.044 1* (0.061 9)	0.009 04 (0.038 9)
C5 环保资金占比	−0.068 1* (1.275)	−2.676* (12.68)	−1.900** (1.245)	−0.023 6** (0.120)
C6 环保管理人员占比	−0.957*** (0.312)	−2.362* (1.063)	−0.404*** (0.164)	−0.207 (0.197)
C7 环评执行率	0.337* (0.403)	0.411 (0.436)	0.342* (0.123)	0.187 (0.557)
C8 环境规制	0.836 (1.210)	−9.519 (14.58)	0.560** (7.095)	−6.007 (6.764)
C9 企业参与环境管理	−0.902*** (0.261)	−0.478 (0.568)	0.084 6** (0.302)	0.183 (0.345)
常数项	0.388 (0.494)	3.103*** (0.796)	−0.044 3 (0.090 8)	0.104 (0.583)
样本值	80	20	30	20
园区数量	8	2	3	2
R 方差值	0.616	0.642	0.523	0.251

第四章　影响工业园区环境管理制度有效性的因素

务业等为主,重工业较少,导致能源结构也偏重于耗能较少。对比不同空间的园区计量结果,侧面验证园区的发展阶段和产业结构决定了对于能源的需求结构、土地的利用程度不同,进而决定了处于不同空间的工业园区需要综合地区特点制定环境管理政策。在对外交流因素中,浦东新区的工业园区表现出显著负相关,其他园区则表现出无显著性。这主要由于浦东区工业园区涉外贸易较多,在与外交流中有更多机会接触和吸收国外的先进工艺,且在贸易中须考虑出口产品的绿色性,其废气或废水的污染物排放都较低,显著性较强。这也进一步说明了对外交流因素对园区的环境有效性存在影响。这些比较分析体现了宏观维度的"时间-空间-关系"有效性内涵。

在四个工业集聚区的计量比较中还可发现,环评执行率、企业参与环境管理的行为主动性这两项因素对污染物排放的影响不明显,这与前文的回归结果一致。对此结果的解释是,原上海市环保局在环评审核和园区实施普遍的ISO14000认证有统一规定,并有定期检查,虽然从结果看不显著,但恰反映了日常管理较为及时的成绩,这体现了中观维度的"程序-目标-主体"有效性内涵。而在环保管理人员和环保资金占比上,浦东新区和金山区的负相关性很显著,这反映涉及环保的人力财力资源投入在园区环境工作的推进中影响较大。即使像金山区化工行业集中的地区,加大人员投入和资金投入,污染物的排放可以有较大程度的减少,这与田金平等(2012)的研究结论一致,现实中金山化工类园区积极加大资金和人力投入,自2015年以来,金山二工区连续几年"闭门谢客"实施环境整治,关停企业、深化治理、升级改造、能力建设,累计清退企业数达到一半以上,但四五年后,园区各主要经济指标不降反增,成功实现了逆袭。"十四五"以来,金山二工区已整体变身为碳谷绿湾,实现了上海市唯一的工业园区"二转二"整体转型示范园区的最新成果。这些都是在环境管理政策转化为行动中不断投入形成的结果,体现了微观维度的"政策-行动-成本"有效性内涵。

闵行区的莘庄工业园区作为上海首个国家级生态工业园区,具有很强的园区绿色化转型的示范效应,推动该区颁布了许多具有地区特色的政策,在其土地规划、国民经济和社会发展规划等政策中,都按照国家对生态工业区的要求积极融入"绿色化"理念(具体见第五章的政策梳理)。因此,计量结果显示,受该地区园区集中、环保制度体系的不断完善丰富,加之莘庄工业园区自身加强生态化建设,因此,产业结构、土地利用、环保管理人员、环保资金等因素与污染物排放之间显示较强的显著性。

从以上比较结果看,处于不同产业发展阶段和地理位置的园区,即使采用统一管理制度(上海市统一管理),也会呈现不同的环境绩效;且浦东新区由于管理级别高,政策创新力度大,但环保制度未与其他制度进行有效协调;另外,在环保资金投入和环境管理人员投入方面,各地区存在投入大而见效较差的现象,这很有可能是由于资金投入与人员投入之间的匹配不契合,存在资金投入后人员管理未跟上的局面。

第三节 讨论与小结

本章通过因子分析和计量回归分析,尝试用量化分析方法对影响园区环境管理制度有效性的政策因子进行分析,并基于

第四章　影响工业园区环境管理制度有效性的因素

场域视角分析这些政策因子的影响效力和机理,从总体上对制度场域各维度与环境污染排放之间的关系进行了分析,说明了三个维度对反映园区环境管理制度有效性的显著性。

第一,制度场域中的"时间-空间-关系"维度是影响园区环境管理制度有效性的三大因素。园区经济规模、产业结构和土地利用因素对大气和水污染排放均表现出较显著的正向作用。这说明园区经济体量、产业结构调整和土地利用,仍然是提高工业园区环境管理有效性的重要手段。在本章分区域的解析中,也可看出金山区、宝山区以化工、钢铁等重化工业为主的园区,其能源消耗系数与污染物排放呈正向相关,而浦东新区、闵行区的显著性及边际系数都较小。这说明产业结构类政策、土地利用类政策在较大程度上影响着园区的环境质量改善,应作为园区制度评价中的重要指标。通过与环境类制度的综合运用,与污染物排放呈弱正相关作用,这说明从园区企业的准入到进入园区后环境规制,都会降低园区污染,这是制度组合产生的作用。通过分区域的工业园区回归,比较不同发展阶段、地理位置的工业园区,是体现制度有效性中的"时间-空间-关系"内涵。结合各区域的发展特点,发现地理位置、产业发展阶段对园区的环境有效性影响较大,即使面对相同的环境制度,产生的效果仍然不同,这进一步说明了园区环境管理制度的有效性,需要充分考虑"时间-空间-关系"特性。

第二,制度场域中的"程序-目标-主体"维度与污染物产生呈现较强的负相关性。污染物处理设施运行费用表征环境规制的运用,这说明环境规制这类具有强烈程序管理特点的手段,能够倒逼企业采取技术创新,启动治污设施,这增加了企业的治污成本,但最终的环境表现很好,在分区域的园区回归结果验证中得到了较一致的有效结论。环保信息公开、环评执行率等因素,与污染物产生程序负相关性,但显著性不高,这说明在园区的环境规制层面已经设置了较严格的准入门槛,使得企业在进入园区后的信息公开、环评执行方面很高效,不存在由于环评执行率不高造成污染。

第三,制度场域中的"政策-行动-成本"维度与环境污染呈现典型相关性。主要表现为环保资金投入占比和环保管理人员占比投入因素与园区的环境污染产生呈现明显负向作用。园区环境管理制度中的人力、财力投入仍然是一个重要的因素,这与之前的文献研究的结论相一致。但深入分析后发现环保资金的投入在大气污染排放和水污染排放之间的表现不尽相同,环保资金投入与大气污染物产生呈负相关性,但与水污染物的产生呈正相关性,对此可理解为环保资金的流向影响污染物防治工作的效果,即资金在环境污染的哪个领域进行了投入值得动态持续研究,观察是否存在由于大气外界关注度较高,导致环保资金过于偏重大气污染防治的情况。这一点与分区域的园区回归结果中基本一致。

第五章 工业园区环境管理制度有效性评价体系构建及应用

第一节 构建评价体系的意义与选取评价指标的原则

基于前述几章的论述,我们基本可以识别园区环境管理制度中的一系列关键指标,将这些指标有机嵌入有效性内涵框架内,能够发挥这些政策指标的组合作用,有利于监测和控制制度管理的速度、力度,进而提出优化园区环境管理的建议。为了达到这一研究目标,最为有效的方法便是构建针对园区环境管理制度有效性的评价体系。

事实上,评价在人类社会中无处不在,从人脑、群体、机构、国家乃至宇宙自然,都有其评价体系,学生的学习表现、职场的工作表现、学者的研究表现、政府的治理能力、家庭成员的角色、企业家的决策和领导力……在经济社会生活中,评价的作用意义重大,评价中主要包括事实判断和价值判断,其中事实判断主要是对一个事实的描述,比如判断今天是2022年12月2日,而价值判断是对事物进行评价,包括好坏、优劣,现状的评判、对趋势的预测等,比如针对股市中沪市当前点位对未来大盘发展的影响,未来向好还是向坏,是否反映了真实股市价值,等等。每个人都有不同的看法,因为它包含许多复杂因素,没有统一的标准。评价体系具有工具理性和价值理性,其中工具理性是指用统一标准作为工具找到答案,如金融活动中选择收益最高的理财产品;价值理性是指评价一件事物的价值的理性思维,价值的高低,标准不一,因人而异,如选择理财还是创业。价值是多方面的权衡,会有多种结论和答案。

因此,经济活动参与者的每项决策都离不开评价和评价体系,评价体系严重影响着经济的现在和未来。同样地,在园区的环境管理活动中,管理活动参与者需要建立一套科学的评价体系,采用更精准反映现实的信息数据,通过科学的分析方法,运用更科学的分析逻辑,得到对现状管理制度的评判和对未来管理方向的预测结论,从而跳出思维局限,通过工具理性和价值理性做出更正确、有效、恰当的决策。本书讨论的评价指标体系是指由表征评价对象各方面特性及其相互联系的多个指标所构成的具有内在结构的有机整体。

在我国园区的发展历史和日常管理中,经常运用评价体系作为管理工具对园区的经济活力和环境保护成效进行评判。例如《国家高新技术产业开发区评价指标体系》由国家高新区评价指标体系和区域环境测度指标两大部分组成,从支撑性、投入性和产出性等不同角度选取指标,尽可能使同一评价指标体系,且指标体系层次中各指标具有独立性;选用效率等比值型指标,不用总量等规模型指标,消除总量或规模等政策覆盖面的差异性影响;尽可能用可统计的量化指标,适当选择定性指标。再如原环保部分别于 2006 年和 2009 年发布了《行业类生态工业园区标准(试行)》《静脉产业类生态工业园区标准(试行)》《综合类生态工业园区标准》,这三项标准从经济发展、物质减量、环境污染

第五章 工业园区环境管理制度有效性评价体系构建及应用

控制和园区管理等四个方面设置了具体的指标体系,以评价生态工业园区的建设水平。2015年12月,原环保部发布了《国家生态工业示范区园区》,该标准取代前述三个标准,统一作为评价工业园区生态工业工作绩效的技术依据,适用于国家生态工业示范园区的符合性评价。该标准从经济发展、产业共生、环境保护和信息公开等四个方面设置了32项指标,其中包括17项必选指标和15项可选指标。这些评价体系在实践中对园区的高质量发展提供了较好的保障作用。

基于评价体系在园区管理实践的作用,结合本书第二至四章对园区环境管理制度有效性的内涵阐释,本章尝试构建基于制度场域视角下的有效性评价体系,将能综合反映制度子场域的指标集纳入评价体系。同时,为保证评价体系的工具理性,指标选取除了保持科学性、系统性、可行性等一般性原则外,还将结合制度场域的内涵考虑针对性、系统性、可测算性等。

一、针对性原则

由于工业园区内各类企业集中,各类行业并存,园区内实施的制度类别较多,关系复杂,不同园区的主导产业不尽相同,加之所处地理位置、发展阶段也不尽相同,工业园区的环境压力和传导会随着地理区域和发展阶段的变化而不同,其管理机制本身也会出现动态变化以适应环境的变化,故需要将工业园区的评价置于一个动态变化的体系中,体现其内在规律变化。因此,在建立指标时,必须能够较充分反映园区特点、制度实施程序的特点,必须能够定量化体现园区制度对环境的影响程度,体现指标体系的综合性功能。该原则有助于指标体现"时间-空间-关系"的场域特征。

二、系统性原则

制度评价不仅针对环境质量、污染排放等传统的目标性结果,更需要评价制度设计、管理实施、成本投入等过程性因素,及时发现问题并采取有力措施。由于工业园区的制度类别多、内容广,各类管理政策构成了制度体系。同时,园区管理涉及包括管委会、企业、地方政府、公众等多个利益相关方,各方利益诉求和对资源环境的认知不同,决定了园区的环境管理需要统筹平衡各方利益,这需要从系统整体角度出发对园区内的各个部分进行有机联系,避免评价因素重复和关联。由于制度的系统性特点决定了评价体系是多层次的分析问题,必须按照制度运行周期分析才能较全面地反映制度的效率。该原则有助于指标体现"程序-目标-主体"的场域特征。

三、可测算性原则

在进行园区环境管理制度的有效性评价中,应对选取的指标进行定性化描述,再对定性化指标进行量化打分,通过分数比较判断园区的管理水平高低,进而便于园区管理人员明确制度运行予以关注的重点,例如,自国家印发了《生态工业园区建设和管理办法》后,许多研究聚焦生态型工业园区的制度建设,主要围绕环境管理绩效,从循环经济和工业生态学科角度,设计了一系列表征园区经济效益、生态效益、循环效率、节能减碳等方面的指标。这些指标体系可以定性或半定量地评价园区管理的绩效,直接或间接反映园区管理制度的运行效率。同时,对于制度的投入成本要素的量化进行分析评价,以分析制度实施过程中的投入产出比例,以此有利于园区管理制度设计的经济性分析。由于定量指标的性质和量纲存在的差异,应进行无量纲化处理。该原则有助于指标体现"政策-行动-成本"的场域特征。

第二节 场域视角下的园区环境管理制度有效性评价体系构建

一、常见评价框架模式及评述

构建有效性评价体系,关键在于选取合适的评价框架。根据对相关文献研究的梳理,目前实践中的工业园区的管理制度的评价框架主要从两个角度展开。一类是聚焦提高园区创新能力,从制度涉及的不同领域进行层层分解,形成指标集合,进而构成评价体系。例如,张妙燕等(2009)对园区创新管理制度分解为技术创新、知识创新、制度创新、园区环境创新、产业发展创新共五大层次,评价园区制度是否有利于激发园区企业的创新行为。殷志扬等(2020)针对农业园区的创新管理效能进行了研究,通过调查问卷对园区管理涉及的规划、用地、融资、人才、公共设施、组织架构等方面分析了园区管理制度的运作特点,构建了对管理制度可持续运行的问卷体系。另一类主要以园区可持续发展能力为主要内容,从制度运行的全过程,划分重点环节,形成各环节的指标集,进而形成评价体系。例如,生态工业园区环境管理制度围绕"经济-环境-社会"三个方面绩效内容进行制度环节的研究,划分为政策问题界定、政策目标确立、政策方案设计、政策方案比选、政策方案确定、政策方案执行和政策事后评估等环节,分析制度发挥的主要作用。在文献研究中,本节还可以发现,对于园区管理制度的评价或者针对管理架构,或者针对管理政策,或者针对管理参与主体展开,评价体系的构建会结合园区的实际运营业务和实际管理特征进行。基于上述研究,为构建本书讨论的园区环境管理制度的有效性评价体系,有必要对已构建的几类指标体系框架模式进行梳理。

(一)"压力-状态-响应"框架模式(PSR模式)

该框架最早来自OECD国家的环境评价政策,基本思路主要是分析人类的社会经济活动造成对周围生态环境的压力,从而影响环境质量和生态变化,发生环境状态的变化,最终引起社会、经济、环境政策的应对,即产生响应。基于此框架的指标体系会重点评价地区的环境资源要素的承载能力,如图5.1所示。

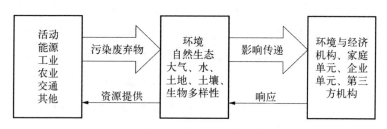

图5.1 OECD的"压力-状态-响应(PSR)"模型

(二)"环境经济核算"框架模式

该框架模式主要是以经济指标为核心,主要计算环境治理的"投入-产出"。典型代表是联合国统计局的综合环境经济核

第五章 工业园区环境管理制度有效性评价体系构建及应用

算体系(SEEA),即从货币角度对生态环境服务价值进行定量评价。评价方法包括影子价格法、人力资本法、机会成本法、资产价值法等。类似研究还包括德国 Wuppertal 环境能源研究所提出的物质能源平衡模式,即 Material Input Per Service Unit(MIPS 模式),运用单位物质的输入和产出进行评估。基于该框架的指标体系主要在于能够量化生态环境的服务价值,进一步评价资源环境要素的价值损益。

(三)"社会-经济-环境"主题框架模式

"社会-经济-环境"主题框架模式,又被称为三分量指标体系框架模式。在此框架模式下,涉及社会主题(包括社区建设、人群健康、文化价值等);经济主题(包括经济发展规模、人口构成、产业结构等);环境主题(包括自然资源利用、环境发展等)。各主题相互独立,构成一组描述区域问题的指标体系。其代表有美国的 Oregon-Benchmarks 指标体系、加拿大的 Alberta 可持续性指数等。基于该框架的指标体系能够覆盖"社会-经济-环境"综合领域,较全面地反映地区环境管理综合水平。

(四)"人类-生态系统福利"指标体系框架模式

该模式由加拿大国家环境与经济圆桌会议形成的可持续发展指标体系发展而来,共包括四类指标,即(1)生态系统测度指标,评估生态系统福利价值;(2)人口测度指标,评估人类福利;(3)相互作用协作指标,主要评估人类和生态系统交互过程产生的效益;(4)综合测度指标,评估系统特征以作为预测基础。该模型的代表就是可持续性晴雨表指数(Barometer of Sustainability)。基于该框架的指标体系主要测度的是人类活动与生态环境之间的交互作用及影响趋势。

比较上述常见的评价框架模式,都是基于不同角度对评价对象进行分析,从不同侧面反映地区环境质量的变化或"经济-社会-环境"之间耦合的关系。总结而言,PSR模式侧重于从环境压力切入,对影响传递和响应进行了详细的分析,能够全程反映环境变化后的影响,揭示了环境和经济的相互影响;"环境经济核算"框架模式能够定量分析生态服务价值,直观反映区域生态环境的货币表现;"社会-经济-环境"主题框架模式能够将三者的耦合关系在指标体系中加以体现,且从耦合关系中得到影响的关键因子;"人类—生态系统福利"指标体系框架模式侧重于人类的福利价值。以上评价框架模式对于工业园区这类评价对象而言,在指标设计、指标范围等方面具有一定的借鉴价值,但总体还都是面向结果的评价,或是从社会经济较为宏观的层面评价环境质量的演化,尚未针对园区的管理制度层面进行分析,鲜有聚焦制度管理机理的深入评价,即使实践中也开展了战略环评、规划环评等有效性研究,也都是以文字分析、理论阐释为主,缺乏可量化的分值、权重等具化衡量指标,很难让管理参与者对制度运行的关键因素、重难点环节产生一目了然的感性认知,对园区更加深入的管理优化不易提出指导性建议。本章尝试构建的工业园区制度有效性评价,是一种面向制度过程、动态的评价体系,场域视角下的有效性评价框架,既借鉴已有评价体系的部分指标,还将体现制度场域的特点,刻画制度场域与环境绩效间的关系,力争涵盖制度运行的全过程、多层级和系统性,进而形成对园区环境管理制度场域的全生命周期管控工具。基本思路初步按照"政策研究-政策编制-政策实施-绩效成果"

等几个关键环节展开,在环节中融入制度场域思想,构建各环节和若干要素组合而成的指标体系。

二、参与工业园区环境管理制度有效性评价的主体分析

园区环境管理有效性评价体系的高效运行,需要涉及园区管理的各方有序参与。如果说评价体系构建解决的是"评什么"的问题,那评价体系价值的验证和持续,都需要不同主体的参与,即解决"谁来评"的问题。前文多次提到,工业园区的环境管理具有多元化、专业化、复合性的特征,需要包括园区管委会、开发公司、园区企业、属地政府、全社会等多种主体参与,不同主体对园区管理的模式、制度、考核都有不同的需求,以往的评价是自上而下的范式,管理部门对园区企业进行考核,地方政府对园区部门进行考核,缺乏自下而上、协同共治的评价模式,很难看到企业对管理机构的考核、社会主体参与园区内管理的现象。但现实生活中,制度从设计、制定、印发、实施、修订、终止等各环节,都需要不断适应园区发展规模、产业结构、技术创新、宏观形势、污染演化等新业态新发展的变化,现代治理能力要求治理手段多元化,能满足利益相关方多元化的需求,这其中很大成分就是社会公共利益的需求。园区环境管理制度的现代化,既要满足公共效益,也需要顾及企业发展的效益。制度场域中"程序-目标-主体"的场域,就是构建了园区环境管理政策运行中各主体参与后对程序性、目标性管理制度的影响。基于此,相关主体如何参与园区环境管理制度的有效性评价,是该评价体系应用行之有效的关键问题。

参与园区评价的主体都是园区生态环境的利益相关方。对于利益相关方的分析最早见诸20世纪60年代的公司治理或企业结构分析，进入20世纪80年代，弗里德曼将其内涵扩展为"能够影响一个组织目标实现或能够被组织实现目标过程影响的人"，将社区、政府管理、环保等公共话题纳入利益相关方管理的研究。在20世纪90年代，利益相关方参与就是将有关的社会利益融入治理之中，对于工业园区这类公共管理区域，更应将利益相关方纳入分析范围。曹明德（2000）引申为"利益相关者"，陈慈阳（2003）引申为"紧密的利益相关者"，其内涵都是指对某利益切身关系的所有成员共同参与。张晨曦（2022）讨论了利益相关方信心的增减对上市公司ESG绩效的影响，并指出在ESG治理中利益相关方是调节企业和社会关系的重要参与者。对于利益相关方如何分析，一直有许多研究，最初都是在战略层面强度利益相关者的适时参与，比较有影响的研究将利益相关者的分析划分为三大层面，见表5.1所示。

表 5.1 利益相关者分析层面及其内容

不同层面	分析步骤	治理方式
理性层面	明确利益相关者身份及其权责	利益相关者的选择机制
过程层面	如何实现其利益诉求	利益相关方获取信息、表达诉求并反馈
交易层面	如何协调其利益冲突	利益相关方的交涉协商机制

从上述的分析框架看出，之所以要讨论不同利益相关者如何参与评价工作，是由于各方的利益诉求并不相同，引导好、处

第五章　工业园区环境管理制度有效性评价体系构建及应用

理好利益相关者参与评价的工作,有助于评价工作的真实客观与持续高效,在"程序-目标-主体"子制度场域中,凝聚各方对园区环境管理的制度共识和目标共识。在该场域中,重点予以关注的便是园区内部的企业参与性和园区周边社会公众的参与性。前者是由于当前园区的建设是产业链导向的招商模式,通过链主带动产业链条的发展,因此园区环境管理的范围往往需要产业链的上下游企业整体参与支持,重点分析对园区环境承载力影响较大的利益相关方,通过产业链模式的参与能够带动园区管理的大量企业参与,是一种经济高效的参与模式。后者关于社会公众的参与,主要是现实中常常出现园区周边居民投诉园区企业污染外溢现象,事实上造成了园区发展与周边公众的相互对立,部分原因在于园区建设运营的早期没有设计公众参与的框架,即使2010年后的工业园区环境管理评价体系中,无论是生态环境部发布的生态工业示范园区的建设标准(见附录6),还是石化、化工、钢铁等专业工业园区普遍实施的ISO14000的指标体系(见附录6),对管理过程中利益相关方如何参与、参与程度没有给予明确的说明。因此,工业园区环境管理制度的有效性评价,更主要体现多元参与的评价工作,综合考虑在园区内外,存在管委会、所在地政府环境主管部门、第三方社会组织、园区内企业、周边公众的不同利益诉求等(具体见图5.2所示),使诉求在参与过程中寻求平衡点,降低制度运行后的成本,在指标设计时就需要设置公众参与园区管理的指标。对此,需要分析每一个利益相关主体存在环境利益诉求和达到共同利益后的收益,在进行指标体系构建时,明确利益相关方参与的重要程度,并将其融入指标体系中。

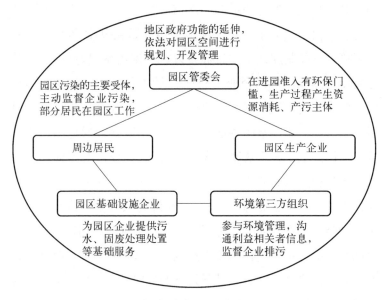

图 5.2 工业园区利益相关方参与模式

三、工业园区环境管理制度的有效性评价体系构建

在关于制度有效性的评价体系构建中,有必要把握以往关于制度评价的研究经验。与本书制度有效性体系构建较为相似的便是战略环评的有效性评价研究。Thissen(2000)曾在论述战略环评制度的有效性时,引入"输入-输出质量"的评估框架,通过分析不同阶段的输入质量,针对实施结果、最终对政策、规划的作用来进行评价。其分类模式将信息数据、技术方法、公众参与等作为环评制度的系统建设,而环境结果、政策影响等作为环评制度的效果建设。其评估框架如图 5.3 所示。

该框架的启示意义在于对制度输入与输出的结果,开始有

第五章 工业园区环境管理制度有效性评价体系构建及应用

意识地反溯至制度层面分析,但从评估框架可以发现关于制度的运行过程属于"黑箱",尚未打开分析制度的影响过程。

Nisson(2009)从制度运行的外界环境角度提出了有效性评价,认为制度的运行应该置于经济-社会的宏观维度分析,进而分析制度的不断演化,从而对于生态、经济、社会、管理体系等产生影响,在各个领域的评估中评估影响。该框架的特点在于首次用断点分析评估制度创新前后的各领域绩

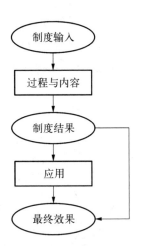

图 5.3 "输入-输出质量"的评估框架

效。但不足之处在于该评价框架对数据要求高,需要大量数据支撑,并需要对制度背后的专家团队背景进行相关性调查。评价其核心思想如图 5.4 所示。

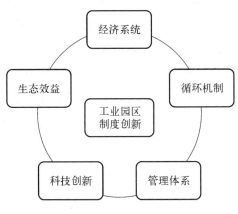

图 5.4 工业园区创新评价体系

比较起来，值得借鉴的理论框架是来自 Salder(2004)对于有效性的阐述。他从环境影响涉及的层次和目标出发，提出应从具体操作、系统体系和总体目标三个层次进行研究，其设计的方法步骤分为：第一，进行环境影响的制度环境综合评价；第二，进行执行操作过程的评价；第三，对技术方法和管理程序进行评价；第四，进入核心的决策阶段进行评价；第五，进行综合评价并得出结论。其评价框架如图5.5所示。

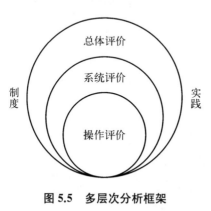

图 5.5　多层次分析框架

多层次分析框架的优势在于能够从宏观至微观的不同层次进行制度分析，将制度的评价与实践相结合，从总体、系统、操作等三个层面进行分析，不足之处在于对园区进行制度分析和制度有效性分析时，都是在面对一个系统的分析，而根据现代系统论的观点认为，认识一个系统需要从分析系统的内部要素开始，同时兼顾系统的外部环境。基于此，本书讨论的园区环境管理制度有效性评价体系，是将制度放在场域系统中分析，考察制度中相关法律规章及规划政策、产业结构等制度的运行情况；评估制度运行中各方参与、方案适用、资金投入、人员投入、目标达标等细节性情况。场域视角下的园区环境管理制度的有效性评价，评价的对象是由法律规章、行动计划、管理模式、团队配备、成本投入等制度性因素组成的制度系统；由评价目标体系、指标体系、结果反馈组成技术系统；由企业、地方政府、周边民众等利

第五章 工业园区环境管理制度有效性评价体系构建及应用

益相关方组成社会系统。也就是说,工业园区制度的环境有效性评价的是多个系统组成的综合性系统,实现制度目标和程序的同一性评价、行动和成本的综合评价。

由于本次构建的评价系统面对的是制度运行的全流程实施情况,参考世界银行的过程评估流程 DECIPHer(World Bank)。在绩效管理中,著名 PDCA 理论[①]中的四步骤可以动态发现问题和及时改进,为了将程序和结果两个评价维度都纳入评估逻辑之中,基于绩效管理学的理论,园区环境管理制度的有效性应覆盖制度运行的全生命周期。目的是使得工业园区环境管理的人员更清楚园区环境管理的绩效和流程。能够清晰反映园区管理中影响制度如何运作和实施的关键因素,以及实际和规划之间的差距。综合已有的有效性评估框架及绩效理论,本书构建场域视角下的园区环境管理制度有效性的评价体系。本研究的评价思路如图 5.6 所示。

通过前述评价框架的介绍与多元参与的分析,园区环境管理制度的评价思路拟按照制度运行的客观载体——政策的运行流程开展,即聚焦"政策研究-政策编制-政策实施-绩效成果"等几个关键环节展开。但制度场域的三个维度如何融入,是最终构建指标体系的关键。根据第三章关于制度有效性内涵论述,制度场域具有多层次性和相互关联性,不同子场域对环境绩效的表现产生不同方向、不同程度的影响,可以说,园区环境管理

---

① PDCA 理论是美国质量管理专家沃特·阿曼德·休哈特(Walter A. Shewhart)首先提出的,其含义是将质量管理分为四个阶段,即 Plan(计划)、Do(执行)、Check(检查)和 Act(处理)。在质量管理活动中,要求把各项工作按照作出计划、计划实施、检查实施效果,然后将成功的纳入标准,不成功的留待下一循环去解决。这一工作方法是质量管理的基本方法,也是企业管理各项工作的一般规律。

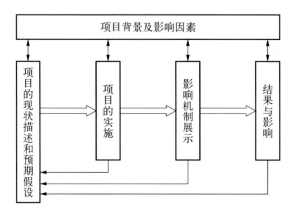

图 5.6　工业园区制度的环境有效性评价思路

制度的有效性评价是场域间综合影响的结果,本质上属于多系统决策。早在 19 世纪,法国经济学家帕累托提出的帕累托最优概念,本质就是将不可比较的目标转化成单一最优目标求解。综合评价的关键在于对不同系统部分的加权,从而形成多系统决策。基于第三章关于场域视角下的园区管理有效性三方面内涵分析,有必要对评价体系指标与制度场域之间的关系进行说明。

首先,园区管理制度的有效性评价体系是从"制度运行"的全过程构建一级指标,在制度运行的前期研究中,关键在于如何运用当前的信息数据分析需要解决的问题、园区的发展阶段、经济规模、属地空间、内外关系等特点,之后才能判断制订什么样的政策、如何实施政策以支撑目标的实现,这实际是体现了"时间-空间-关系"制度场域的内涵。其次,在制度制订和运行中,要明确政策最终达成的目标、运行的方式(如立项程序、监测程序、督察程序等)、测算成本投入等,还要关注利益相关方的参与时机和参与程度。通过政策运行中这些因素的评价,园区管理

第五章　工业园区环境管理制度有效性评价体系构建及应用

人员可以清楚管理政策运行中多大程度符合制度设计的初衷而实现,目标的未达成究竟是制度设计问题还是实施问题,目标的达成付出了多大程度的成本,同时利益相关方的利益诉求有无实现。同时,结合政策研究阶段和运行阶段,还需要持续结合子场域这一宏观维度的影响,分析政策目标的实现,与园区的发展阶段、产业的发展阶段、空间区域等因素是否有耦合关系,这些实际体现了"程序-目标-主体""政策-行动-成本"的子场域内涵。这些场域制度指标的测定,又会受到子场域这一宏观维度的影响,这事实上形成了三个维度间的不断交互、持续关系。最终制度结果则以环境绩效(目标)来反映制度运行的结果。前述这些问题都将借助环境管理制度有效性的评价体系来实现。

由于指标选取最初的不确定性,指标体系采用定性和定量相结合的评价方法,其中定性评价主要通过半结构化访谈以初步筛选有效性评价的指标群(笔者通过参加规划环评项目、环评报告书评估会等方式先后赴上海 11 个工业园区调研,通过问卷与访谈相结合方式筛选较公认的指标群);而定量评价通过问卷调查方式展开,通过发放 100 份问卷,按五类参与方(主要为从事环境管理和环境影响评价的专家学者、政府部门人员、重点工业园区管委会人员、重点污染耗能企业、公众代表)回收有效问卷 40 份,按调查表背景信息内容分为五类群体,进行分数结果的归类统计,之后再采用层次分析法和模糊评价法进行定量分析。

具体评价步骤包括:首先,要构建能够进行有效性评价的指标集,包括 4 个一级指标和 13 个二级指标;其次,关键在于确定各指标权重,测算方法一般是通过德尔菲法(Delphi Method)

或层次分析法（Analytic Hierarchy Process，AHP）计算，测算的指标权重结果表现的是专家、社会大众对各指标的不同重视程度，这对最终的综合评价打分结果影响重大，故权重确定需要从以下方面重点考虑：

（1）信息量大小，若所含信息多则权重就大，所含信息少则权值就小；

（2）客观性程度，由于指标数值可信度会影响结果的客观性，所以数据质量高、可信度好的指标，其权重应大，反之则小；

（3）关联性强弱，指标之间存在共同反映同一内容的问题，因此，指标在赋权时应考虑究竟是反映了相同内容还是不同内容；

（4）重要性程度，指标是为了更好地刻画评价对象，需要排出先后顺序，根据重要性的强弱来确定指标的权重。

从制度层面分析园区环境有效性问题，本质上属于对管理政策、管理模式和管理流程的评价，这类评价目前属于较新的研究课题，理论研究和相关实践都较少，类似的如政策环评或战略环评均属于聚焦制度、政策的有效性评价，但这类评价更多依赖于评价对象的内容特点和结构，形成以政策为中心的评价模式，对政策的作用结果评价是静态的，对政策的评价缺乏重点和非重点的区别分析，较难将政策实施作用的过程充分展开。本书提出的基于场域视角下的有效性分析框架，能够充分考虑评价对象的自身特征，将制度运行作用的重点和周期较为全面的展现，结合第三至四章识别的影响园区环境有效性的因素，进行园区环境管理制度有效性的指标体系构建，使得形成的指标体系能够较科学地全面反映有效性的三方面内涵，体系设计则以制度运行的流程为逻辑框架,形成最终的评价指标体系。

需要说明的是,指标集的选取主要通过专家访谈、公众讨论和文献参考等方式结合。首先,结合第二章文献调研中形成的指标、生态工业园区建设指标、地方环境管理指标等形成指标集;其次,结合场域视角下的三个维度和第四章识别影响制度有效性的政策因素,综合形成最终的指标集。本研究确定的有效性评价的指标分为4个一级指标和13个二级指标和21个三级指标,通过专家咨询确定评价指标的相对重要性系数。利用AHP法得到指标权重,再结合Delphi法进行比较得到更加科学的获得权重。表5.2是构建的指标体系。

表5.2 工业园区制度的环境有效性评价体系

一级指标	二级指标	三级指标	备注
信息数据	数据信息完善性	园区的经济规模、产业结构、能源资源、环境质量等信息数据获得情况	"时间-空间-关系"场域
	数据信息公开性	园区环境信息的披露情况	
		园区部门之间的数据信息共享情况	
	数据信息规范性	建立了专门的园区环境数据库	
		数据记录的覆盖范围(是否涵盖所有企业)	
政策制定	环境政策类型	命令-控制型	"程序-目标-主体"场域
		经济激励型	
		自愿型政策	
	其他政策类型	工业园区空间规划	
		产值目标和产业结构	

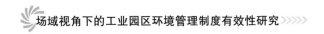

续 表

一级指标	二级指标	三级指标	备 注
政策制定	其他政策类型	工业土地利用	"程序-目标-主体"场域
		进出口贸易额	
	政策间的协调性	园区内各项政策的协调性	
		与国家、省市等政策的协调性	
程序过程	制度操作方法	制度操作方法的灵活性和可行性	"政策-行动-成本"场域
	人力和资金投入	专职环保管理人员数量	
		环境保护的专项资金投入方向	
	基础设施运行	三废处理设施运行费用	
	与地方原环保部门联动	参与地区环保局联席会议	"程序-目标-主体"场域
	利益相关方参与	参与园区环境管理政策制定并全程互动	
	园区管理动态评估	对园区定期开展环境管理绩效评估	
实施结果	措施落实与目标实现	环保措施的落实程度	
		环保目标的实现程度	

第三节 评价体系的应用：以上海市莘庄工业园区为例

一、莘庄工业园区的环境管理概况

上海市莘庄工业园区是上海市人民政府于 1995 年 8 月批

准成立的市级工业区(沪府〔1995〕28号),总开发面积17.88平方千米。闵行区人民政府授权上海市莘庄工业园区管理委员会负责该地区的开发建设、社会事务、行政管理工作,上海市莘庄工业区经济技术发展有限公司负责投资开发的具体建设工作。经过20多年的发展,已形成电子信息、机械装备及汽车零部件、新材料及精细化工三大主导产业,以及平板显示产业基地和航天研发中心两大产业高地,其中,信息产业占60%、机电和汽车配件占16%、新型材料占14%,产业集聚度达90%。进入2003年,工业区一直进行产业结构调整,推进现有产业"退二优二、退二进三",大力发展生产性服务业,实现二、三产业的协调发展。工业区正在规划建设生产性服务业集聚区(暂名),占地约3 000亩,将设有总部经济、外包服务、高科技孵化、展示和会议中心等功能板块。同时,集聚区将以环保节能和智能建筑为重点,力争将该区域打造成为上海市低碳示范区。

  莘庄工业园区高度重视环境保护工作,始终如一地贯彻执行环境保护法律,国家和上海市相关法规、政策,结合发展实际,建立、健全环境管理体系及制度,建设和完善环境基础设施及环境监测手段,施行有效地环境管理,促进环境水平提升。该工业园区于2001年11月获得ISO14001环境管理体系认证,2002年11月通过ISO9001质量管理体系认证,2003年11月获得OHSAS18001职业健康安全体系认证,成为全国率先通过"质量、环境与健康安全"三认证的工业园区。2009年9月,上海市莘庄工业园区通过创建国家生态工业示范园市级验收,2010年4月,通过国家环保总局验收,莘庄工业园区还获批"第二批国家循环经济试点单位""国家新型工业化产业示范基地""节水型工业园区",以及"上海莘庄高新技术产业园",并获得"上海市知识产权示范园区"和"上海市品牌园区"等称号。2022年1月,莘庄工业园区入选国家级绿色工业园区。目前,该园区立足生态、科技、智慧、集约四大开发主旨,加快推进转型发展和重大项目建设进度,着力打造上海莘庄工业园区智慧科创生产性服务业功能区。

  自创立"生态工业区"以来,该工业园区已构建较为完善的生态产业链网,主要以龙头大企业带动产业发展的主导产业链,形成了电子信息产业链、汽车零部件产业集群、新材料及精细化工产业链、重大装备制造产业集群,且形成了微电子通讯、塑料包装、汽车制造等较成熟的三大生态产业链。莘庄工业园区一直注重生态环保建设,2007年园区主动委托环评机构进行了区域环评,2020年又编制了园区跟踪环评报告书,可以说莘庄工业园区始终将生态环保工作作为管理的核心工作,形成了一系列管理制度,积累了较充足的数据信息。莘庄工业园区以"三线一单"环境分区管控为指引,园区环境管理模式从末端治理转向源头管控,从原有"先发展后治理"的被动管理模式,逐步转为"以环境管理升级引领产业经济升级,以产业经济升级促进环境质量改善,以环境质量改善助推园区绿色发展升级"的主动环境管理新模式。表5.3梳理了园区环境管理具体历程。

  莘庄工业园区的管理模式属于典型的政企合作型模式。闵行区人民政府授权园区管理委员会(以下简称管委会)负责该地区的开发建设、社会事务、行政管理工作;而上海市莘庄工业区经济技术发展有限公司(以下简称公司)具体负责投资开发建设工作,即园区内部公共基础设施建设和日常环境管理由园区管委会负责,而企业的引进中环保工艺的把关和日常运营由公司

第五章 工业园区环境管理制度有效性评价体系构建及应用

表 5.3 莘庄工业园区的环境管理历程

时 间	内 容
2001.11	通过 ISO14001 环境管理体系认证
2002.11	通过 ISO9001 质量管理体系认证
2003.11	通过 OHSAS18001 职业健康安全体系认证
2004.6	启动国家生态工业示范园区创建工作
2007.1	获批创建为"国家级生态工业示范园区"
2009.9	通过"国家级生态工业示范园区"市级预验收
2010.4	通过"国家级生态工业示范园区"建设领导小组的现场验收
2010.8	被原环保部、商务部、科技部评为"国家生态工业示范园区"
2011.1	获批为"上海莘庄高新技术产业园"
2011.12	被授牌为全国第七家、上海首家国家生态工业示范园区
2012.2	被国家发改委列为"第二批国家循环经济试点单位"
2022.1	莘庄工业园区入选"国家级绿色工业园区"

负责。园区的环境管理机构主要有莘庄工业区管委会和闵行区颛桥镇政府。莘庄工业园区管委会按照《环境管理体系——要求及使用指南》(GB/T24001-2015)及 ISO14001:2015 的相关标准要求建立环境管理体系。管委会主任为园区环保第一责任人,负责莘庄工业园区环境管理体系的建立和运行,并提供必要的人力和财力等资源,批准环境方针、发布环境管理手册和园区环境目标、指标及环境管理方案,任命环境管理者代表,并授予相应的职责和权限,主持环境管理体系评审。环境管理者代表为具体环保责任人,具体负责莘庄工业园区环境管

理体系的建立、实施和运行；负责组织环境方针的制订；负责重要环境因素的评价并审核、批准评价结果；审核环境管理手册和相关文件；审核环境目标、指标及环境管理方案并组织实施；在体系的建立与运行过程中，协调各职能部门和相关方的关系，组织实施环境管理体系的内审，负责向管委会主任汇报环境管理体系运行情况以便评审，为改进环境管理体系提供依据。各部门主要负责人为本部门环保工作第一责任人。园区发展管理办公室为莘庄工业园区管理委员会环境管理归口部门，下设环保科，具体负责日常环境管理工作。上述两个部门的管理模式对比如表5.4所示。

表5.4 莘庄工业园区和属地政府的环境管理职能区别

类型	莘庄工业园区发展管理办公室环境科管理职责	闵行区颛桥镇生态环境办公室主要职责
政策、规划制定	贯彻执行国家有关环境保护的方针、政策和法律、法规、规章，协助监督检查辖区内贯彻执行情况	按照上级部门和镇党委、政府的要求，结合本镇实际，制定环保工作计划和措施，报区环保局和镇政府审定后组织实施
	负责当地环境管理与污染防治工作，制定并实施环境保护相关规划、计划与方案，落实环境保护目标责任书，实施污染物总量控制与污染减排工作	负责开展本镇对突发生态环境事件的应急、预警工作；负责开展本镇污染物总量控制和削减工作，落实本镇减排目标，贯彻落实生态环境保护目标责任制
审批服务	负责入驻企业建设项目环境影响评价预审/审批工作，协助项目"三同时"验收工作；负责社会服务业的环评审批工作	根据镇内工业园区规划环评及生态环境准入清单，开展区域内环境影响评价的审批、预审或备案；负责推进区域内企业开展竣工验收工作。参与本镇生态环境准入清单编制工作

续 表

类型	莘庄工业园区发展管理办公室环境科管理职责	闵行区颛桥镇生态环境办公室主要职责
应急、监测、执法、宣教等	负责编制辖区内环境应急预案、组织应急演练，及时向上级环境保护行政主管部门；报告突发环境事件或环境安全隐患，参与辖区内突发环境事件的处理	负责本镇环境污染防治的监督管理。在区域内实施上级部门制定的大气、水、土壤、噪声、恶臭、固体废物、化学品、机动车等污染防治管理制度。组织城乡生态环境综合整治工作，监督指导区域大气环境保护工作，监督指导农业面源污染治理，承担流域水环境保护职责
	负责辖区内环境信访的受理、调查、联络、协调与处理工作；做好辖区内企业环评文件归档工作，及时指导、帮助企业建立环保档案；针对辖区内企事业单位和居民开展环境保护宣传工作；负责区域环境质量的日常监测	负责区域内有关生态环境的日常新房的现场巡查与调处，承办党代表、人大代表、政协委员有关生态环境的提案
	协助开展本辖区内环境保护行政执法检查，行政案件的现场勘察、调查取证等工作	组织开展生态环境宣传教育工作，推动社会组织和公众参与生态环境保护
协调、保障等	协助实施限期治理、固废危废管理等辖区内环境专项整治工作；承办上级环境保护行政主管部门交办的其他事项	统一行使生态和城乡各类污染排放监管职责，切实履行监管责任，全面落实大气、水、土壤污染防治行动计划，构建政府为主导、企业为主体、社会组织和公众共同参与的生态环境治理体系，实行最严格的生态环境保护制度，严守生态保护红线和环境质量底线，坚决打好污染防治攻坚战，保障本镇生态安全、建设美丽颛桥；完成上级部门及镇政府交办的其他工作和任务

莘庄工业园区不断完善相关环境管理制度，改进环境管理手段，提升环境管理水平。除继续严格执行已有的八大环境管理制度(企业环境信用制度、企业违法行为公告制度、环保设施

委托运营制度、清洁生产和企业环境管理制度、排污限期削减制度、环保在线监控管理制度、污染企业档案和台账管理制度、污染源信息化管理制度等）外，根据相关环境管理要求，着力推进园区内重点企业建立环境保护"一企一档"制度。同时，为巩固"国家生态工业示范园区"创建成果，建设国家循环经济试点，持续推进节能减排，莘庄工业园区还建立环境普查制度，每年均自主实施环境普查工作，普查范围涵盖园区内所有在地生产企业，普查内容主要包括：企业各类废气及废水排放情况，各类固体废物收集、暂存、转移及处理处置情况，企业环境管理体系与清洁生产审核情况等。莘庄工业园区管委会和总公司致力于打造生态型绿色环保园区，自 2007 年启动生态工业园区建设以来，陆续开展了八项环境监管制度，具体如表 5.5 所示。

表 5.5　莘庄工业园区环境管理制度建设历程

年　份	制　度　内　容
2007 年	企业环境信用制度
	企业违法行为公告制度
2008 年	环保设施委托运营制度
	清洁生产和企业环境管理制度
	排污限期削减制度
2010 年	环保在线监控管理制度
	污染企业档案和台账管理制度
	污染源信息化管理制度

在信息数据公开和共享方面，根据《关于闵行区实行污染源分级管理的实施意见》，要求区内重点企业建立环境保护"一企

一档"环保管理档案,档案共三套,分别由闵行区环保局、工业区管委会和企业分别管理。

在创新性环境管理模式上,2010年后莘庄工业园区为巩固创建成果,每年都开展环保普查工作,覆盖工业区的所有生产企业,对企业废水、废气排放、固废、危废处置等进行摸底调查。为保障数据真实性,各企业还需上交ISO14001体系证书、清洁生产审核所签订的协议文件、固废、危废委托处置合同等。

作为本节的研究对象,莘庄工业园区的建设主要围绕绿色发展主题展开,设计了一系列政策,本节对政策系列内容进一步提炼总结,主要可分为三个层面和六大主题,具体说明如表5.6所示。

表5.6 莘庄工业园区制度建设内容说明[①]

类型	主题	说明
企业层面	生态企业模式发展	以生态设计、绿色技术、节能降耗、环境管理为抓手推动企业的生态化发展
行业层面	产业共生发展	基于物质代谢、水资源高效利用、能量梯级利用、基础设施共享等
	产业转型发展	传统工业向高新技术转型、二三类产业协调融合,战略性新型产业转型发展
	静脉产业发展	基于废物的循环利用
园区层面	资源能源高效利用	以流程工业为支柱且行业特征突出园区的集成创新
	科技创新	结合上海市"科创中心"建设,深化园区科技创新驱动生态产业发展

① 生态工业园区制度建设主要内容来自原环境保护部、商务部、科技部2015年印发的《国家生态工业示范园区管理办法》。

莘庄工业园区重视利益相关方的参与,建立了"上海莘庄工业园智慧管理服务平台",定期组织园区开放日和听证会。园区企业主动开展了不同类型的环境管理实践;地方政府在实现与园区管理资源对接方面制定政策。上述要点内容具体见表5.7所示。

表5.7 莘庄工业园区相关方的管理内容

层面	内容	角色
社会层面	区内基础设施由内向外的延伸服务;城市基础设施由外向内拓展服务;人力资源管理社会化;危险废物与固体废物综合利用专业化运营;公众参与	政府与管委会引导
园区层面	基础设施建设,包括集中供热,多级联供,集中治污,打造公共平台,形成产业共生链条	园区自主
企业层面	生命周期评价,环境管理团队建设,绿色技术研发,绿色供应链管理,清洁生产,打造环保治理研发平台,生产者责任延伸,企业俱乐部等	企业自主

以上关于莘庄工业园区的产业发展、规划布局、管理模式和制度建设的介绍,以及第四章的政策统计分析,都构成本节应用有效性评价体系的基础。

二、莘庄工业园区环境管理制度的有效性评价

(一)指标权重计算及一致性检验

为了进行综合评价,本节应用层次分析法(AHP)确定相关指标权重。首先在构建判断矩阵步骤,须明确的总目标是:工业园区制度的环境有效性评价(A)。一级指标层四大类指标(B)包括信息数据建设(B1)、政策制定环节(B2)、实施程序过程(B3)

第五章 工业园区环境管理制度有效性评价体系构建及应用

和政策结果分析(B4)。通过调研 20 名专家(10 名环境管理理论研究专家、10 名园区环境管理实践人员)。运用 Yaahp10.0 版软件进行权重计算。

表 5.8　一级指标间判断矩阵及权重

一级指标	信息数据(B1)	政策制定(B2)	程序过程(B3)	实施结果(B4)	权重(Wi)
信息数据(B1)	1.000 0	0.959 5	0.599 0	0.922 0	0.211 9
政策制定(B2)	1.043 7	1.000 0	1.071 4	1.094 8	0.261 6
程序过程(B3)	1.668 9	0.924 8	1.000 0	1.100 0	0.279 4
实施结果(B4)	1.096 9	0.913 0	0.910 2	1.000 0	0.247 1

从一级指标组间判断矩阵及权重计算结果(表 5.8)可知，"程序过程"判断矩阵的排序权重最大(0.279 4)，"政策制定"判断权重排第二(0.261 6)，"实施结果"权重排第三(0.247 1)，"信息数据"判断矩阵单排序权重最小(0.211 8)。同理，对二级指标权重进行计算。

表 5.9　信息数据(B1)组矩阵及权重

信息数据(B1)	数据信息完善性(C1)	数据信息公开性(C2)	数据信息规范性(C3)	权重(Wi)
数据信息完善性(C1)	1.000 0	0.473 5	0.302 9	0.155 6
数据信息公开性(C2)	2.111 8	1.000 0	0.616 8	0.324 5
数据信息规范性(C3)	3.301 1	1.621 2	1.000 0	0.519 9

从信息数据(B1)判断矩阵及权重表5.9可知,"数据信息规范性"单排序权重最大(0.5199),"数据信息公开性"位列第二(0.3245),"数据信息完善性"权重最小(0.1556)。

表5.10 政策制定(B2)组矩阵及权重

政策制定(B2)	环境政策类型多样化(C4)	其他政策对环境影响(C5)	政策间相容性和协调性(C6)	权重(Wi)
环境政策类型多样化(C4)	1.0000	0.9244	1.0787	0.3328
其他政策对环境影响(C5)	1.0818	1.0000	1.1738	0.3617
政策间相容性和协调性(C6)	0.9270	0.8519	1.0000	0.3055

从政策制定(B2)判断矩阵及权重表5.10可知,三项指标权重相近,比较来看,"其他政策对环境影响"权重占比略大,"环境政策类型多样化""政策间相容性和协调性"单排序权重分别位列第二、第三。

从程序过程(B2)组判断矩阵及权重表5.11可知,"制度操作方法可行性和灵活性"单排序权重最大(0.2043),"与地方原环保部门的联动程度"权重位列第二(0.1784),"利益相关方的参与程度"权重位列第三(0.1748)。同理求得所有二级指标下的三级指标的相对权重。需要说明的是,实施结果(B4)的二级指标为"措施落实与目标实现",无组内相对权重,均为1.0000。

(二)判断矩阵一致性检验

本节进行指标体系权重计算结果的科学合理性验证。主要通过需对矩阵的特征量和特征根进行一致性检验。其中,最大

第五章 工业园区环境管理制度有效性评价体系构建及应用

表 5.11 程序过程(B3)组矩阵及权重

程序过程(B3)	制度操作方法可行性和灵活性(C7)	人力和财力支持程度(C8)	基础设施运行效率(C9)	与地方原环保部门的联动程度(C10)	利益相关方参与程度(C11)	园区动态管理评估(C12)	权重(Wi)
制度操作方法可行性和灵活性(C7)	1.000 0	1.417 2	1.552 8	1.327 1	1.027 4	1.216 8	0.204 3
人力和财力支持程度(C8)	0.705 8	1.000 0	1.095 2	0.826 6	0.636 7	0.801 2	0.136 7
基础设施运行效率(C9)	0.643 4	0.912 2	1.000 0	0.662 8	0.969 7	0.882 8	0.137 3
与地方原环保部门的联动程度(C10)	0.753 6	1.209 9	1.531 9	1.000 0	1.045 6	1.101 3	0.178 4
利益相关方参与程度(C11)	0.972 6	1.574 4	1.032 3	0.966 8	1.000 0	0.911 3	0.174 8
园区动态管理评估(C12)	0.822 0	1.250 0	1.133 3	0.918 2	1.099 0	1.000 0	0.168 8

特征根的一般计算公式为

$$\lambda_{\max} = \frac{1}{n} \sum_{i=1}^{n} \frac{(BW)_i}{W_i}$$

其中，n 为判断矩阵的阶层数，W_i 为它们的权重系数值，CI 为一致性评价指标。

$$CI = \frac{\lambda_{\max} - n}{n - 1} （衡量各个判断矩阵偏离一致性的指标）$$

通过导入指标 RI，可计算出随机一致性比率 CR 值，阶数的判断矩阵 RI 值如表 5.12 所示。

表 5.12　平均随机一致性系数 RI 的取值

阶数 n	1	2	3	4	5	6	7	8	9	10
RI	0	0	0.58	0.90	1.12	1.24	1.32	1.41	1.45	1.49

运用 Yaahp10.0 版软件进行一致性检验，然后进行矩阵比较，得出表 5.13。

表 5.13　判断矩阵的特征向量、特征值
以及一致性检验结果

项目	特征向量 ω	λ_{max}	n	CI	RI	CR	一致性检验
A	3.454 3,4.261 2, 4.650 8,3.935 2	16.301 4	4	0.008 9	0.90	0.009 9	符合
B1	0.155 6,0.324 6, 0.519 9	1.452 1	3	0.006 6	1.24	0.005 3	符合
B2	1.005 4,1.439 5, 1.289 1	3.734 0	3	0.009 7	0.90	0.010 8	符合
B3	1.258 6,0.842 2, 0.845 9,1.099 1, 1.076 9,1.038 1	6.160 7	6	0.007 4	1.12	0.006 6	符合

表 5.13 显示，权重值符合一致性检验，结果有效。同理可以对三级指标进行计算并验证相对权重系数。

（三）各层次指标总排名权重汇总

根据各级指标计算并验证后的结果，最终汇总如表 5.14 所示。

第五章 工业园区环境管理制度有效性评价体系构建及应用

表5.14 枣庄工业园区制度的环境有效性评价指标值

总目标	一级指标层(B)	权重(Wi)	二级指标层(C)	权重(Wi)	三级指标层(D)	权重(Wi)	合成权重(Wi)
工业园区环境管理制度的有效性评价	信息数据(B1)	0.211 9	数据信息的完善性(C1)	0.155 6	工业园区的经济、资源、环境数据获得情况(D1)	1.000 0	0.033 0
			数据信息的公开性(C2)	0.324 5	工业园区环境信息的披露情况(D2)	0.415 8	0.028 6
					工业园区部门之间的数据信息共享情况(D3)	0.584 2	0.040 2
			数据信息的规范性(C3)	0.519 9	建立了专门的工业园区环境数据库(D4)	0.789 1	0.086 9
					数据记录覆盖范围(是否涵盖所有企业)(D5)	0.210 9	0.023 2
	政策制定(B2)	0.261 6	环境政策多样化(C4)	0.328 8	命令控制型(D6)	0.415 4	0.035 7
					经济激励型(D7)	0.315 9	0.027 2
					自愿型政策(D8)	0.268 7	0.023 1
			其他政策类型(C5)	0.361 7	工业园区空间规划(D9)	0.316 4	0.029 9
					产值目标和产业结构(D10)	0.327 7	0.031 0
					工业土地利用(D11)	0.200 3	0.018 9
					进出口贸易(D12)	0.155 6	0.014 7
			园区内外政策相容性和协调性(C6)	0.305 5	与其他政策见的相容性和协调性(D13)	0.299 6	0.023 9
					与上位政策间的相容性和协调性(D14)	0.700 4	0.055 9

续 表

总目标	一级指标层(B)	权重(Wi)	二级指标层(C)	权重(Wi)	三级指标层(D)	权重(Wi)	合成权重(Wi)
工业园区环境制度的有效性评价	程序过程(B3)	0.279 4	制度操作方法(C7)	0.204 3	制度操作方法的灵活性和可行性(D15)	1.000 0	0.058 3
			人力和财力支持(C8)	0.136 7	专职环保管理人员数量(D16)	0.789 2	0.030 1
					环境保护的专项资金投入方向(D17)	0.210 8	0.008 1
			基础设施运行效率(C9)	0.137 3	三废处理设施运行费用(D18)	1.000 0	0.038 4
			与地方原环保部门联动(C10)	0.178 4	工业园区管理机构参与当地环保局联席会议(D19)	1.000 0	0.049 8
			利益相关方参与程度(C11)	0.174 8	利益相关方参与工业园区环境管理政策制定并全程互动(D20)	1.000 0	0.048 8
			园区管理动态评估(C12)	0.168 8	工业园区在不同发展阶段开展环境管理绩效评估(D21)	1.000 0	0.047 2
	实施结果(B4)	0.247 1	措施落实与目标实现(C13)	1.000 0	环保措施的落实程度(D22)	0.567 2	0.136 9
					环保目标的实现程度(D23)	0.432 8	0.104 5

三、莘庄工业园区环境管理制度的有效性分析与建议

在前述基础上,本处运用模糊评价法对莘庄工业园区制度的环境有效性进行分析。本书选取参与莘庄工业园区环境管理的各利益相关方共 10 人组成打分团,分别为园区管委会、闵行区环保局、园区内代表企业、周边常驻居民、环评组织和监测机构,每个利益相关方有 2 人参加,对调查指标进行单因素评价。

建立模糊变量集合 D：(D1/D2/D3/D4/D5/D6/D7/D8/D9/D10/D11/D12/..../D23)

建立模糊评语集：P=(1 2 3 4),分别代表"好""较好""一般""较差"四个等级。通过调查问卷得到评语集表 5.15。

表 5.15 专家对莘庄工业园区制度的环境有效性评价

一级指标层(B)	二级指标层(C)	三级指标层(D)	好	较好	一般	较差
信息数据(B1)	数据信息的完善性(C1)	工业园区的经济、资源、环境数据获得情况(D1)	9	1	0	0
	数据信息的公开性(C2)	工业园区环境信息的披露情况(D2)	0	2	7	1
		工业园区部门之间的数据信息共享情况(D3)	0	4	6	0
	数据信息的规范性(C3)	建立了专门的工业园区环境数据库(D4)	1	8	1	0
		数据记录的覆盖范围(是否涵盖所有企业)(D5)	0	8	2	0

续 表

一级指标层(B)	二级指标层(C)	三级指标层(D)	好	较好	一般	较差
政策制定(B2)	环境政策类型多样化(C4)	命令-控制型(D6)	0	7	3	0
		经济激励型(D7)	1	8	1	0
		自愿型政策(D8)	0	4	6	0
	其他政策类型(C5)	工业园区空间规划(D9)	0	1	8	1
		产值目标和产业结构(D10)	0	8	2	0
		工业土地利用(D11)	0	8	2	0
		进出口贸易(D12)	0	7	3	0
	政策间相容性和协调性(C6)	工业园区内各项政策的相容性和协调性(D13)	1	9	0	0
		与国家、省市等政策的相容性和协调性(D14)	2	8	0	0
程序过程(B3)	制度操作方法(C7)	制度操作方法的灵活性和可行性(D15)	0	9	1	0
	人力和财力支持(C8)	专职环保管理人员数量(D16)	9	1	0	0
		环境保护的专项资金投入方向(D17)	0	2	8	0
	基础设施运行效率(C9)	三废处理设施运行费用(D18)	0	5	5	0
	与地方原环保部门联动(C10)	工业园区管理机构参与当地环保局联席会议(D19)	0	0	9	1
	利益相关方参与程度(C11)	利益相关方参与工业园区环境管理政策制定并全程互动(D20)	0	6	4	0
	园区管理动态评估(C12)	工业园区在不同发展阶段开展环境管理绩效评估(D21)	9	1	0	0
实施结果(B4)	措施落实与目标实现(C13)	环保措施的落实程度(D22)	8	2	0	0
		环保目标的实现程度(D23)	7	1	2	0

第五章 工业园区环境管理制度有效性评价体系构建及应用

根据利益相关方的打分,运用模糊统计法进行数据处理,得到三级指标的模糊矩阵,根据专家权重的确定,得到各三级指标权重向量,如表 5.16 所示。

表 5.16 三级指标权重向量值

三级指标	模糊矩阵	权重向量
C1	0.9 0.1 0 0	$W_{c1}=[1.000\ 0]$
C2	0 0.2 0.7 0.1 0 0.4 0.6 0	$W_{c2}=[0.415\ 8\quad 0.584\ 2]$
C3	0.1 0.8 0.1 0 0 0.8 0.2 0	$W_{c3}=[0.789\ 1\quad 0.210\ 9]$
C4	0 0.7 0.3 0 0.1 0.8 0.1 0 0 0.4 0.6 0	$W_{c4}=[0.415\ 4\quad 0.315\ 9\quad 0.268\ 7]$
C5	0 0.1 0.8 0.1 0 0.8 0.2 0 0 0.8 0.2 0 0 0.7 0.3 0	$W_{c5}=[0.316\ 4\quad 0.327\ 7\quad 0.200\ 3\quad 0.155\ 6]$
C6	0.1 0.9 0 0 0.2 0.8 0 0	$W_{c6}=[0.299\ 6\quad 0.700\ 4]$
C7	0 0.9 0.1 0	$W_{c7}=[1.000\ 0]$
C8	0.9 0.1 0 0 0 0.2 0.8 0	$W_{c8}=[0.789\ 2\quad 0.210\ 8]$
C9	0 0.5 0.5 0	$W_{c9}=[1.000\ 0]$
C10	0 0 0.9 0.1	$W_{c10}=[1.000\ 0]$
C11	0 0.6 0.4 0	$W_{c11}=[1.000\ 0]$
C12	0.9 0.1 0 0	$W_{c12}=[1.000\ 0]$
C13	0.8 0.2 0 0 0.7 0.1 0.2 0	$W_{c13}=[0.567\ 2\quad 0.432\ 8]$

然后进行模糊综合评价计算,方程式为

$$RC_i = C_i * W_{ci}$$

例如:$RC_1 = C_1 * W_{c1} = [0.9 \quad 0.1 \quad 0 \quad 0] * [1.000 \quad 0] = [0.9 \quad 0.1 \quad 0 \quad 0]$,其他指标同理计算得到表5.17。

表5.17 三级指标模糊综合评价结果

指标层评价	好	较好	一般	较差
RC1	0.9	0.1	0	0
RC2	0	0.32	0.64	0.04
RC3	0.08	0.8	0.12	0
RC4	0.03	0.65	0.32	0
RC5	0	0.56	0.41	0.03
RC6	0.17	0.83	0	0
RC7	0	0.9	0.1	0
RC8	0.17	0.12	0.71	0
RC9	0	0.5	0.5	0
RC10	0	0	0.9	0.1
RC11	0	0.6	0.4	0
RC12	0.9	0.1	0	0
RC13	0.76	0.16	0.09	0

然后,进行二级指标的模糊矩阵和权重向量的计算,如表5.18所示。

第五章 工业园区环境管理制度有效性评价体系构建及应用

表5.18 三级指标模糊综合评价结果

二级指标	模糊矩阵				权重向量
B1	0.9　　0.1　　0　　　0 0　　　0.32　0.64　0.04 0.08　0.8　　0.12　0				WB1=[0.155 6　0.324 6　0.519 9]
B2	0.03　0.65　0.32　0 0　　　0.56　0.41　0.03 0.17　0.83　0　　　0				WB2=[0.328 8　0.361 7　0.305 5]
B3	0　　　0.9　　0.1　　0 0.71　0.12　0.17　0 0　　　0.5　　0.5　　0 0　　　0　　　0.9　　0.1 0　　　0.6　　0.4　　0 0.9　　0.1　　0　　　0				WB3=[0.204 3　0.136 7　0.137 3 　　　　0.178 4　0.174 8　0.168 5]
B4	0.76　0.16　0.09　0				WB4=[1.000 0]

同理,进行二级指标的模糊评价,结果如表5.19所示。

表5.19 二级指标模糊综合评价结果

指标层评价	好	较好	一般	较差
B1	0.18	0.54	0.27	0.01
B2	0.06	0.67	0.25	0.01
B3	0.25	0.39	0.34	0.02
B4	0.76	0.16	0.09	0

由上述结果得到最终第一层次指标的综合评价结果:

$$WA=[0.211\ 9\quad 0.261\ 4\quad 0.285\ 3\quad 0.241\ 4]$$

$$A \text{ 矩阵} = \begin{bmatrix} 0.18 & 0.54 & 0.27 & 0.01 \\ 0.06 & 0.67 & 0.25 & 0.01 \\ 0.25 & 0.39 & 0.34 & 0.02 \\ 0.76 & 0.16 & 0.09 & 0 \end{bmatrix}$$

A 层次模糊评价结果 = [0.31 0.44 0.24 0.01]

综合上述分析,可以得到莘庄工业园区制度的环境有效性综合评价结果如表 5.20 所示。

表 5.20 莘庄工业园区制度的环境有效性综合评价结果

评价指标	好	较好	一般	较差
B1(信息数据)	0.18	0.54	0.27	0.01
B2(政策制定)	0.06	0.67	0.25	0.01
B3(程序过程)	0.25	0.39	0.34	0.02
B4(实施结果)	0.76	0.16	0.09	0
A(综合有效性评价)	0.31	0.44	0.24	0.01

基于表 5.20,本节在完成有效性综合评价后,结合前文对莘庄工业园区情况的梳理,特别是制度建设方面的内容,依据综合评价分数进行制度有效性分析。本节参考了南京大学 2015 年编写的《莘庄工业园区跟踪环境影响评价报告(2015 年)》、上海达恩贝拉环境科技有限公司 2020 年编写的《莘庄工业园区跟踪环境影响评价书(2020 年)》相关评价结论,结合有效性评价分数,分析园区制度的有效性内容。

第五章 工业园区环境管理制度有效性评价体系构建及应用

(一)场域视角下的制度有效性分析

1. 子场域一:"时间-空间-关系"有效性分析

在综合评价体系中,关于"时间-空间-关系"的有效性问题都融入了其他指标中,园区管理动态评估便是要求在不同发展阶段进行园区绩效评估特征,评分为"好"(0.76),这说明莘庄工业园区注重园区的不同发展阶段特点,用动态思想进行管理。其具体表现我们可以结合其园区的产业规划和结构调整等相关工作进行总结。莘庄工业园区根据园区发展的阶段有针对性地提出了相关企业结构调整、关停及整改工作。积极推进工业园区内传统经济小区及园中园的改造和整治工作,督促企业完善相关环保手续或实施规范整改,建立和健全相关环境保护措施,并取得了较明的成效。自"十三五"以来,莘庄工业园区基于已有的园区致力发展"5+1"主导产业。如今已经形成了以机械和汽车零部件、重大装备、航空航天、电子信息、新材料及精细化工、生物医药为主导的工业产业体系。截至 2017 年底,前述主导产业工业总产值占比近 80%,产业集聚度近 80%。此外,上轮跟踪评价以来,莘庄工业园区全面落实国家和上海市关于产业结构调整的方针、政策,大力发展生产性服务业,以实现二、三产业的协调发展。截至 2017 年底,莘庄工业园区二次和三次产业比重已经达到 1.9∶1,相较于上轮跟踪评价期间的 3.2∶1 进步成效显著,已基本实现二、三产业的协调发展。

进入 2020 年后,调研发现该园区存在"发展已进入生态园区建设阶段,但部分产业的配套企业资源消耗较大,没有跟上园区整体速度"的问题。具体表现为:(1)电子信息产业是园区主导产业之一,但其配套的企业能耗、水耗、污染物排放强度相对较高;(2)产业高度集聚发展,但二、三产业发展不协调,2014年二产增加值占工业区的76.04%,三产只占23.96%。

上述现象的原因在于园区产业链上下游的配套企业和核心企业发展阶段不一致,造成资源消耗较大,而且生产性服务业未及时跟上发展,造成"二、三产业"的融合不够,这反映了产业制度建设的缺失。

由于历史原因,莘庄工业园区目前是"城中园",四周均被大型居住区包围。根据2014—2018年的园区信访统计数据,虽然园区在VOCs减排方面做出很多努力,VOCs的排放量有所降低,但居民投诉最多的异味问题仍未得到解决。油烟、河道污染、噪声等仍有被投诉记录。"园中园""厂中厂"的管理困难仍然存在。在空间因素方面,园区空间规划主要就园区的空间规划合理与否进行评价,结果显示打分0.8,评级为"一般",这与实际调查中反映的"园区空间布局不合理,工居混杂造成厂群矛盾"问题一致,具体表现为:

(1)园区整体呈现北部区块整齐、南部区块杂乱、西部区块待开发局面,即南部区块开发利用水平低,小微企业和居民交错分布;(2)部分产业空间内部布局不合理,例如,食品企业与其他工业企业混杂,四周工业企业对食品企业有污染;(3)"园中园"工业小区集中吸纳同类企业水平不高,集聚水平仍然较低;(4)工居混杂,企业与大型集中居住区仅一路之隔,造成厂群矛盾问题凸显。

通过调研莘庄工业园区所在地区环保部门,收集了园区自2013—2018年莘庄工业园区辖区内及颛桥镇与莘庄工业园区有关的环保投诉及处理情况记录。收集到的公众意见统计数据可反映出本次评价范围内公众对异味(恶臭、VOCs)的问题投

第五章　工业园区环境管理制度有效性评价体系构建及应用

诉较为突出,主要投诉对象为园区内某精细化工企业恶臭(异味)影响。但在 2017 年园区实施一厂一方案和针对异味的整治行动后有所降低。分析公众环境问题投诉的理由,主要是莘庄工业园区生产空间与生活空间在局部布局上存在不合理,莘庄工业园区现行规划提出的"产城融合"的发展理念在实践中被误当为"产城混合",导致在邻近规划居住用地的工业用地产业发展方向与居住用地不匹配,造成局部无序发展,致使公众针对环境问题投诉。直接后果是局部产业用地的环境制约大大增加。新企业又很难落地,将会引发单位用地产出率下降。而在有效性评估的结果中则可以直接反映空间规划制度层面的部分失效,虽然《莘庄工业园区土地利用规划2006—2020》中对土地使用类型进行了很好的规定,但在引进企业选址过程中没有得到严格执行,造成混杂情况,也就是说,在空间因素方面土地制度与产业制度没有形成协同性,造成土地资源没有被集约利用和环境污染扰民。

  在制度的关系性方面,莘庄工业园区内环境政策工具较全面,但以命令-控制型政策和经济激励型政策为主。政策体系完整,既涵盖了国家级和上海市的政策内容,也体现了园区自身特色的管理。在政策协调性方面,"政策协调性"一项评分 0.83,评级为"较好"。具体而言,莘庄工业园区目前重点发展的产业与《产业结构调整目录(2011)》《上海产业发展重点支持目录(2008)》等政策中的产业政策相符;空间规划方向与《上海市城市总体规划(1999—2020)》《闵行新城总体规划(2007—2020)》等政策中的土地利用、功能布局相协调;在环保建设方面,与《上海市环境保护"十三五"规划》《闵行区生态文明建设规划》等相协调,有效性较好。

2. 子场域二:"程序-目标-主体"的有效性分析

在综合评价中,实施结果(B4)表现最"好",评分为 0.76,说明该园区各项制度的目标达标程度较好。由于莘庄工业园区建设有国家标准,即《国家生态工业示范园区标准》(HJ274-2015),同时又有《生态工业园区建设规划编制指南》(HJT 409-2007),具有完整系统的目标体系,从表 5.21 可以看出,莘庄工业园区 2006—2015 年以来环境治理效果显著,资源的循环利用、污染控制成绩显著,与 B4 指标评价结果一致,目标可达性较好。根据 2020 年园区规划环评跟踪报告的分析结论,以及跟踪评价以来,莘庄工业园区围绕重大项目,扎实推进节能减排工作,规模以上企业主要大气污染物 SO_2、NO_x 及颗粒物的排放总量,区域主要大气污染物 SO_2、NO_x 及 PM_{10} 年均浓度均呈逐年下降趋势。2018 年前述三项指标均符合《环境空气质量标准》(GB3095-2012)二级标准。同时,莘庄工业园区建成区污水管网实现全覆盖,城镇污水全部实现纳管排放。2014—2017 年,莘庄工业园区废水排放总量总体呈逐年下降趋势。此外,莘庄工业园区组织实施了"上海市莘庄工业园区危废收集、贮存、转运站建设项目",为园区内各类危险废物产生企业提供一站式服务。通过危废集约化管理模式可以有效实现莘庄工业园区危险废物"风险可控、责任明确、监管有力"的管理目标。该目标的实现并没有以降低园区经济发展为代价,相反,园区发展实现了快速增长,初步实现了园区发展与资源环境消耗的脱钩。近年来莘庄工业园区全年实现工业总产值约占闵行区工业总产值 31%左右,区域经济贡献成效显著。莘庄工业园区已完成"5+1"主导产业的构建,主导产业工业总产值占比近 80%,产业集聚度近 80%。莘庄工业园区第二和第三产

第五章 工业园区环境管理制度有效性评价体系构建及应用

表5.21 2006-2015年苹庄生态工业示范园区指标体系变化

项目	序号	指标	单位	标准	2006	2007	2008	2009	2010	2011	2012	2013	2014	2015
经济发展	1	人均工业增加值	万元/人	≥15	36.72	19.29	24.82	20.95	25.44	24.96	25.67	25.82	24.88	26.71
	2	工业增加值年均增长率	%	≥15	17.47	16.33	27.47	24.54	24.87	15.77	/	16.01	15.68	15.54
物质减量与循环	3	单位工业用地工业增加值	亿元/km²	≥9	9.42	12.52	17.63	17.72	24.13	25.50	26.14	27.02	26.89	27.21
	4	单位工业增加值综合能耗	t标煤/万元	≤0.5	0.41	0.25	0.19	0.17	0.14	0.14	0.13	0.13	0.13	0.12
	5	综合能耗弹性系数	/	≤0.6	0.4	−0.55	0.28	−22.35	0.35	0.41	0.00	−0.12	0.00	−0.15
	6	单位工业增加值新鲜水耗	m³/万元	≤9	11.92	11.33	8.47	7.24	6.37	6.04	6.29	6.18	6.22	6.20
	7	新鲜水耗弹性系数	/	<0.55	0.91	0.91	0.15	−26.33	0.54	0.04	−0.49	0.01	−0.22	−0.18
	8	单位工业增加值废水排放量	t/万元	≤8	9.39	8.39	6.34	4.59	4.17	3.89	4.21	4.71	4.45	4.32
	9	单位工业增加值固废产生量	t/万元	≤0.1	0.05	0.07	0.04	0.05	0.04	0.04	0.03	0.03	0.02	0.02
	10	工业用水重复利用率	%	≥75	88.25	87.2	88.53	88.38	88.66	92.25	91.03	90.26	91.12	92.45
	11	工业固体废物综合利用率	%	≥85	88.5	86.45	88.68	86.23	85.43	86.52	86.93	87.12	87.45	88.3
污染控制	12	单位工业增加值COD排放量	kg/万元	≤1	0.95	0.90	0.65	0.55	0.37	0.34	0.28	0.22	0.29	0.31
	13	COD排放弹性系数	/	<0.3	0.42	0.82	0.05	−28.67	−0.21	−0.49	−5.92	−4.21	−3.44	−6.79

续 表

项目	序号	指标	单位	标准	2006	2007	2008	2009	2010	2011	2012	2013	2014	2015
污染控制	14	单位工业增加值SO₂排放量	kg/万元	≤1	0.82	0.66	0.35	0.21	0.05	0.05	0.04	0.04	0.03	0.04
	15	SO₂排放弹性系数	/	<0.2	0.64	0.27	−0.6	−73.93	−1.90	0.19	−7.87	−5.64	−6.77	−7.21
	16	危险废物处理处置率	%	100	100	100	100	100	100	100	100	100	100	100
	17	生活污水集中处理率	%	85	100	100	100	100	100	100	100	100	100	100
	18	生活垃圾无害化处理率	%	100	100	100	100	100	100	100	100	100	100	100
	19	废物收集和集中处理处置能力	/	具备	具备	具备	具备	具备	具备	具备	具备	具备	具备	具备
环境管理	20	环境管理制度与能力	/	完善	完善	完善	完善	完善	完善	完善	完善	完善	完善	完善
	21	生态工业信息平台的完善度	%	100	100	100	100	100	100	100	100	100	100	100
	22	园区编制环境报告书情况	期/年	1	1	1	1	1	1	1	1	1	1	1
	23	重点企业通过清洁生产审核的百分比例	%	100	100	100	100	100	100	100	100	100	100	100
	24	公众对环境满意度	%	≥90	91.3	97.8	98.3	98.9	98.9	99.0	99.1	99.1	99.3	99.3
	25	公众对生态工业的认知率	%	≥90	94.2	96.3	97.6	98.3	98.6	98.7	98.8	98.8	99.0	99.0

注：因《综合类生态工业园标准》（HJ274—2009）修改发布时间为2012年8月7日，故2011年前指标数据采用修改前的指标体系。

业比重已经达到1.9∶1,已基本实现二、三产业的协调发展。

2022年后,党的二十大报告对美丽中国建设提出了新的要求,国家和上海市层面将会针对环境保护工作出台新的政策文件,闵行区相关规划也会对环境保护目标有所提高。综合园区现状环境管理问题和未来园区发展的需要,莘庄工业园区环境管理将从原有的"先产业落地,后环境污染治理"被动管理模式转变进入"以环境管理升级引领产业经济升级,以产业经济升级加快环境质量提升,以环境质量提升助推园区绿色发展升级"的主动的环境管理新模式。

在利益相关方参与程度(C11)方面,评分总体较好。通过该园区在规划环评报告阶段的公众参与调查发现:受调查对象对于规划施的态度是积极的,对于区域经济和社会发展、环境质量改善充满期待和渴望,在有效解决关注环境问题的基础上支持莘庄工业园区的全面发展。同时,根据环评报告进行的公众参与调查结果现实,专家和政府职能部门对于规划实施的态度也是积极的,积极有效地为解决园区环境管理中存在的不足与缺失献计献策,公众参与的程度不断增强。但在评分中也有较多参与者认为"一般",主要体现在莘庄工业园区现行规划实施单位包括莘庄工业园区管委会和颛桥镇政府。双方在环境管理方面协调沟通机制不畅,导致环境管理目标不一致,缺乏统一的环保管理方案,缺乏必要的信息互通。

但程序过程(B3)表现为"较好"(评分0.39),与"一般"的表现(评分0.34)很接近,这说明园区制度在程序操作中存在问题。进一步分析,"制度的操作方法的灵活性和可行性"与"与地方原环保部门联动"两项评价表现"一般"。结合第三章相关政策分析结论以及《莘庄工业园区跟踪环境影响评价报告》，对园区内制度的程序性问题进行简要归纳。

第一，环境监管制度灵活度较差，不能及时应对新问题。由于工业区环境监管任务面广量大，但监管制度仍然停留在园区初创阶段，随着园区产业的不断升级，高新企业相继入园，将会出现新的资源环境问题，具有一定的隐蔽性。现行制度不能有效面对新出现的问题。造成的结果是公众环保诉求日趋加强，2015年环保投诉来信来访49件，是2007年的1.5倍，投诉问题多涉及高新技术污染、产业分布不科学等专业性问题。

第二，工业区与上级环保主管部门之间的环境信息传递机制不完善。闵行区环保局对工业区内的企业环境监察结果不与园区及时沟通，未形成双方有效联动，导致工业区无法及时有效发现企业环保问题。尤其是在邻边区域污染较大项目或对周边环境要求比较高的项目的招商引资、环境管理等方面，缺乏必要的协调与沟通机制。局部空间布局的不合理给产居矛盾带来隐患。虽然莘庄工业园区建立了环境保护"一企一档"环保管理档案，且档案共三套，分由闵行区环保局、工业区管委会和企业分别管理，但对于档案信息如何利用没有形成协同机制，加之园区内企业生产技术更新换代较快，与当地环境主管部门联动更需要强化，否则易造成环境污染问题的扩大化。目前莘庄工业园区现行规划实施单位包括莘庄工业区管委会和颛桥镇政府。其中莘庄工业区管委会主要负责区内北部、西部及东南部区域的管理，颛桥镇政府主要负责区内东中部及南部等区域的管理。园区和属地政府在环境管理方面缺乏有效的协调沟通机制，给园区环境管理带来了一系列问题。例如，由于园区和属地政府管理范围不同,导致环境管理目标不一致,且因缺乏必要的沟通,莘庄工业园区相关环境管理目标以及相关政策要求在颛桥镇政府管理区域内未能得到有效实施。

第三,指标目标未反映其他制度类型的影响。例如在产业结构调整方面,现有指标体系无法反映调整情况,特别是对于第二三产业之间的协调关系无法进行有效反映;在空间布局的合理性问题上,缺乏动态指标进行跟踪,虽然具备能耗数据或资源消耗类数据,但强度数据刻画方面不足,不能及时反映园区土地利用的集约程度,而园区的污染问题,很多情况下就是因为土地利用不合理;反映环境管理的指标方面过于模糊和主观,如"环境管理制度与能力""生态工业信息平台的完善度"等指标不能有效反映园区环境管理的有效程度。

3. 子场域三:"政策-行动-成本"有效性分析

在综合评价中,"人财支持"一项评价为"较好",评分达到0.9,足以说明园区参与方对于园区管委会在环保工作方面的投入相当认可。在资金投入方面,莘庄工业园区管委会设立了环保引导资金,对治污减排、中水回用示范、环保产业及资源再生利用、清洁生产、循环经济项目等重点工程和项目实施给予奖励补助,积极引导区内工业企业加大环保投入。具体而言,自2006年,莘庄工业园区逐年增加环保投入,从最初的0.84亿元上升至2015年的2.92亿元,投入增长率呈波动变化,近年有所下降,但总量呈上升状态,如图5.7所示。

在人力保障方面,2015年后莘庄工业园区管理委员会环境管理专门设置归口部门,园区发展管理办公室并下设环保科,具体负责日常环境管理工作。莘庄工业园区不断完善相关环境管理

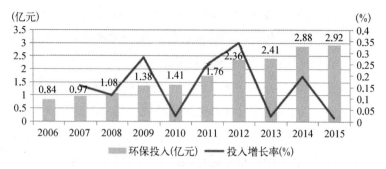

图 5.7 莘庄工业园区 2006—2015 年环保投入

制度,改进环境管理手段,提升环境管理水平。除继续严格执行已有的 8 项环境管理制度外,还着力推进园区内重点企业建立环境保护"一企一档"制度,建立环境普查制度,每年均自主实施环境普查工作,普查范围涵盖园区内所有在地生产企业。通过规范管理,莘庄工业园区内现有企业均实现了环保手续齐备,环保措施完备,以及污染源台账清晰。在 2015 年的环保投入构成中,主要分布于污染控制、生态保护建设和环保基础设施运营三方面,可以看出,由于园区不断扩大,基础设施的建设资金占比较高,如图 5.8 所示。

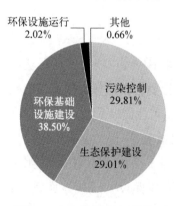

图 5.8 2015 年莘庄工业园区环保投入组成情况

在人员投入方面,自 2003 年起,莘庄工业园区管委会在规划建设环境保护办公室下设环保科,配备专职环保工作人员 7 名。2015 年已建立起 15 人的专项团队,同时建立了河道保洁、绿化养管、道路保洁、城管监察等环保辅助管理负责团队。其工作任务主要包括：日常企业巡查台账、污染源分级管理、工业区突发环境事件应急预案、环评工作手续办理、企业生产验收程序、企业环境管理体系与清洁生产审核等环境管理内容。

从效果来看，根据《莘庄工业园区环境统计年鉴》(2007—2015年)统计，该工业园区共处理各类环保投诉来信来访447件。近年来针对莘庄工业园区的环境投诉统计情况如表5.22所示。

表5.22 莘庄工业园区环境投诉情况统计

单位：件

年份	餐饮业	水污染	大气污染	噪声污染	其他	合计
2007	14	0	10	0	9	33
2008	7	0	17	0	3	27
2009	6	5	8	7	11	37
2010	19	6	17	5	9	56
2011	26	2	26	7	3	64
2012	6	8	50	21	0	85
2013	8	6	22	13	4	53
2014	6	7	14	12	4	43
2015	7	4	20	10	8	49
合计	99	38	184	75	51	447

从投诉领域来看，其类别组成主要以大气污染、餐饮业、噪声污染投诉为主，其中噪声污染核和大气污染尤为突出，与环评结论一致，具体如图5.9所示。

在公众反馈方面，根据《莘庄工业园区跟踪环境影响评价报告书》的公众参查结果，82.25%的被调查者认为环保资金和环

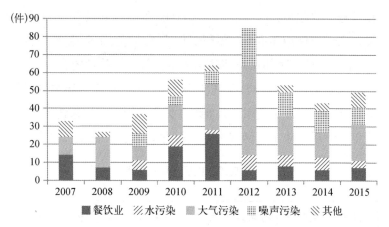

图 5.9 莘庄工业园区被环境投诉领域分布

境专职管理人员对当前的环境质量改善有促进作用,14.29%的人则认为作用不大;对于环保资金的使用,51.08%的被调查者认为应进一步细化资金使用方向,而不是笼统的投入,16.88%的被调查人员认为应该给团队配备便携式监测装备。

上述成本投入和效果反馈分析,成本有效性总体较好。但在资金使用的具体流向、人员配备后的能力建设等政策未及时跟上,随着园区规模的扩大和产业结构的转型,面对新的生产污染和工居混杂造成的污染没有"精细化"的政策,这造成成本利用并未达到最优化。

(二) 制度管理优化建议

通过对莘庄工业园区环境管理制度有效性的评价,我们基于场域视角对园区内反映的现象和制度成因进行的分析,并基于上述三个维度对园区后续制度建设和管理优化提出三个方面的建议。

1. 在"时间-空间-关系"维度

园区的动态管理应充分考虑园区内不同产业的发展阶段。

在项目准入环节进行严格把关,实现按产业功能划分引进配套企业;同时,发展生产性服务业,实现转型发展,形成产城融合。优化园区内外的空间布局问题,即"腾笼换鸟",提高单位土地资源利用率和产出率;调整工居混杂去部分区块用地类型,居民区开展动迁;进行工业园区内城中村的改造;完善工业区和居住区间绿化隔离带的建设,推进 VOCs 减排。

引导企业按照污染梯度布局。依照污染越重、风险越高的企业应该离居民区越远的原则布局。加强翔泰苑、元吉小区、北桥村未拆迁部分等敏感点周围企业的污染控制和环境管理。工业区在后续开发过程中,要充分考虑到工业区内尚存的零散居民点以及村民宅基地生活环境,尽量早搬迁。工业区应对上海星月环保服务有限公司进一步加强管理。建议落实上一轮跟踪评价规划环评及审查意见要求,在工业区后续产业结构和用地布局的优化调整过程中,优先考虑对该企业实施调整和搬迁。做好企业关停、搬迁过程管理,避免对场地造成污染。在搬迁完成之前,周边 800 米范围内禁止新建居民区、学校、医院、养老院等环境敏感建筑。在搬迁完成之前,严格控制其规模,确保大气污染物种类及排放量只减不增。区域内各类市政设施主要有道路、污水总管、变电站、雨污水泵站等,应设置一定的环境防护距离,且环境防护距离应满足《上海市控制性详细规划技术准则》(2016)的要求。在园区管理制度的关系维度,管委会可设置莘庄工业园区生态环境建设专门委员会。在已建立的生态工业园区建设领导小组基础上,与闵行区环保局、行业协会、社会组织等协调合作,同时增加公众听证委员会,包括园区内公众代表及相关技术专家。对于涉及园区制度的制定和实施,特别是重大政策、规划的编制,须由该专业委员会集体决定。此外,需建设信息数据的交流平台,依托莘庄工业园区现有的信息平台(国家生态工业园区信息交换平台),加强在数据分析和政策解读方面的工作,及时将园区的最新政策进行解读宣讲,及时将园区内出现的环境污染问题曝光,及时将园区收集的环境信息进行披露,督促企业公开环境治理信息。

2. 在"程序-目标-主体"维度

制度实施需要根据新问题进行灵活调整,完善工业园区与上级部门、企业间的环境信息传递机制。在关键性的环评审批、"三同时"验收、理性监测、"一企一档"等环境信息建设上应及时传递;健全环境监管队伍,并进行环境监管能力的考核。对重点排污企业进行全过程监管;以生态工业信息平台为基础,健全工业区环保动态管理体系和GIS管理系统,用计算机数据技术实现数据共享;完善环境信息公开。引导企业编制年度环境公报。优化公众参与机制。通过增强园区管理信息的透明度,结合新媒体宣传,设置公众开放日、公众参与委员会、重大政策听证会、企业污染举报电话等多种方式,最大程度保证公众参与园区的环境管理。尤其在园区某项制度征求意见阶段,要及时收集公众意见。

3. 在"政策-行动-成本"维度

增强政策之间的协调性,淘汰落后产能,做精"二次开发",实现以第二产业发展为主,转向二、三产业的协调发展,加快生产性服务业的发展;探索异地工业园区模式,即与内地部分土地资源相对充裕地区共建,形成"两头在内、中间在外"的产业布局。提高土地利用强度,鼓励企业建设多层标准厂房,以立体化

第五章 工业园区环境管理制度有效性评价体系构建及应用

发展模式提高土地利用率,鼓励企业通过提高土地利用率和容积率推进土地集约利用。园区的投入成本要精细化管理:应细化资金的用途并跟踪审计,对于用在治污设施和生态建设的资金要区分;对于人员投入,组成人员要多样化,需要园区相关部门的人员,包括招商、土地管理、产业发展等部门,还需要纳入地方环保主管部门的人员,这样才能发挥组合优势。

(三)综合评价结论

通过对园区各利益相关方的问卷调查和半结构式访谈,运用AHP法确定了园区制度的环境有效性各层级指标权重,通过模糊评价法对莘庄工业园区制度的环境有效性进行了综合评估,根据访谈中各方对园区制度运行的表现评价,结合2015年和2020年《莘庄工业园区跟踪环境影响评价报告书》和《上海市莘庄工业园区环境影响跟踪评价报告书》中的分析,可以得出以下四点结论。

(1)在一级指标中,"实施结果"评价为好(0.76),这主要是由于莘庄工业园区作为第一批生态工业园区试点,在制度建设方面积累了较多的经验,遵循了国家关于建设生态工业园区的标准,有明确的园区达标任务,目标的可达性比较好。"政策制定"和"信息数据""程序过程"三者做得较好,其中"程序过程"评价为较好(0.39),接近一般评分(0.34),这反映了园区制度在实施过程中还隐藏不少问题。这些有待于具体园区具体分析。

(2)在二级指标中,"数据信息的规范性"做得较好(0.5199)。这说明莘庄工业园区在数据信息的收集和文案整理方面较为正规,但"数据信息的公开性"评价一般,特别在打分环节,企业评分较低,这说明园区进行环境管理过程中针对企业的园区信息数据公开应提供专门渠道,便于同行业企业进行相互比较。

(3) 在"政策制定"环节,园区更看重"其他政策类型"对于环境的影响(0.361 7),前文提及莘庄工业园区的政策,其引入第三方服务、合同管理等自愿型环境政策较多,这说明在政策制定环节,园区更加注重托管服务,专家在评定时对于园区"其他政策"在环境影响方面表示赞同,作为生态工业园区,已开始注重产业政策、土地政策等非环境专项政策与其他政策之间的融合。

(4) 在"程序过程"环节,园区的"人、财支持"表现较好(0.204 3),在前文对园区环境管理现状进行梳理时,设置了专门的环境管理督察团队,并每年进行环保专项检查,这说明作为国家级生态工业园区,其国家规定的标准具有较强的约束性。但"与地方原环保部门联动"表现较差(0.174 8),这与之前分析工业园区与上级环保主管部门、企业之间的环境信息传递机制不完善相一致。闵行区环保局对工业园区内的企业环境监察结果等环保例行监测报告不完善,导致工业园区无法及时有效发现企业环保问题。

综合评价结果显示,莘庄工业园区制度的环境有效性表现"较好",评分为0.44。在具体指标中,"实施结果"评分最高0.76,表现为"好",其次是"政策制定"评分为0.67,表现为"较好",这说明该园区在制度的建设方面较全面科学,注重不同类型制度对于园区环境的影响,注重园区发展的阶段性和周边区域的特征。但在"制度实施"方面评分较低,为0.39,表现为"较好",具体在"制度操作方法的灵活性和可行性""与地方原环保部门联动"等两项方面表现"一般",与环评报告中所反馈的问题一致,这说明园区管理过程中"自上而下"的命令型方法过多,导致遇到新问题无法灵活处理。另外,在与地方政府的合作方面缺乏力度,虽然最终实施结果表现较好,但园区承担带动周边区域环境的功能有所减弱。

第四节 讨论与小结

通过本节研究,我们基于制度评价特点、有效性内涵研究,借鉴有关园区环境管理的评价研究,构建了基于场域视角下的园区环境管理制度的有效性评估框架和指标体系,形成了能够观察园区管理制度运行重点环节、提升园区管理效益的工具。与其他指标体系围绕资源环境要素评判不同,而是跳出"就环境指标论环境指标"的传统思维,将园区管理置于制度环境的大框架下考察,并且充分考虑了园区发展阶段和制度环境的变化,有针对性地发现根源问题,从而为综合决策服务。

本节首先阐释了选取评价体系作为园区环境管理有效性管理工具的原因、作用以及意义,对评价体系在管理中的工具理性和价值理性进行了说明,重点讨论了有效性评价对园区管理提高效能的作用。为此,我们对当前关于制度评价、环境管理评价等方面的文献进行了梳理和分析,对常见的评价框架模式、评价指标体系选择、制度有效性评估等类似研究进行了比较和归类,重点归纳了分层次评估、系统性评估、输入—输出有效性评估等框架的优势,结合前四章关于园区环境管理制度的全生命周期的各环节介绍,形成了工业园区制度的环境有效性评估框架。

由于第三章中重点讨论了场域视角下的工业园区环境管理

制度有效性内涵,本书构建的有效性评价指标要充分体现"时间-空间-关系""程序-目标-主体""政策-行动-主体"等三个维度的内涵,指标选取需要同时把握系统性、层次性和动态性等原则,将第四章识别的影响制度有效性运行的重点管理指标有机融入评价体系,最终按照制度运行的全生命周期流程,即"政策研究-政策制定-政策实施-结果绩效"流程,形成了由4项一级指标、14项二级指标、21项三级指标组成的工业园区环境管理制度有效性评价体系。

在评价体系的具体应用中,借鉴常见的指标评价打分思路,即"构建指标体系层次结构-构建判断矩阵-运用AHP法测算权重-层次排序及一致性检验-模糊评价打分-获得评价结论",基本方法选用较为成熟的层次分析法(AHP)法进行权重测算,运用模糊数学综合评价法进行打分评价。

第六章 结语

第一节 工业园区环境管理制度有效性研究中的现代化属性

通过本书的研究,园区环境管理的思路会具有更强的针对性和灵活性。更重要的是,将推动园区环境管理水平和能力的现代化转型。众所周知,工业园区的环境污染一直是地方环境保护工作中的难点,甚至可谓痛点。一方面园区是地方经济的经济引擎和纳税大户,另一方面园区又是环境污染集中区和居民投诉对象。梳理近几轮的中央生态环保督察通报的问题,可以发现工业园区、产业集聚地、大型化工类集团等成了各地环境治理难、污染整改慢的焦点。工业园区作为企业聚集地,因园区发展、生产便利等因素,往往地处市郊沿江地区,为了快速发展和吸引人流,园区的发展往往伴随的是城市化扩张、工业化扩张。许多地市级园区是由地处乡镇的小或散企业聚合转化而来,其目的是提高工业化的集约强度,形成地区产业链供应链,"抱团"开拓市场和对外交流。现实中,这些乡镇企业虽然迁入园区,但由于早期发展的需要和快速的招商引资冲动,导致未科学和长远地设计管理制度和管理构架,园区内部环境管理水平和能力明显不足,一些园区危废乱堆乱放、无组织废气直排、砂石堆场未覆盖、生产方式粗放等问题屡见不鲜。有许多针对这一问题的研究,现实实践也在不断借鉴国外生态工业园区、循环经济园区、低碳发展园区等经验,国家和地方都逐步制订了不少政策和管理办法,园区环境管理渐渐规范,环境质量取得了显著改善,园区上空的"水晶天"渐成常态,园区周围的河道逐渐变清,文化创意、生态旅游、生态康养等新兴园区形态不断涌现。

  党的二十大报告中深入表述了关于"中国式现代化"的本质要求,着重提出"促进人与自然和谐共生"。回顾过去的环境治理经验,最为深刻的感受便是我国生态环保治理的体制机制取得了巨大的完善,从十八大以来《关于加快推进生态文明建设的意见》等顶层文件的制定,到大气、水、土污染治理的"十条"陆续出台,从中央环保督察滚动推进,到污染防治攻坚战作为三大攻坚战之一的持续开展。近年来,生态环境治理的四梁八柱逐步完善,并以前所未有的力度推进生态文明建设,生态环境执法力度不断加大,地方政府和市场企业对生态环境的保护意识显著提升,可以说,环境保护成为地方发展坚守的底线,绿色发展意识成为各方自觉。由于生态环保问题形成的周期性、累积性、阶段性等特点,治理初期面临的主要是多年积累、影响社会生活较为严重的环境污染问题,通过重典治污以及自上而下的严格执法,乃至督察巡视等方式能够很好地加以解决。在解决环境问题时,部分地区操作方法上也暴露出"一刀切""一阵风"等问题,特别是当地方产业路径依赖后出现的产业青黄不接时,采取了超越地方经济发展可承受的高压措施。例如,在"碳达峰碳中和"目标提出后,为追求短期目标,部分地区甚至出现了拉闸限电的问题,对此舆论反响较强烈。从这些现象可见,进入新时代

第六章 结语

的绿色发展是为了促进经济社会高质量发展,更要体现治理水平的现代化能力。在新发展理念的推动下,比以往任何时候更需要形成高层次、现代化的环境治理格局。

鉴于长期以来我国环境治理主要通过自上而下的推动,前述这些现象的产生,可以说既是管理制度作用的结果,也是管理制度缺位的表现,研究制度之于环境管理的问题,在当下的管理语境中就显得尤为重要。本书讨论的园区环境管理制度有效性,正是以制度为研究对象,聚焦管理行为产生的根源和动机,引入场域这一社会学分析框架,尝试以更加宽广的视角分析制度研究、制订、运行、实施、调整、反馈等重要环节与环境治理之间的关系,进而从有效性层面讨论园区管理的问题和优化方式。本书的研究本质上就是讨论园区治理能力现代化和治理水平现代化的问题。总结前五章的论述,环境管理制度的有效性研究,正是契合现代化治理的要求,剖析园区管理中的现代化内涵,解剖环境管理制度的现代化维度。

第一,"时间-空间-关系"维度是宏观层次的场域,解决的是什么时候治理、什么情景下治理的问题。根据园区自身发展阶段、空间属地等寻找环境治理的时机,是针对园区特点量体裁衣式进行个性化制度设计的关键,也是体现现代化治理艺术的科学性表现。园区内的环境污染还是生态损害,都与园区内企业生产特点息息相关,都存在引发、累积、扩散、蔓延、破坏等环节,选择什么时机进行治理能够发挥最佳的效益,需要包括法规政策、环境科学、经济金融等多类知识的综合判断。环保法提出"预防为主,防治结合"的理念,便是一种治理时机选择的表述。理想的治理都是寄希望于事前预防,现实的情况却多发生"亡羊补牢"。由于环境问题的诱因和影响,受到属地自然禀赋、环境容量、风险演化等多类因素的影响,使得事前预防变得异常复杂,这也对治理的时机选择提出了更高要求,对于污染事件或生态风险刚刚露出苗头时就应该敏感地把握稍纵即逝的窗口期,利用综合团队及时预判和发力,卡准当机立断的黄金时间,日常准备中则可以通过不断总结积累污染治理的有益经验,运用大数据等信息技术监测绿色发展中的风险点、挑战点,在事件扩散蔓延的同时做好下一步态势演化的预判和情景分析。伴随时间性、空间性、关系性维度的制度有效性评估能够帮助园区环境管理因时、因地、因势瞄准治理的时机,是提高管理效能的重要依据。

第二,"程序-目标-主体"维度是中观层次的场域,解决的是谁来参与治理、怎么治理、治理什么的问题。园区治理的参与主体是保证园区环境管理制度落实的最重要力量。在最初面对资源要素约束趋紧、生态环境污染破坏严重时,园区的管委会往往发挥了主导作用,根据相关法规要求率先开启大规模环境污染治理,包括建章立制、提高标准、环保执法、区域协作,通过自上而下的行政指令能够高效督促企业闻令而动,收到立竿见影的效果。而现代化治理体系则应更多发挥市场、社会等多元主体的参与作用,利用自身对于环境问题的认识创新治理工具,弥补政府治理覆盖缺失或低效的环节,例如,近年来逐渐兴起的绿色金融、ESG风险评估、环境税、碳减排金融工具等,就是更多利用金融、投资、价格等手段,进一步识别资源环境要素的价值,通过市场配置、企业经营等优化要素配置,发掘绿色发展过程中的新技术和新业态。再如,社会参与环节中的公众参与,能够凝聚更多公众的共识,吸收民间对环境治理的创新想法,体现属地社会对环境治理的诉求。因此,在园区管理制度有效性的分析中,多元参与模式的设计、主体参与程度和路径等内容是需要重点分析的问题,这在评价体系的权重也是相对较高的。同时,园区管理对象的变化意味着生态环境内涵的深化和社会需求的更新。近年来,园区内关于生态环保、节能降碳的产业日渐壮大,许多园区形成了新的产业发展方向,产业生态化、生态产业化逐渐成为园区产业发展趋势,二十大报告中提出"加快节能降碳先进技术研发和推广应用",这说明治理的目标会更注重绿色产业的形成、激发新的产业赛道。当良好的环境质量已构成了基本的生活基础时,社会对于人居环境品质又提出了更高的要求,希望能够欣赏自然的美丽,这就对未来园区空间布局、生态修复,甚至生物多样性等治理提出了新的目标。另外,在治理工具自身建设方面,经过多年的治理实践探索,逐渐形成了法律法规、财税金融、督察执法、宣传科普等多种治理方式,单一治理方式近年来已积累了不少经验,但组合式的治理方式却是值得探索和尝试的治理方向,法规、财经、宣教等措施如何组合、各类措施组合的比例程度如何、治理参与的时机选择、哪种措施打头阵等问题,也都是中观维度中值得分析的关键问题。

第三,"政策-行动-成本"维度是微观层次的场域,解决的是将宏观、中观层次制度转化为具体措施以及制度实施的经济性问题。由于园区治理具有周期性、阶段性,会因地因时因势改变治理策略,不同的治理策略治理具有不同的成本代价,对于污染类、生态破坏类、节能降碳、资源集约等不同治理领域、对东中西不同地区的园区,同一个环境问题的解决成本也各不相同,这就涉及采用何种方式治理性价比最高的问题，也恰是治理需要精细化的典型表现。例如，同样的污水处理厂的建设运营，因各地建设财力、用地成本、用工用能成本、处理规模等不同造成建设成本也各不相同。而且，对于绿色类项目的效益评估与其他产业类、科技类、基建类项目不同，还存在对公共环境、公众满意度等多项软化指标进行评估，绿色治理效果究竟好不好，最终还是需要受众打分，因此现代化治理的成效评判，本质属于公共事业的评价，涉及公共利益，更注重治理中和治理后的评估。

第二节　关于工业园区环境管理制度有效性的研究结论

本书创新性地提出了以场域视角观察管理制度的有效性效能，以园区环境管理的制度为研究对象，跳出末端、静态、短期的管理制度绩效测度思路，厘清了园区环境管理制度场域的三层次内涵及其相互关系，并以此为理论框架对园区环境管理政策和管理模式、影响环境管理制度有效性的政策因素进行了分析，探索了空间因素对环境制度的影响机理，构建了工业园区环境管理制度的有效性评价框架及指标体系，又以上海市莘庄生态工业园区为案例进行了应用分析。在理论分析和实证研究基础上，本书得出以下三点基本结论。

第一，构建了以制度为研究主体的环境管理分析理论。本书在研究园区环境管理制度中引入了布尔迪厄社会学理论的场域概念，将园区环境管理运行过程与园区复杂的社会经济文化

第六章 结语

系统和自然环境系统进行有机结合,剖析分解出制度有效性的三个维度。本书的分析推进了工业园区环境管理效能的研究深度,突破了以往研究中主要集中于工程技术、目标考核等研究思路,综合考虑了园区环境管理制度与工业园区的管理背景、类型特点、参与模式等特征,揭示引发园区环境污染背后的制度性因素,探讨园区环境管理制度的运行机理及功能定位,构建在制度层面评估工业园区的管理制度有效与否的综合评价体系,形成了新视角下的工业园区环境管理制度的有效性理论内涵和评估体系。在场域视野下,环境管理制度与园区环境质量之间不仅仅是通过单纯的环境介质联系,而是处于特定时空区域下的社会经济环境的复合系统,相关利益方在不同的制度场域下对于生态环境问题有不同的解释话语,不同群体对于管理范式也有自己的认知图景和行为模式。基于制度场域的新视角,本书提出了工业园区环境管理制度的有效性内涵,至少包含三个层次。

第一层次是"时间-空间-关系"维度的有效性。结合对工业园区的定义、类型和发展历程,作为一类特殊的产业集聚区,园区的管理制度应体现园区发展的一系列特征,如园区产业的生命周期、园区总体的经济规模、园区的空间属地特点、园区对外关系、制度间系统性和协调性等,都会对制度的可操作性和高效运行产生影响。这个维度使得园区管理存在宏观性的制度场域,该场域自始至终影响园区制度的运行,在进行日常有效性分析时需要全程考虑。

第二层次是"程序-目标-主体"维度的有效性,即制度运行中需要明确成熟的制度程序,包括主要观察制度系统是否完备、制度系统的动态变化等内容。制度最终设置的目标是什么,即评判制度是否达到设定的环境目标等内容,这是直接反映制度成效的指标内容。制度运行参与的主体主要包括园区管理方、园区内企业主、园区周边公众、属地政府等,这些主体参与的程度,是评价程序和目标设计是否合理的前提。

第三层次是"政策-行动-成本"有效性。这一点实际融合了前两个层次的内涵,即园区制度的任何实际操作都需要付出人力与财力,这些将作为成本因素纳入有效性考察,评判是否成本最小化而管理效益最大化,且处于不同地理位置、不同发展阶段的园区,其成本付出也不尽相同,因此更需要进行成本有效性分析。

以上三个有效性层次互相联系,相互融合。

第二,基于制度场域梳理分析了园区环境管理制度的现状,对影响园区环境管理制度的有效性政策因素开展了分析和机理探索。目前的环境管理制度主要通过政策发布和管委会管理模式展开。本书基于构建的环境管理制度场域内涵,结合公共政策工具理论,收集统计国家级、省市级、园区级三级分别发布的园区政策,构建政策分析框架,对国家自 1984—2022 年发布的关于工业园区建设的 71 份重要政策进行统计分析,发现政策制定部门涉及主管部门包括原环保部、工信部、能源局、发改委等十多个部门,存在"九龙治水"等问题,而进行实际环境管理的人力与财力配备又仅由生态环境部(或原国家环保总局)一家承担,考核验收由多家单位进行;在政策结构方面,从分析结果来看,园区环境管理政策偏向于命令-控制型,其次是经济激励型,而自愿型政策较少;在政策内容中,重视信息数据在管理中的重要作用,评价方法偏重于目标导向,与园区发展过程、园区内的产业发展过程等结合不够。在对上海市以及闵行区等地方的政策统计进行分析后发现,在政策类型上,自愿型政策比例加大;在政策内容表现方面,园区管理更加重视信息数据的作用,有意识培育地区环境管理一体化,多部门协同管理力度加大。在园区自设政策中,灵活性较强并具有较强的问题导向性,具体措施可操作性强,引入第三方社会组织服务等政策增多。不足之处在于人力和财力的投入措施不多,动态管理和全程监督内容较少。

基于前人研究的成果,分析其影响园区环境有效性的因素,但各影响因素的作用方向、程度大小等均有不同程度的差异,随后通过比较不同区域的工业园区影响效果探索了影响机理。具体主要分为园区经济规模、园区产业结构、规划布局合理性、对外交流、环保资金占比、专职环保人员占比、环评执行率、环境规制、企业环境行为等9个因素,以上海25个工业园区2006—2015年的面板数据,建立计量回归模型,进行分析和解释。其中产业结构、工业用地占比、对外交流、园区级别等4个要素作为其他制度因素,环保资金投入占比、环保管理人员占比、环评执行率、废水废气处理设施运行费用、企业环境行为等5个要素作为环境类制度因素。通过全回归和分组回归,发现产业结构和工业用地占比对污染物的产生有显著性作用,环保类制度中,人员投入和资金投入显著性明显,但对于废气和废水两类污染物排放的影响方向不同,这可能与资金或人员具体投入的流向有关。在空间属性对工业园区环境管理制度有效性的影响分析中,研究发现产业类型、对外贸易、土地利用等制度因素影响显著。不同发展阶段的园区,即使面对同一环保管理政策,环境表现依然不同,这进一步说明了时间性、空间性因素对制度有效性的影响。莘庄工业园区的国家级示范作用促进了当地环保资金的投入和人员团队的建设。而环评执行率、环境规制等管制性因素影响偏弱,企业的环境行为表现影响较强,这事实上反映了企业主动进行信息公开的重要性,回应了政策文本分析中信息数据营造制度运行环境的意义。

  第三,构建了场域视角下的工业园区环境管理制度有效性评价指标体系,并以现实运行的园区管理进行了实践应用。结合第一至四章对于环境管理制度有效性的内涵分析,综合政策文本、运行模式和影响因素分析,按照"数据信息—政策制定—政策实施—结果实现"的评估流程构建了由 4 个一级指标、14 个二级指标、23 个三级指标组成的园区制度的环境有效性评估体系,将相互联系的各级指标按一定的层次组成有机整体。基于上述研究成果对环境管理专家和园区实践人员进行咨询,通过层次分析法确定各指标权重。从分析结果来看,一级指标中"程序过程"占比较大,而其中二级指标中"与地方原环保部门的联动程度""人力财力支持程度""园区动态管理评估"这三项占比位于前三位,这说明园区管理对于区域原环保部门的联合管理要求和配套的人力与财力的投入需求强烈。另外,一级指标中排权重第二位的"政策制定"中,"其他政策对环境的影响"权重最大,可见产业制度、土地制度等会直接影响工业园区的环境变化,较之于环境制度更具有源头性,因此在园区的实际管理中宜进行分类处理比较绩效。在此基础上,采用模糊综合评价对实例进行了定量化评价,结合园区实际,对评价目标得出了综合评价结论。

第三节　未来工业园区环境管理研究和实践的挑战与展望

虽然本书提出了分析园区环境管理制度的新视角,也提出了一套评价的体系作为管理工具。但由于数据量、案例应用等局限,仍存在不少方面有待改进和完善。

第一,制度场域与环境绩效之间的交互性,仍需值得更加深入的探讨。本研究仅提出了三个制度子场域会影响环境绩效的问题,但鉴于园区制度类型的多样性、污染物的多样性,目前在讨论影响程度时,仅将 SO_2 和 COD 等作为污染变量,主要是考虑数据的可得性和权威性(均为当时总量控制指标),对其他刻画园区污染的污染物未作考虑,未来研究需要进一步考虑更多制度类型和更多污染物变量之间关系,能够进一步全面表征园区制度对于环境效率的影响。且目前只是从已有文献中总结了一部分影响因素,尚未对哪些是根本影响因素,各解释变量之间是否存在内在联系等问题进行深入分析,特别是讨论各项制度之间的相容性和协调性,尚未找到合适的量化指标进行分析,这有待于相关理论和方法的突破,也将是下一步研究的重点。

第二,指标体系和权重的普适性值得采用更加广泛的样板案例进行验证。在指标体系的权重测算中,现有指标权重通过专家打分确定,虽然在一定程度上代表了各指标重要性,但真实的制度运行环境涉及变量更多,且关联度更加复杂,制度因素影响有效性的路径也不同,这些值得后续更加深入的研究。未来研究中可增加发展相似的园区比较分析，如选择产业特征、区位特征、发展阶段等因素相似的园区样本进行比较，通过在同一个时间周期内运用本书的有效性体系，评判制度是否优化了管理模式、是否优化了园区环境质量，这样得出的结论能更直观地反映有效性指标体系的价值。

第三，制度场域下的园区环境管理的多元参与机制和各维度之间的关系需要进行机制研究。在多元参与的模式分析中，本书研究仅停留在参与主体、参与时机的分析，对参与时序、参与规则、应急参与等问题缺乏深入的分析。同时，制度的运行应兼具公平正义，即环境风险分担和损害补偿是否公平，体现了环境正义。公平性，一方面体现在不同区域、不同群体之间的平等；另一方面，公平性意味着对某一主体而言，其风险分担与收益分配是对称的，其风险责任与权益之间是对等的，这些都有待于在制度场域的语境下进行更深入的研究。

以上这些问题，未来将结合相关研究与工作实践再深入解决。

附录

附录1　国家生态工业示范园区名单（截至2022年12月）

序　号	名　　称	批准时间
1	苏州工业园区	2008年3月31日
2	苏州高新技术产业开发区	2008年3月31日
3	天津经济技术开发区	2008年3月31日
4	无锡新区（高新技术产业开发区）	2010年4月1日
5	烟台经济技术开发区	2010年4月1日
6	山东潍坊滨海经济开发区	2010年4月1日
7	上海市莘庄工业区	2010年8月26日
8	日照经济技术开发区	2010年8月26日
9	昆山经济技术开发区	2010年11月29日
10	张家港保税区暨扬子江国际化学工业园	2010年11月29日
11	扬州经济技术开发区	2010年11月29日
12	上海金桥出口加工区	2011年4月2日
13	北京经济技术开发区	2011年4月25日

续 表

序号	名　称	批准时间
14	广州开发区	2011年12月5日
15	南京经济技术开发区	2012年3月19日
16	天津滨海高新技术产业开发区华苑科技园	2012年12月26日
17	上海漕河泾新兴技术开发区	2012年12月26日
18	上海化学工业经济技开发区	2013年2月6日
19	山东阳谷祥光生态工业园区	2013年2月6日
20	临沂经济技术开发区	2013年2月6日
21	江苏常州钟楼经济开发区	2013年9月15日
22	江阴高新技术产业开发区	2013年9月15日
23	沈阳经济技术开发区	2014年1月10日
24	宁波经济技术开发区	2014年3月20日
25	上海张江高科技园区	2014年3月20日
26	上海闵行经济技术开发区	2014年3月20日
27	徐州经济技术开发区	2014年9月30日
28	南京高新技术产业开发区	2014年9月30日
29	合肥高新技术产业开发区	2014年9月30日
30	青岛高新技术产业开发区	2014年9月30日
31	常州国家高新技术产业开发区	2014年12月25日
32	常熟经济技术开发区	2014年12月25日
33	南通经济技术开发区	2014年12月25日
34	宁波高新技术产业开发区	2015年7月31日

续 表

序 号	名 称	批准时间
35	杭州经济技术开发区	2015年7月31日
36	福州经济技术开发区	2015年7月31日
37	上海市市北高新技术服务业园区	2016年8月3日
38	江苏武进经济开发区	2016年8月3日
39	武进国家高新技术产业开发区	2016年8月3日
40	南京江宁经济技术开发区	2016年8月3日
41	长沙经济技术开发区	2016年8月3日
42	温州经济技术开发区	2016年8月22日
43	扬州维扬经济开发区	2016年8月22日
44	盐城经济技术开发区	2016年8月22日
45	连云港经济技术开发区	2016年11月29日
46	淮安经济技术开发区	2016年11月29日
47	郑州经济技术开发区	2016年11月29日
48	长春汽车经济技术开发区	2016年11月29日
49	西安高新技术产业开发区	2018年3月30日
50	廊坊经济技术开发区	2018年3月30日
51	乌鲁木齐经济技术开发区	2018年3月30日
52	上海市工业综合开发区	2019年7月12日
53	上海青浦工业园区	2019年7月12日
54	国家东中西区域合作示范区(连云港徐圩新区)	2019年7月12日
55	成都经济技术开发区	2019年7月12日

续 表

序 号	名　　称	批 准 时 间
56	芜湖经济技术开发区	2020年12月21日
57	嘉兴港区	2020年12月21日
58	珠海高新技术产业开发区	2020年12月21日
59	潍坊经济开发区	2020年12月21日
60	山东鲁北企业集团	2020年12月21日
61	青岛经济技术开发区	2020年12月21日
62	昆山高新技术产业开发区	2020年12月21日
63	昆明经济技术开发区	2020年12月21日
64	天津子牙经济技术开发区	2020年12月21日
65	贵阳经济技术开发区	2020年12月21日
66	张家港经济技术开发区	2022年11月25日
67	吴中经济技术开发区	2022年11月25日
68	杭州湾上虞经济技术开发区	2022年11月25日
69	合肥经济技术开发区	2022年11月25日
70	广州南沙经济技术开发区	2022年11月25日
71	长春经济技术开发区	2022年11月25日
72	锡山经济技术开发区	2022年11月25日
73	天津港保税区暨空港经济区	2022年11月25日

附录 2　上海市 104 工业地块（97 个园区）

所属区县	园区名称	所属区县	园区名称
普陀区	桃浦工业园区	闵行区	欣梅城镇工业地块
徐汇区	漕河泾新兴技术开发区		上海闵行出口加工区
闸北区	市北工业园区		向阳工业区
宝山区	宝山钢铁基地		航天科技产业园
	宝山城市工业园区	松江区	松江工业区
	顾村工业园区		松江工业区洞泾分区
	宝山工业园区		永丰城镇工业地块
	罗店工业园区		九亭高科技工业园
	吴淞工业园区		泗泾城镇工业地块
	月杨工业区		松江工业区石湖荡分区
闵行区	闵北工业区		九亭城镇工业地块
	闵行经济技术开发区		漕河泾开发区松江园区
	马桥城镇工业地块	金山区	金山第二工业区
	漕河泾开发区浦江园区		枫泾工业区
	莘庄工业区		亭林城镇工业地块
	吴泾工业基地		张堰工业区
	浦江镇城镇工业地块		金山工业区

261

续　表

所属区县	园　区　名　称	所属区县	园　区　名　称
金山区	金山石化基地	奉贤区	泰顺城镇工业地块
	松隐城镇工业地块		头桥城镇工业地块
	干巷城镇工业地块		临港物流园区奉贤分区
	朱泾工业园区	青浦区	朱家角工业开发区
	兴塔工业区		青浦工业园区
	廊下城镇工业地块		华新镇工业开发区
奉贤区	上海化学工业区		练塘镇工业开发区
	星火开发区		徐泾镇工业开发区
	奉城经济园区		白鹤镇工业开发区
	海港综合开发区城镇工业地块		金泽城镇工业地块
			商榻城镇工业地块
	工业综合开发区	嘉定区	安亭汽车产业基地
	奉贤现代农业园区		外冈城镇工业地块
	四团城镇工业地块		国际汽车城零部件配套园区
	庄行城镇工业地块		嘉定工业区
	邬桥城镇工业地块		南翔工业园区
	杨王城镇工业地块		徐行工业园区
	金汇城镇工业地块		黄渡工业园区
	化学工业区奉贤分区		南翔城镇工业园区
	临海城镇工业地块		嘉定工业区马陆园区
	青港经济园区		华亭城镇工业地块

续 表

所属区县	园区名称	所属区县	园区名称
浦东新区	浦东新区机场经济园区	浦东新区	宜城城镇工业地块
	金桥出口加工区		外高桥保税区
	张江高科技园区		临港主产业基地
	高桥老工业基地城镇工业地块		川沙经济园区
			曹路城镇工业地块
	北蔡城镇工业地块		飞机总装基地
	康桥工业区		洋山保税港区
	临港重装备产业基地		祝桥空港工业区
	合庆经济园区	崇明区	长兴海洋装备基地
	六灶城镇工业地块	崇明工业园区	富盛开发区
	老港化工工业区		
	南汇工业区		

附录3　工业园区环境保护相关法律法规政策收录

编号	名　　称	发文单位	实施时间
相关法律名称			
1	《中华人民共和国环境保护法》	全国人大	2015年1月1日
2	《中华人民共和国环境影响评价法》	全国人大	2003年9月1日
3	《中华人民共和国环境噪声污染防治法》	全国人大	1997年3月1日
4	《中华人民共和国大气污染防治法》	全国人大	2000年9月1日
5	《中华人民共和国水污染防治法》	全国人大	2008年6月1日
6	《中华人民共和国固体废弃物污染环境防治法》	全国人大	2013年6月29日
7	《中华人民共和国土地管理法》	全国人大	2004年8月28日
8	《中华人民共和国城乡规划法》	全国人大	2008年1月1日
9	《中华人民共和国节约能源法》	全国人大	2008年4月1日
10	《中华人民共和国循环经济促进法》	全国人大	2009年1月1日
11	《中华人民共和国清洁生产促进法》	全国人大	2012年7月1日
相关行政法规和法规性文件			
1	《国务院关于环境保护若干问题的决定》	国务院	1996年8月3日
2	《中共中央国务院关于加快推进生态文明建设的意见》	中共中央、国务院	2015年4月25日

续 表

编号	名 称	发文单位	实施时间
3	《规划环境影响评价条例》	中共中央、国务院	2009年10月1日
4	《建设项目环境保护管理条例》	国务院	1998年11月29日
5	《建设项目环境影响评价分类管理名录》	原环保部	2015年6月1日
6	《城镇排水与污水处理条例》	国务院	2014年1月1日
7	《危险化学品安全管理条例》	国务院	2011年12月1日
8	《危险化学品目录(2015年版)》*	原环保部	2015年5月1日
9	《国家危险废物名录》(2008年版)*	原环保部、发改委	2008年8月1日
10	《国务院关于落实科学发展观加强环境保护的决定》	国务院	2005年12月3日
11	《关于印发〈突发环境事件应急预案管理暂行办法〉的通知》*	原环保部	2010年9月28日
12	《关于印发〈国家环境保护"十二五"规划〉的通知》*	国务院	2011年12月15日
13	《国务院关于加强环境保护重点工作的意见》	国务院	2011年10月17日
14	《关于加强开发区区域环境影响评价有关问题的通知》	国务院	2002年12月6日
15	《关于进一步做好规划环境影响评价工作的通知》	原环保部	2006年9月25日
16	《关于加强产业园区规划环境影响评价有关工作的通知》	原环保部	2011年3月2日
17	《关于进一步加强规划环境影响评价工作的通知》	原环保部	2011年8月11日

续 表

编号	名　称	发文单位	实施时间
18	《关于进一步加强环境影响评价管理防范环境风险的通知》	原环保部	2012年7月3日
19	《关于加强风险防范严格环境影响评价管理的通知》	原环保部	2012年8月8日
20	《大气污染防治行动计划》	国务院	2003年9月10日
21	《关于印发〈重点区域大气污染防治"十二五"规划〉的通知》*	原环保部	2012年10月29日
22	《关于印发〈化学品环境风险防控"十二五"规划〉的通知》*	原环保部	2013年2月7日
23	《环境影响评价公众参与暂行办法》	原环保部	2006年3月18日
24	《电磁辐射环境保护管理办法》	原环保局	1997年3月25日
25	《产业结构调整指导目录(2011年本)》(修正)*	发改委	2013年5月1日
26	《外商投资产业指导目录(2015年修订)》	发改委、商务部	2015年4月10日
27	《产业转移指导目录(2012年本)》*	工信部	2012年7月26日
28	《国务院关于加快推进产能过剩行业结构调整的通知》	国务院	2006年3月12日
29	《关于进一步加强工业节水工作的意见》	国务院	2011年8月31日
30	《国务院关于印发"十二五"节能减排综合性工作方案的通知》*	国务院	2011年8月31日
31	《关于发布〈建设项目环境影响报告书简本编制要求〉的公告》	原环保部	2012年8月15日
32	《关于执行大气污染物特别排放限值的公告》	原环保部	2013年2月27日

续 表

编号	名 称	发文单位	实施时间
33	《挥发性有机物（VOCs）污染防治技术政策》	原环保部	2013年5月24日
34	《关于加强重金属污染环境监测工作的意见》	原环保部	2011年5月3日
35	《关于印发〈企业突发环境事件风险评估指南（试行）〉的通知》	原环保部	2015年1月8日
36	《企业事业单位环境信息公开办法》	原环保部	2014年12月19日
37	《建设项目主要污染物排放总量指标审核及管理暂行办法》	原环保部	2014年12月30日
38	《石化行业挥发性有机物综合整治方案》	原环保部	2014年12月5日
39	《工业园区循环经济管理通则》	国家标准化管理委员会	2014年12月22日
41	《关于切实做好企业搬迁过程中环境污染防治工作的通知》	原环保部	2004年6月1日
42	《关于保障工业企业场地再开发利用环境安全的通知》	原环保部	2012年11月26日
43	《关于加强工业企业关停、搬迁及原址场地再开发利用过程中污染防治工作的通知》	原环保部	2014年5月14日
上海市环境保护法规政策规章			
1	《上海市实施〈中华人民共和国环境影响评价法〉办法》	上海市政府	2004年7月1日
2	《上海市环境保护条例》	上海人大	2006年5月1日
3	《上海市危险化学品安全管理办法》	上海市政府	2010年12月20日
4	《上海市大气污染防治条例》	上海人大	2014年10月1日

续 表

编号	名称	发文单位	实施时间
5	《上海市扬尘污染防治管理办法》	上海市政府	2004年7月1日
6	《上海市危险废物污染防治办法》	上海市政府	2002年11月18日
7	《上海市固定源噪声污染控制管理办法》	上海市政府	2004年6月24日
8	《上海市社会生活噪声污染防治办法》	上海市政府	2013年3月1日
9	《上海市饮食服务业环境污染防治管理办法》	上海市政府	2004年1月1日
10	《上海市餐厨垃圾处理管理办法》	上海市政府	2010年12月20日
11	《上海市人民政府办公厅关于转发市安全监管局制订的〈上海市禁止、限制和控制危险化学品目录(第二批)〉的通知》*	上海市政府	2014年6月11日
12	《上海市人民政府关于贯彻〈国务院关于落实科学发展观加强环境保护的决定〉的意见》	上海市政府	2006年8月1日
13	《原上海市环保局关于开展本市产业园区规划环评和跟踪评价的通知》	原上海市环保局	2012年8月30日
14	《上海市环境保护局关于发布本市产业园区规划环评及跟踪评价报告编制技术要求(2013年版)》*	原上海市环保局	2013年5月24日
15	《上海市环境保护局关于落实环境保护部〈关于切实加强风险防范严格环境影响评价管理的通知〉有关工作的通知》	原上海市环保局	2012年8月8日
16	《上海市环境保护局关于发布〈关于开展环境影响评价公众参与活动的指导意见(2013年版)〉的通知》*	原上海市环保局	2013年5月7日
17	《关于进一步完善环评公众参与中信息发布工作的通知》	原上海市环保局	2010年1月29日

续 表

编号	名 称	发文单位	实施时间
18	《上海工业及生产性服务业指导目录和布局指南(2014年版)》*	上海市政府	2014年6月14日
19	《上海产业结构调整负面清单及能效指南(2014版)》*	上海市政府	2014年6月14日
20	《上海产业发展重点支持目录(2008)》*	上海市政府	2008年8月26日
21	《上海市清洁空气行动计划(2013-2017)》*	原上海市环保局	2013年11月7日
22	《上海市工业区转型升级三年行动计划(2013-2015年)》*	上海市政府	2013年10月8日
23	《上海市人民政府关于印发〈上海市节能减排工作实施方案〉的通知》	上海市政府	2007年8月7日
24	《关于印发〈本市"十二五"期间建设项目主要污染物总量控制的实施意见(试行)〉的通知》*	原上海市环保局	2012年1月4日
25	《上海市"无燃煤区"、"基本无燃煤区"区划和实施方案(2011-2015年)》*	原上海市环保局	2012年5月2日
26	《上海市环境保护局关于本市实施环境保护部〈关于发布《建设项目环境影响报告书简本编制要求》的公告〉有关事项的通知》	原上海市环保局	2012年10月25日
27	《上海市环境保护局关于印发〈本市"十二五"期间建设项目环评文件主要污染物总量减排核算细则〉的通知》	原上海市环保局	2012年10月25日
28	《上海市环境保护局关于加强本市重点行业挥发性有机物(VOCs)污染防治工作的通知》	原上海市环保局	2012年10月31日
29	《上海市控制性详细规划技术准则》	上海市政府	2011年6月17日

注：* 为已失效文件。

附录4　工业园区的环境目标导向型的评价指标体系(以莘庄工业园区为例)

序号	一级指标	二级指标
1	环境质量保护	环境空气质量
2		地表水环境质量
3		地下水环境质量
4		声环境质量
5		土壤环境质量
6	污染控制	大气污染物二氧化硫管理总量控制目标(吨)
7		大气污染物氮氧化物管理总量控制目标(吨)
8		化学需氧量管理总量控制目标(吨)
9		氨氮管理总量控制目标(吨)
10		建成区污水纳管率(%)
11		工业固体废物处置利用率(%)
12		危险废物无害化处置率(%)
13		生活垃圾密闭化运输率(%)
14		生活垃圾无害化处置率(%)
15		环保重点监管工业企业污染物排放稳定达标率

续 表

序号	一级指标	二级指标
16	资源利用和清洁生产	万元工业产值能耗(吨标煤)
17		万元工业增加值用水量(立方米)
18		规模以上企业节水型企业(单位)户数覆盖率(%)
19		清洁能源利用率(%)
20		其他水源替代水资源利用比例(%)
21		工业用水重复利用率(%)
22		污水处理回用率(%)
23	环境管理	环境管理机构
24		环境管理制度与能力
25		环境质量监测计划
26		投资项目能耗审核制度
27		投资项目清洁生产审核制度
28		环境风险应急预案
29		一企一档制度

附录5 国家生态工业示范园区评价指标体系

原环保部发布《国家生态工业示范园区标准》(HJ 274-2015),自2016年1月1日起实施,具体内容可在环境保护部网站(bz.mep.gov.cn)查询。

分类	序号	指　　标	单位	要　求	备　注
经济发展	1	高新技术企业工业总产值占园区工业总产值比例	%	≥30	4项指标至少选择1项达标
经济发展	2	人均工业增加值	万元/人	≥15	4项指标至少选择1项达标
经济发展	3	园区工业增加值三年年均增长率	%	≥15	4项指标至少选择1项达标
经济发展	4	资源再生利用产业增加值占园区工业增加值比例	%	≥30	4项指标至少选择1项达标
产业共生	5	建设规划实施后新增构建生态工业链项目数量	个	≥6	必选
产业共生	6	工业固体废物综合利用率	%	≥70	2项指标至少选择1项达标
产业共生	7	再生资源循环利用率	%	≥80	2项指标至少选择1项达标
资源节约	8	单位工业用地面积工业增加值	亿元/平方公里	≥9	2项指标至少选择1项达标
资源节约	9	单位工业用地面积工业增加值三年平均增长率	%	≥6	2项指标至少选择1项达标
资源节约	10	综合能耗弹性系数	/	当园区工业增加值建设期年均增长率>0,≤0.6 当园区工业增加值建设期年均增长率<0,≥0.6	必选

续 表

分类	序号	指　　标	单位	要　求	备注
资源节约	11	单位工业增加值综合能耗	吨标煤/万元	≤0.5	2项指标至少选择1项达标
	12	可再生能源使用比例	%	≥9	
	13	新鲜水耗弹性系数	/	当园区工业增加值建设期年均增长率＞0，≤0.55 当园区工业增加值建设期年均增长率＜0，≥0.55	必选
	14	单位工业增加值新鲜水耗	立方米/万元	≤8	3项指标至少选择1项达标
	15	工业用水重复利用率	%	≥75	
	16	再生水(中水)回用率	%	缺水城市达到20%以上；京津冀区域达到30%以上；其他地区达到10%以上	
环境保护	17	工业园区重点污染源稳定排放达标情况	%	达标	必选
	18	工业园区国家重点污染物排放总量控制指标及地方特征污染物排放总量控制指标完成情况	/	全部完成	必选
	19	工业园区内企事业单位发生特别重大、重大突发环境事件数量	/	0	必选
	20	环境管理能力完善度	%	100	必选

续 表

分类	序号	指标	单位	要求	备注
环境保护	21	工业园区重点企业清洁生产审核实施率	%	100	必选
	22	污水集中处理设施	/	具备	必选
	23	园区环境风险防控体系建设完善度	%	100	必选
	24	工业固体废物（含危险废物）处置利用率	%	100	必选
	25	主要污染物排放弹性系数	/	当园区工业增加值建设期年均增长率＞0，≤0.3 当园区工业增加值建设期年均增长率＜0，≥0.3	必选
	26	单位工业增加值二氧化碳排放量年均削减率	%	≥3	必选
	27	单位工业增加值废水排放量	吨/万元	≤7	2项指标至少选择1项达标
	28	单位工业增加值固废产生量	吨/万元	≤0.1	
	29	绿化覆盖率	%	≥15	必选
信息公开	30	重点企业环境信息公开率	%	100	必选
	31	生态工信息平台完善程度	%	100	必选
	32	生态工业主题宣传活动	次/年	≥2	必选

附录6 我国常见的工业园区环境标准比较

项目	综合类生态工业园区标准(HJ/T274-2006)	行业类生态工业园区标准(HJ/T273-2006)	ISO14000国家示范区创建标准及评价方法
经济发展类	人均工业增加值≥15	工业增加值增长率≥12%	
物质减量与循环类	单位工业用地工业增加值≥9		大力推行节能、节水措施，单位GDP能耗和单位GDP用水量明显低于全国平均水平，且逐年降低
	单位工业增加值综合能耗(标煤)≤0.5	单位工业增加值综合能耗(标煤)(达到同行业国际先进水平)	
	综合能耗弹性系数＜0.6		
	单位工业增加值新鲜水耗≤9	单位工业增加值新鲜水耗(达到同行业国内先进水平)	
	新鲜水耗弹性系数＜0.55		
	单位工业增加值废水产生量≤8	单位工业增加值废水产生量(达到同行业国内先进水平)	
	单位工业增加值固废产生量≤0.1		
	工业用水重复利用率≥75%	工业用水重复利用率(达到同行业国内先进水平)	
	工业固体废物综合利用率≥85%	工业固体废物综合利用率(达到同行业国内先进水平)	工业固体废弃物综合利用率≥70%

续表

项目	综合类生态工业园区标准(HJ/T274-2006)	行业类生态工业园区标准(HJ/T273-2006)	ISO14000国家示范区创建标准及评价方法
污染控制类	单位工业增加值COD排放量≤1	单位工业增加值COD排放量(达到同行业国内先进水平)	环境空气质量达到环境规划的要求,且不断改善。使用清洁能源,减少尾气排放
	COD排放弹性系数<0.3		
	单位工业增加值SO_2排放量≤1	单位工业增加值SO_2排放量(达到同行业国内先进水平)	
	SO_2排放弹性系数<0.2		
	危险废物处理处置率100%	危险废物处理处置率100%	
		行业特征污染物排放总量(低于总量控制指标)	
		行业特征污染物排放达标率(100%)	
	生活污水集中处理率≥85%		城市污水集中处理率≥80%,并逐年提高
	生活垃圾无害化处理率100%		生活垃圾无害化处理率≥80%
	废物收集和集中处理处置能力(具备)	废物收集系统(具备)	危险废物安全处理率100%
		废物集中处理处置设施(具备)	建立有效的固体废弃物回收处理处置机制
园区管理类	环境管理制度与能力(完善)	环境管理制度(完善)	完善的环境管理体系,持续改进
		工艺技术水平(达到同行业国内先进水平)	
	生态工业信息平台的完善度(100%)	信息平台的完善度(100%)	为环境管理及目标的实现提供必要的资源

续　表

项目	综合类生态工业园区标准(HJ/T274-2006)	行业类生态工业园区标准(HJ/T273-2006)	ISO14000国家示范区创建标准及评价方法
园区管理类	园区编写环境报告书情况(期/年)	园区编写环境报告书情况(期/年)	园区实施区域环境影响评价
	重点企业清洁生产审核实施率100%		
	公众对环境满意≥90%	周边社区对园区满意度≥90%	
	公众对生态工业的认知率≥90%		区域内公众对环境的满意≥85%
		职工对生态工业的认知率≥90%	

附录 7　本书涉及的 25 个上海工业园区样本一览表

序号	园区名称	成立年份	级别	所在地区
1	金桥出口加工园区	1990 年	国家级	浦东新区
2	张江高科技园区	1992 年	国家级	浦东新区
3	漕河泾新兴技术开发区	1988 年	国家级	徐汇区和闵行区
4	闵行经济技术开发区	1983 年	国家级	闵行区
5	上海闵行出口加工区	2003 年	国家级	奉贤区
6	上海紫竹科学园区	2001 年	市级	闵行区
7	市北工业园区	1992 年	市级	闸北区
8	顾村工业园区	2006 年	市级	宝山区
9	宝山工业园区	2003 年	市级	宝山区
10	莘庄工业区	1995 年	市级	闵行区
11	金山第二工业区	2006 年	市级	金山区
12	金山工业区	1996 年	市级	金山区
13	嘉定工业区	1992 年	市级	嘉定区
14	康桥工业区	1992 年	市级	浦东新区
15	南汇工业区	1994 年	市级	浦东新区
16	外高桥保税区	1990 年	市级	浦东新区
17	洋山保税港区	2005 年	市级	浦东新区

续 表

序号	园区名称	成立年份	级别	所在地区
18	崇明工业园区	1996年	市级	崇明区
19	川沙经济园区	2001年	市级	浦东新区
20	朱家角工业开发区	2008年	市级	青浦区
21	青港经济园区	1998年	市级	奉贤区
22	奉城工业园区	2006年	市级	奉贤区
23	星火工业园区	1984年	市级	浦东新区
24	四团工业园区	1997年	市级	奉贤区
25	松江工业区	1992年	市级	松江区

参考文献

英文文献

[1] Alasdair Bowie. The political economy of Singapore's industrialization: national state and international capital[J]. The Journal of Asian Studies, 1990, 49(2): 442-443.

[2] Andrew C. Inkpen, Wang Pien. An examination of collaboration and knowledge transfer: China-Singapore Suzhou Industrial Park [J]. Journal of Management Studies, 2006. 43(4): 779-811.

[3] Anton Sizo, Bram Noble, Scott Bell. Futures analysis of urban land use and wetland change in Saskatoon, Canada: an application in strategic environmental assessment[J]. Sustainability, 2015, 7(1): 811-830.

[4] Arild Underdal, Helmut Breitmeier, Arild Underdal, Oran R. Young. The effectiveness of international environmental regimes: comparing and contrasting findings from quantitative research[J]. International Studies Review, 2011, 13 (4): 579-605.

[5] Berkel R. V., Fujita T., Hashimoto S. Quantitative assessment of urban and industrial symbiosis in Kawasaki, Japan[J]. Environmental Science & Technology, 2009, 43(5): 1271-1281.

[6] Bernauer T. The effect of international environmental institutions: how we might learn more[J]. International Organization, 1995, 49(2): 351-377.

[7] Birol F., Keppler J. H. Prices, technology development and the rebound effect[J]. Energy Policy, 2000, 28(7): 457-469.

[8] Boddy M. Geography economics and urban competitivenes a critiques

[J]. Urban Studies, 1999, 36(6): 811-842.

[9] Brouhle K., Griffiths C., Wolverton A. Evaluating the role of EPA policy levers: an examination of a voluntary program and regulatory threat in the meta-finishing industry[J]. Journal Environmental Economics and Management, 2009, 57: 166-181.

[10] Chanchitpricha Chaunjit, Fischer Thomas B. The role of impact assessment in the development of urban green infrastructure: a review of EIA and SEA practices in Thailand[J]. Impact Assessment and Project Appraisal, 2022, 40(3): 191-201.

[11] Chertow M. R., Lombardi D. R. Quantifying economic and environmental benefits of co-located firms[J]. Environmental Science & Technology, 2005, 39(17): 6535-6541.

[12] Chertow M. R. Industrial symbiosis: literature and taxonomy[J]. Annual Review of Energy and the Environment, 2000, 25(1): 313-337.

[13] Colapinto C. A way to foster innovation: a venture capital district from Silicon Valley and Route 128 to Waterloo Region[J]. International Review of Economics, 2007, 54(3): 319-343.

[14] CôTé R., Hall J. Industrial parks as ecosystems[J]. Journal of Cleaner Production, 1995, 3(2): 41-46.

[15] D. J. Richards, B. R. Allen. Industrial metabolism theory and policy in the greening of industrial ecosystems [M]. National Academy of Science, 1995.

[16] David Annandale. Developing and evaluating environmental impact assessment systems for small developing countries[J]. Impact Assessment and Project Appraisal, 2001, 19(3): 187-193.

[17] DTi B. U. Energy white paper: Our energy future—creating a low carbon economy[J]. Journal of Low Carbon Economy, 2013, 2(3): 103-110.

[18] EUROSTAT. Economy-wide material flow accounts and derived indicators[R]. A Methodological Guide, 2001.

[19] F. Pyke, W. Segenberge. Industrial districts and local economic regeneration[C]. Geneva: International Institute for labor studies, 1992.

[20] Fei Han, Junming Li. Assessing impacts and determinants of China's environmental protection tax on improving air quality at provincial level based on Bayesian statistics [J]. Journal of Environmental Management. 2020, 271: 111017.

[21] Feng Li, Xusheng Liu, Dan Hu, Rusong Wang, Wenrui Yang, Dong Li, Dan Zhao. Measurement indicators and an evaluation approach for assessing urban sustainable development: a case study for China's Jining City[J]. Landscape and Urban Planning, 2008, 90(3): 134-142.

[22] Ferreira do Vale Helder. Global environmental governance in a changing world order[J]. International Studies Review, 2020, 22(1): 173-175.

[23] Fischer T. B., Seaton K. Strategic environmental assessment: effective planning instrument or lost concept? [J]. Planning Practice and Research, 2002, 17(1): 31-44.

[24] Fogal S. L., Biondini G., Kath W. L. The Marshallian district as a socio-economic notion[M]. Perspectives on Political Science, 1990.

[25] Folch Calvo Martin, Brocal Fernández Francisco, González Gaya Cristina, Sebastián Miguel A. Analysis and characterization of risk methodologies applied to industrial parks[J]. Sustainability, 2020, 12(18): 7294-7294.

[26] Frosch R. A. The industrial ecology of the 21st Century[J]. Scientific American, 1995, 273(3): 178-181.

[27] Guo Yang, Zhou Mi. Carbon mitigation and environmental co-benefits of a clean energy transition in China's industrial parks[J]. Environmental Science & Technology. Volume, Issue . 2023, DOI: 10.1021/ACS.EST.2C05725.

[28] Hardi P., Barg Hodge T., Printer L. Measuring sustainable development: review of current practice[J]. Ottawa: Industry

Canada, 1997.

[29] Hongbo Liu, Huannan Wang, Xia Zhou, Jilin Fan, Yunfeng Liu, Yongkui Yang. A comprehensive index for evaluating and enhancing effective wastewater treatment in two industrial parks in China[J]. Journal of Cleaner Production, 2019, 230: 854-861.

[30] I. Dombrowsky. Institutional design and regime effectiveness in transboundary river management — the Elbe water quality regime[J]. Hydrology and Earth System Sciences, 2008, 12(1): 223-238.

[31] J. J. Kessler, H. Abaza. United nations environment programme's approach to integrated assessment of trade-related policies: evolution and recent progress[J]. Impact Assessment and Project Appraisal, 2006, 24(4): 273-283.

[32] Jan Börner, Kathy Baylis, Esteve Corbera, Driss Ezzine-de-Blas, Jordi Honey-Rosés, Martin Persson, Sven Wunder. The effectiveness of payments for environmental services[J]. World Development, 2017, 96: 359-374.

[33] Jim Haywood, Michael Schulz. Causes of the reduction in uncertainty in the anthropogenicradiative forcing of climate between IPCC (2001) and IPCC (2007)[J]. Geophysical Research Letters, 2007, 34 (20): L20701-1-L20701-5

[34] Jinping Tian, Wei Liu, Binjie Lai, Xing Li, Lujun Chen. Study of the performance of eco-industrial park development in China[J]. Journal of Cleaner Production, 2014, 64: 486-494.

[35] Jordan A., Wurzel R., Zito A. R. "New" instruments of environmental governance? national experiences and prospects [M]. London: Frank Cass Publishers, 2003.

[36] Jose A., Lee S-M. Environmental reporting of global corporations: a content analysis based on website disclosures[J]. Journal of Business Ethics, 2007, 72(4): 307-321.

[37] Kaldor, N. Welfare. Propositions of economics and interpersonal comparisons of utility[J]. Economics Journal, 1939, 49: 549-552.

[38] Lowe E. A. Discovering industrial ecology: an executive briefing

and sourcebook[M]. Battelle Press, 1997.

[39] Luo. The simultaneous role of cooperation and competition within firms[J]. Journal of Marketing, 2006, 70(1): 67-80.

[40] Mitchell R. B. Evaluating the performance of environmental institutions: what to evaluate and how to evaluateit? [M]. The MIT Press, 2008.

[41] Nisson, Ma L. H. Evaluation method of development effect based on innovation sets[C]. International Conference on Management Science, 2009.

[42] OCDE. Waste management and the circular economy in selected OECD countries: evidence from environmental performance reviews [R]. Éditions OCDE Publishing, 2019.

[43] P. A. Hall, R. C. R. Taylor. Political science and the three new institutionalisms[J]. Political Studies, 1996, 44(5): 936-957.

[44] Qian Zhang, Wanying Chen, Yanchao Feng. The effectiveness of China's environmental information disclosure at the corporate level: empirical evidence from a quasi-natural experiment[J]. Resources, Conservation & Recycling, 2021, 164: 105-158.

[45] Rothwell R., W. Zegveld. Industrial innovation and public policy: preparing for the 1980s and the 1990s[M]. Califorlia: Greenwood Press, 1981.

[46] S. M. Walcott. International encyclopedia of human geography[M]. Elsevier Ltd, 2009.

[47] Sarkis J. A. Strategic decision framework for green supply chain management[J]. Journal of Cleaner Production, 2003, 11(4): 397-409.

[48] Saxenian A. Regional Advantage: culture competition in silicon valley and route[M]. Boston: Havard University Press, 1994.

[49] Therivel Riki, Wilson Elizabeth, Thomson Steward. Strategic environmental assessment[M]. London: Earthscan Publication Ltd, 1992.

[50] Thomas C. Schelling. Social mechanisms and social dynamics[M].

Cambridge Press, 1998.

[51] Tian J., Liu W., Lai B. Study of the performance of eco-industrial park development in China[J]. Journal of Cleaner Production, 2014, 64(2): 486-494.

[52] Van Den Bergh, J. C. J. M. Handbook of environmental and resource economics[M]. Cheltenham: Edward Elgar, 1999.

[53] Young O. R., Levy M. A. The effectiveness of international environmental regimes[J]. International Environmental Affairs, 2001, 10(4): 2941-2941.

[54] Young O. R. International governance: protecting the environment in a stateless society[M]. Cornell University Press, 1994.

[55] Yu Xiang, Zhang Yongsheng. An economic mechanism of industrial ecology: theory and evidence[J]. Structural Change and Economic Dynamics. 2021, 58(c): 14-22.

[56] Yu Xiang. An assessment of the green development efficiency of industrial parks in China: based on non-desired output and non-radial DEA model[J]. Structural Change and Economic Dynamics, 2023, 66: 81-88.

[57] Zhu Q., Sarkis J., Lai K. Confirmation of a measurement model for green supply chain management practices implementation[J]. International Journal of Production Economics, 2006, 111(2): 261-273.

中文文献

[1] [美]埃里克·弗鲁博顿,[德]鲁道夫·芮切特.新制度经济学:一个交易费用分析范式[M].罗长远,姜建强译,上海人民出版社,2006.

[2] [美]艾伦比.工业生态学:政策框架与实施[M].翁端译,清华大学出版社,2005.

[3] [英]安东尼·吉登斯.社会的构成:结构化理论纲要[M].李康,李猛译,中国人民大学出版社,2016.

[4] 包存宽,舒廷飞,黄鹤.城市规划环境影响评价管理模式设计——基

于新版《城市规划编制方法》[C].全国规划环境影响评价技术与管理交流会,2006.

[5] 鲍克.中国开发区研究：入世后开发区微观体制设计[M].人民出版社,2002.

[6] 本书编写组.上海市国民经济和社会发展第十一个五年规划纲要[M].上海人民出版社,2006.

[7] 彼得·罗希等.评估：方法与技术[M].邱泽奇译,重庆大学出版社,2007.

[8] 蔡宁,吴结兵,殷鸣等.产业集群复杂网络的结构与功能分析[J].经济地理,2006,26(3)：378-382.

[9] 蔡宇飞.基于开发区生命周期理论的国家级经开区与高新区发展研究[D].华中科技大学,2013.

[10] 曹明德.环境侵权法[M].法律出版社,2000.

[11] 陈慈阳.环境法总论(修订版)[M].中国政法大学出版社,2003.

[12] 陈共荣,戴漾泓.基于模糊数学方法的生态工业园区绩效评价研究[J].湖南科技大学学报(社会科学版),2016(4)：82-89.

[13] 陈力洁.制造企业循环经济绩效评价[D].天津理工大学,2006.

[14] 陈强.高级计量经济学及Stata应用(第二版)[M].高等教育出版社,2014.

[15] 陈薇.工业园区的集群导向发展研究[D].浙江大学,2004.

[16] 陈文灿,金晓斌.中国经济特区研究[M].复旦大学出版社,1996.

[17] 陈钺,皮黔生.中国经济技术开发区研究[M].渤海湾出版公司,1989.

[18] 成帅华.国际制度中的透明度[J].太平洋学报,1999(4)：59-65.

[19] 程达军.产业集群与循环经济工业园区模式[J].商业时代,2006(11)：49-51.

[20] 程工.中国工业园区发展战略[M].社会科学文献出版社,2006.

[21] 程淑佳,于国政,王肇钧.区域产业协调发展中的制度因素分析[J].工业技术经济,2009(12)：23-25.

[22] 程玉鸿,阎小培,林耿等.珠江三角洲工业园区发展的问题、成因与对策——基于企业集群的思考[J].城市规划汇刊,2003(6)：37-41+95-96.

[23] 池仁勇等.区域中小企业创新网络评价与构建研究：理论与实证[D].中国农业大学,2005.

[24] [美]道格拉斯·诺思.理解经济变迁过程[M].钟正生译,上海人民出版社,2007.

[25] [美]道格拉斯·诺思.制度、制度变迁与经济绩效[M].杭行译,格致出版社,2014.

[26] 邓南圣,吴峰.工业生态学：理论与应用[M].化学工业出版社,2002.

[27] 董晓东,梁林佐,杨俊峰.工业园区环境保护问题及对策建议[J].环境保护,2014,42(24)：56-57.

[28] 董战峰,王军锋.环境政策评估制度框架应涵盖哪些内容[J].环境经济,2015(21)：8-9.

[29] 杜真,陈吕军,田金平.我国工业园区生态化轨迹及政策变迁[J].中国环境管理,2019(6)：107-112.

[30] [美]凡勃伦.有闲阶级论[M].蔡受百译.商务印书馆,1983.

[31] 范晓屏.工业园区与区域经济发展[M].航空工业出版社,2005.

[32] 费洪平,戴公兴.经济开发区产业规划与管理[M].科学出版社,2000.

[33] 冯务中.制度有效性理论论纲[J].理论与改革,2005(5)：15-19.

[34] 冯之浚.论循环经济[J].中国软科学,2004(10)：4-12.

[35] 冯之浚.循环经济导论[M].人民出版社,2004.

[36] 傅大有等.行政改革与制度创新[M].上海三联出版社,2004.

[37] 傅亮.南昌工业园区产业集群发展研究[D].江西财经大学,2006.

[38] 高鸿业,刘文忻.西方经济学：微观部分(第四版)[M].中国人民大学出版社,2007.

[39] 高省.循环经济产业链生态学稳定性及评价方法研究[D].山东大学,2008.

[40] 高妍.生态工业园区评价指标体系与评价方法研究[D].哈尔滨工程大学,2007.

[41] [美]格雷德尔,艾伦比.产业生态学(第二版)[M].施涵译.清华大学出版社,2004.

[42] 葛顺奇,田贵明.国家级经济技术开发区的经济发展及其面临的问题[J].世界经济研究,2008(12)：10-16+84.

[43] 葛雪梅.对加速实施工业园区整合的几点思考[J].浙江统计,2004(8):22-23.

[44] 耿勇,武春友.国内外生态工业园发展评述[J].生态毒理学报,2003(S1):111-113.

[45] 耿勇,张攀.基于能值分析的工业园生态经济绩效评价研究[J].预测,2007,26(5):64-70.

[46] 工信部网站.工业转型升级规划系列解读材料(1~28)[EB/OL].http://www.miit.gov.cn/n11293472/n11293832/n11294072/n11302465/14457365.html.

[47] 龚建文.试论城市化进程中的工业园区建设[J].江西社会科学,2005(5):14-22.

[48] 龚伟玲.欧盟推动环境协议的制度分析及借鉴[J].环境保护,2004(5):59-62.

[49] 龚仰军.产业结构研究[M].上海财经大学出版社,2002.

[50] 顾朝林,赵令勋.中国高技术产业与园区[M].中信出版社,1999.

[51] 顾强,王缉慈.产业集群、工业园区发展和新型工业化[M].北京大学出版社,2003.

[52] 桂国庆等.城镇工业园区建设的可持续发展问题研究[J].企业经济,2005(4):9-11.

[53] 郭会文.国家级开发区管理机构的行政主体资格[J].法学,2004(11):57-61.

[54] 韩德培.环境保护法教程[M].法律出版社,2003.

[55] 韩絮,刘新会,石柳.基于环境协议工业园区环境管理模式研究[J].中国环保产业,2011(5):45-49.

[56] 郝吉明,中国工业园区绿色低碳循环发展的现状与未来[R].2023.

[57] 何俊志.新制度主义政治学译文精选[M].天津人民出版社,2007.

[58] 何兴刚.城市开发区的理论与实践[M].陕西人民出版社,1995.

[59] 贺桂珍,吕永龙,张磊等.中国政府环境信息公开实施效果评价[J].环境科学.2011(11):3137-3144.

[60] 洪昌庆.工业园区发展及地方政府作用研究[M].浙江大学出版社,2004.

[61] 洪亮平,林丹.城市规划可持续性评价方法探讨[J].城市规划学刊,2007(3):35-40.

[62] 胡上春.工业园区土地利用的生态模式探讨[J].南方建筑,2006(12):30-32.

[63] 环保部.国家生态工业示范园区标准(HJ274-2015)[EB/OL].http://bz.mep.gov.cn/bzwb/other/qt/201512/W020151229415317224209.pdf.

[64] 环保部,商务部,科技部.关于印发国家生态工业示范园区管理办法的通知(环发[2015]167号)[EB/OL].http://www.mep.gov.cn/gkml/hbb/bwj/201512/t20151224_320098.htm.

[65] 环境保护部.2008年度国家生态工业示范园区建设工作进展报告[R].2007.

[66] 环境保护部、商务部、科技部关于印发《国家生态工业示范园区管理办法》的通知[Z].2015.

[67] 黄海凤,张宏华,蔡文祥等.基于灰色聚类法的生态工业园区评价[J].浙江工业大学学报,2005,33(4):379-382.

[68] 黄和平,毕军.基于物质流分析的区域循环经济评价——以常州市武进区为例[J].资源科学,2006,28(6):20-27.

[69] 黄惠.生态工业园系统柔性研究——以陕西韩城龙门生态工业园为例[D].西北大学,2006.

[70] 黄建洪.中国开发区治理与地方政府体制改革研究[M].广东人民出版社,2014.

[71] 黄鹍,陈森发,周振国等.生态工业园区综合评价研究[J].科研管理,2004,25(6):92-95.

[72] 黄鲁成,刘友金.基于行政区划的区域创新体系研究[J].企业经济,2001(3):13-16.

[73] 黄晓林.生态工业园区的政策法规建设[J].中国环保产业,2004(4):4-6.

[74] [英]霍布斯.利维坦[M].黎思复,黎延弼译.商务印书馆,1985.

[75] 姜锋.重庆市工业园区布局问题研究[D].重庆师范大学,2004.

[76] 姜杰.体制变迁与制度设计:国家经济技术开发区行政管理体制研

究[M].经济科学出版社,2008.

[77] 金友良,许丽君.工业园区环境绩效审计指标体系构建[J].会计之友,2019(22):141-147.

[78] 柯武刚,史漫飞.制度经济学:社会秩序与公共政策[M].商务印书馆,2008.

[79] [美]克鲁格曼.发展地理学与经济理论[M].蔡荣译.北京大学出版社,2000.

[80] 蒯正明.制度系统的构成、层次架构与有效运作[J].青岛大学学报(社会科学版),2010,30(5):96-100.

[81] 赖玢洁,田金平,刘巍等.中国生态工业园区发展的环境绩效指数构建方法[J].生态学报,2014,22(6):6745-6755.

[82] 劳爱乐,耿勇.工业生态学和生态工业园[M].化学工业出版社,2003.

[83] 雷霞.我国开发区管理体制问题研究[D].山东大学,2009.

[84] 李传军.管理主义的终结——服务型政府兴起的历史和逻辑[M].中国人民大学出版社,2007.

[85] 李靖,魏后凯.基于产业链的中国工业园区集群化战略[J].经济经纬,2007(2):68-71.

[86] 李敏.生态工业园中生态"产业链"网分析及其稳定性评价研究[D].天津大学,2007.

[87] 李仁贵.区域经济发展中的增长极理论与政策研究[J].经济研究.1988(9):63-70.

[88] 李世祥,成金华.中国工业行业的能源效率特征及其影响因素——基于非参数前沿的实证分析[J].财经研究,2009,35(7):134-143.

[89] 李天星.国内外可持续发展指标体系研究进展[J].生态环境学报,2013(3):1085-1092.

[90] 李伟伟.中国环境治理政策效率、评价与工业污染治理政策的建议[J].科技管理研究,2014(17):20-26.

[91] 李文明.关于工业园区建设中环境保护问题的若干思考[J].重庆环境科学,2003,25(8):28-30.

[92] 李文钊,蔡长昆.政治制度结构、资本与公共管理制度选择[J].管理世界,2012(8):43-54.

[93] 李晓西,潘建成.中国绿色发展指数的编制——《2010中国绿色发展指数年度报告—省际比较》内容简述[J].经济研究参考,2011(2):38-66.

[94] 李晓燕.城市低碳经济综合评价探索[J].现代经济探讨,2010(2):82-85.

[95] 李艳培.布尔迪厄场域理论研究综述[J].决策与信息,2008(6):137-138.

[96] 李永清.工业园区环境管理问题及对策[J].环境科学导刊,2010,29(1):20-23.

[97] 李志强.制度系统论:系统科学在制度研究中的应用[J].中国软科学,2003(4):149-153.

[98] 李重照.公开选拔领导干部制度有效性研究[D].复旦大学,2015.

[99] 李佐军.中国园区转型发展报告[M].社会科学文献出版社,2014.

[100] [美]理查德·斯科特.制度与组织:思想观念与物质利益[M].中国人民大学出版社,2010.

[101] [美]理查德·斯科特.组织理论:理性、自然和开放系统的视角[M].高俊山译.中国人民大学出版社,2011.

[102] 厉无畏.中国开发区的理论与实践[M].上海财经大学出版社,2004.

[103] 梁玉兰.作为社会结构的经济制度:分析框架[J].广西社会科学,2001(3):91-95.

[104] 廖兵,魏康霞,樊艳春.工业园区环境管理现状及对策研究[J].环境与可持续发展,2013(6):105-107.

[105] 林伯强,刘泓汛.对外贸易是否有利于提高能源环境效率——以中国工业行业为例[J].经济研究,2015(9):127-141.

[106] 林毅夫.关于制度变迁的经济学理论:诱致性变迁与强制性变迁[M].上海三联书店,1991.

[107] 刘宝发.工业园区的产业链优化路径探讨[J].重庆科技学院学报(社会科学版),2006(6):72-74.

[108] 刘瀚斌,卜小芮,包宇宽."三元辩证法"视角下的城市规划环评研究[J].环境影响评价,2015(5).

[109] 刘厚俊,沈剑平.开发区发展的理论基础与战略选择[J].科技与经济,2003(1):28-32.

[110] 刘华容,曹休宁.产业集群中集群企业的合作创新问题研究[J].科技进步与对策,2009,26(23):97-100.

[111] 刘隽,张利军,纪涛.中国工业园区环境管理的探讨[J].环境科学与技术,2005,28(2):58-60.

[112] 刘军.开发区建设与管理的执行力实践[M].国家行政学院出版社,2015.

[113] 刘庆荣.以交易费用为视角考察国际机制的有效性[J].学术探索,2004(7):80-84.

[114] 刘巍,田金平,李星等.基于DEA的中国综合类生态工业园生态效率评价方法研究[J].中国人口资源与环境,2012(S1):93-97.

[115] 刘熙照.公共管理中的决策与执行[M].中共中央党校出版社,2003.

[116] 刘小斌,宋华明等.新兴产业发展中政府对R&D活动的界面管理功能研究——基于发达国家的政策经验[J].科学学与科学技术管理,2011(10):35-41.

[117] 刘友金,黄鲁成.产业群集的区域创新优势与我国高新区的发展[J].中国工业经济,2001(2):33-37.

[118] 刘志亭.我国开发区的发展模式分析[J].青岛科技大学(社会科学版),2004,20(1):20-25.

[119] 卢现祥.西方新制度经济学[M].中国发展出版社,2003.

[120] 卢新海.开发区发展与土地利用[M].中国财政经济出版社,2005.

[121] 鲁小波.大连市工业园区规划布局战略研究[D].辽宁师范大学,2005.

[122] 陆军.区域发展中的财政与金融政策工具[M].新华出版社,2004.

[123] 陆立军,裘小玲.中国工业园区发展[M].中国经济出版社,2003.

[124] 陆蓉.我国高新技术成果产业化模式研究[J].科技与管理,2004,6(3):124-126.

[125] 陆书玉,栾胜基,朱坦.环境影响评价[M].高等教育出版社,2001.

[126] 栾峰,何丹,王忆云.先发地区开发区的局部地段转型发展调查研究——以常州高新技术产业园区为例[J].城市规划学刊,2007

(5):109-113.

[127] [美]罗纳德·科斯.财产权利与制度变迁[M].刘守英译.格致出版社,1994.

[128] [德]马克斯·韦伯.《经济与社会》(上卷)[M].林远荣译,商务印书馆,1997.

[129] [美]迈克尔·波特.国家竞争优势[M].李明轩,邱如美译,中信出版社,2007.

[130] [加]迈克尔·豪利特,M.拉米什.公共政策研究——政策循环与政策子系统[M].庞诗等译.生活·读书·新知三联书店,2006.

[131] 孟涛.基于产业集群的工业园区发展研究——以北京马坊工业园区经济发展为例[C].第四届中国科学院博士后学术年会暨工业经济与可持续发展学术会议论文集,2012:54.

[132] 南京大学.莘庄工业园区跟踪环境影响报告书[R].2015.

[133] 牛锐.我国生态治理中自愿性环境政策工具的运用研究[D].浙江财经学院,2010.

[134] 皮黔生、王恺.走出孤岛:中国经济技术开发区概论[M].三联书店,2004.

[135] 齐道一.对工业园区建设热的冷思考[J].学习月刊,2006(2):90.

[136] 齐皓.国际环境机制的差异性原因[J].国际政治科学,2009(2):92-106.

[137] 齐晔.中国环境监管体制研究[M].上海三联书店,2008.

[138] 钱进.开发区与中国社会转型[M].江苏人民出版社,2011.

[139] 秦丽杰.吉林省生态工业园建设模式研究[D].东北师范大学.2008.

[140] 秦亚青.观念、制度与政策[M].世界知识出版社,2008.

[141] 邱德胜,钟书华.生态工业园区理论研究述评[J].科技管理研究,2005,25(2):175-178.

[142] 全国工业园区污染调查[EB/OL].http://www.39394.com/fanwen/doc/296190.html.

[143] 任福兵.低碳社会的评价指标体系构建[J].科技与经济,2010(2):68-72.

[144] 商华.工业园生态效率测度与评价[D].大连理工大学,2007.

[145] 上海达恩贝拉环境科技发展有限公司.莘庄工业园区环境影响跟踪评价报告书[R].2020.

[146] 沈承刚.政策学[M].首都经济贸易大学出版社,1996.

[147] 生延超.环境规制的制度创新:自愿性环境协议[J].华东经济管理,2008,22(10):27-30.

[148] 盛洪.现代制度经济学(第2版)[M].中国发展出版社,2009.

[149] 石惠芬.工业园区组织管理结构研究——以上海市X工业区为例[D].华东理工大学,2011.

[150] 石明星.《习近平总书记系列重要讲话读本》中的生态文明思想[J].学理论,2018(01):14-17.

[151] 孙瑞林,徐毅,逯元堂,任津,金良俊.国家环境保护"十一五"规划指标的确定[J].环境科学与技术.2010,33(S1):467-472.

[152] 覃林.生态工业园的理论与实证研究[D].重庆大学,2005.

[153] 唐华.产业集群论[D].四川大学,2004.

[154] 田金平,刘巍,赖玢洁.中国生态工业园区发展的经济和环境绩效研究[J].中国人口•资源与环境,2012(S2):119-122.

[155] 田金平,刘巍,臧娜等.中国生态工业园区发展现状与展望[J].生态学报,2016,36(22):7323-7334.

[156] 田丽敏.价值链管理理论与实践[M].中国财政经济出版社,2012.

[157] 田良.环境影响评价丛论[M].北京大学,2000.

[158] 田野.国际关系中的制度选择:一种交易成本的视角[M].上海人民出版社,2006.

[159] 同济大学发展研究院.2015中国产业园区持续发展蓝皮书[M].同济大学出版社,2015.

[160] 同济大学发展研究院.2014中国产业园区持续发展蓝皮书[M].同济大学出版社,2014.

[161] 万君康,梅小安.生态工业园区的内涵、模式与建设思路[J].武汉理工大学学报,2004,26(1):92-94.

[162] 汪克亮,杨力等.能源经济效率、能源环境绩效与区域经济增长[J].管理科学,2013(3):86-89.

[163] 汪涛,李祎,汪樟发.国家高新区政策的历史演进及协调状况研究

[J].科研管理,2011(6):108-115.

[164] 王兵,吴延瑞,颜鹏飞.中国区域环境效率与环境全要素生产率增长[J].经济研究,2010(5):95-110.

[165] 王渤元.新疆环保资金投入量与经济发展关系初探[D].新疆大学,2006.

[166] 王长峰.基于演化博弈理论的产业集群中竞争与合作关系分析[J].科技管理研究,2001(1):176-179.

[167] 王关义.中国五大经济特区可持续发展战略研究[D].西北农林科技大学,2003.

[168] 王华,郭红燕,黄德生.我国环境信息公开现状、问题与对策[J].中国环境管理,2016,8(1):83-91.

[169] 王会芝.中国战略环境评价的有效性研究[D].南开大学,2013.

[170] 王缉慈等.创新的空间[M].北京大学出版社,2001.

[171] 王缉慈.高新技术产业开发区对区域发展影响的分析构架[J].中国工业经济,1998(3):54-57.

[172] 王缉慈.工业地理学[M].中国科学技术出版社,1994.

[173] 王缉慈.中国新工业区的形成——开发区现象见解[J].地理科学进展,1994(4):18-21.

[174] 王金营.制度变迁对人力资本和物质资本在经济增长中作用的影响[J].中国人口科学,2004(4):11-17.

[175] 王明国.国际制度有效性研究——以国际环境保护制度为例[D].复旦大学,2011.

[176] 王明国.国际制度有效性研究——以国际环境保护制度为例[D].复旦大学,2011.

[177] 王明国.因果关系与国际制度有效性研究[M].世界知识出版社,2014.

[178] 王任祥.保税港区建设与发展探索[M].经济管理出版社,2010.

[179] 王少华.基于网络的工业园区持续发展研究——以浙江省为例[D].浙江大学,2003.

[180] 王王亚.我国开发区管理体制与运行模式创新的实践与思考[J].中国行政管理,2015(4):145-147.

[181] 王伟光.制度效果:国际制度理论研究的新领域[J].世界经济与政治,2000(4):16-18.

[182] 王玮.产业集群的形成因素分析[J].山西经济管理干部学院学报,2007(3):42-45.

[183] 王兴平等.开发区与城市的互动整合——基于长三角的实证分析[M].东南大学出版社,2013.

[184] 王兴平.中国城市新产业空间——发展机制与空间组织[M].科学出版社,2005.

[185] 王艳丽,周美华.生态工业园柔性模型的建立及评价[J].东华大学学报(自然科学版),2006,32(6):47-50.

[186] 王兆华.循环经济:区域产业共生网络[M].经济科学出版社,2007.

[187] 王志刚.面板数据模型及其在经济分析中的应用[M].经济科学出版社,2008.

[188] 魏楚,沈满洪.结构调整能否改善能源效率:基于中国省级数据的研究[J].世界经济,2008(11):77-85.

[189] 魏后凯.对产业集群与竞争力关系的考察[J].经济管理,2003(6):4-11.

[190] 魏守华.集群竞争力的动力机制以及实证分析[J].中国工业经济,2002(10):27-34.

[191] 魏威.我国工业园区发展障碍及对策研究[J].科技管理研究,2011,31(3):46-48.

[192] 魏心镇,王缉慈.新的产业空间——高技术产业开发区的发展与布局[M].北京大学出版社,1993.

[193] 文娱.我国生态工业园区发展政策研究[D].华中科技大学,2006.

[194] 吴季松.循环经济总论[M].新华出版社,2006.

[195] 吴良志.利益相关方参与环境管理法律机制研究[D].上海交通大学,2007.

[196] 吴神赋.科技工业园的基础理论及其意义探寻[J].中国科技产业,2004(5):39-42.

[197] 武春友,邓华,段宁.产业生态系统稳定性研究述评[J].中国人口・资源与环境,2005,15(5):20-25.

[198] [美]西摩·马丁·李普塞特.政治人：政治的社会基础[M].张绍宗译.上海人民出版社,2011.

[199] 习近平.以改革创新精神补齐党内制度短板[J].领导科学,2016(13)：20.

[200] 夏申,俞海.自愿性环境管理手段的研究进展综述[J].环境与可持续发展,2010(6)：53-56.

[201] 谢奉军,龚国平.工业园区企业网络的共生模型研究[J].江西社会科学,2006(11)：165-168.

[202] 谢品.基于网络视角的园区内企业间竞合行为研究[D].江西财经大学,2013.

[203] 谢志贤.政府绩效评估有效性问题研究[D].吉林大学,2010.

[204] 莘庄工业区总体规划(2005-2020)[R].莘庄工业园区管理委员会,2005.

[205] 徐海.生态工业园模式与规划研究[D].上海大学,2007.

[206] 徐宜雪,崔长颢等.工业园区绿色发展国际经验及对我国的启示[J].环境保护,2019,47(21)：69-72.

[207] 徐中民,张志强等.生态经济学理论方法与应用[M].黄河水利出版社,2003.

[208] 薛文骏,徐瑞扬.产业结构对中国区域经济增长与能源效率的异质性影响[J].首都经济贸易大学学报,2013,15(5)：44-51.

[209] [英]亚当·斯密.论国民财富的性质和起因的研究[M].谢祖钊译,中南大学出版社,2003.

[210] 闫高丽.中国的规划环评之路依旧漫长——从实证角度评析我国规划环评与建设项目环评之间的矛盾与整合[J].广西政法管理干部学院学报,2011(1)：111-116.

[211] 闫国庆.开发区治理[M].中国社会科学出版社,2006.

[212] 阎川.开发区蔓延反思及控制[M].中国建筑工业出版社,2008.

[213] 杨丰强.中国能源效率影响因素的实证研究[J].中国投资,2014(6)：416-417.

[214] 杨凯迪.环境规制对珠江流域水污染治理的影响研究——基于技术进步与产业集聚的中介效应[J].应用数学进展,2022,11(3)：

935-946.

[215] 杨凯,张勇,叶茂.环境影响评价有效性及其建设途径探讨[J].上海环境科学,1999(8):346-347.

[216] 杨淇徽,陈颖,王亚男.工业园区规划建设环境准入与运营管理一体化发展对策建议[J].环境与可持续发展,2016,41(5):16-19.

[217] 杨伟敏.制度本体论研究[D].中共中央党校,2008.

[218] 杨咏.生态工业园区述评[J].经济地理,2000(4):31-35.

[219] 姚德文.产业结构优化升级的制度分析——以上海为例[M].经济科学出版社,2012.

[220] 佚名.园区建设与管理介绍[J].广东金融研究,1982(1):30-34.

[221] 佚名.中华人民共和国国民经济和社会发展第十三个五年规划纲要[J].领导决策信息,2016(12):2-71.

[222] 易成波,周波等.基于城园一体化的工业园区发展研究——以永川市工业园为例[J].地域研究与开发,2008,27(2):72-75.

[223] 易希薇,刘晓龙.制度环境、政府投资行为与工业园区绩效[C].第五届中国管理学年会,2010.

[224] 殷志扬,王志斌.苏州现代农业园区管理制度建设的现状、问题及对策——基于苏州市14家农业园区和52家农业企业的调研[J].江苏农业科学,2020,48(23):325-332.

[225] 尤振来,刘应宗.发展工业园区的一种思路[J].西安电子科技大学学报(社会科学版),2008,18(1):71-75.

[226] 于立.产业经济学研究的11个误区[J].财经问题研究,2005(4):24-28.

[227] 俞树毅.试论我国《环境保护法》的修改——以环境公共政策为视角[J].兰州大学学报(社会科学版),2007,35(6):104-111.

[228] 元炯亮.生态工业园区评价指标体系研究[J].环境保护,2003(3):38-40.

[229] [美]约瑟夫·熊彼特.经济发展理论[M].何畏,易家详等译.商务印书馆,2020.

[230] [美]詹姆斯·G.马奇,约翰·P.奥尔森.重新发现制度:政治的组织基础[M].张伟译.三联书店,2011.

[231] 张炳,毕军,袁增伟等.工业园区绿色招商指标评价体系研究[J].生态经济,2004(12):41-44.

[232] 张晨曦.探究 ESG 表现对上市公司财务绩效的影响——基于利益相关方信心的传导[J].投资与创业,2022,33(24):61-63.

[233] 张成福,党秀云.公共管理学(修订版)[M].中国人民大学出版社,2007.

[234] 张帆,麻林巍等.生态工业园评价方法研究:以北京市为例[J].中国人口·资源与环境,2007,17(3):100-105.

[235] 张海滨.环境与国际关系:全球环境问题的理性思考[M].上海人民出版社,2007.

[236] 张慧民.产业集群与工业园区发展的机理与应用[D].西南财经大学,2006.

[237] 张坤民,温宗国.当代中国的环境政策:形成、特点与评价[J].中国人口·资源与环境,2007(2):1-7.

[238] 张丽,黄梅梅.出口加工区功能拓展分析[J].黑龙江对外贸易,2010(10):60-62.

[239] 张丽娜.AHP——模糊综合评价法在生态工业园区评价中的应用[D].大连理工大学,2006.

[240] 张妙燕.科技园区创新能力的评价指标体系及其应用[J].技术经济与管理研究,2009(2):43-45.

[241] 张仁桥.上海工业集聚区的空间整合与模式创新研究[D].华东师范大学,2007.

[242] 张仁桥.生态工业园发展中若干问题的思考[J].生态经济,2007(5):118-120.

[243] 张润丽,王文.对科技工业园区产业集群发展的思考[J].科技管理研究,2006,26(10):65-68.

[244] 张曙光.经济制度的三角结构和三角替代[J].天津社会科学,1994(2):36-41.

[245] 张卫东.基于企业集群的工业园区总体规划理论研究[D].西安建筑科技大学,2006.

[246] 张文健.基于博弈论的制度有效性分析[J].淮北煤炭师范学院学

报(哲学社会科学版),2009,30(4):20-23.

[247] 张小勇,曹有挥,曹卫东.基于产业集群的经济技术开发区发展模式研究——以芜湖经济技术开发区为例[J].科技与经济,2005,18(4):26-29.

[248] 张秀生,陈立兵.产业集群、合作竞争与区域竞争力[J].武汉大学学报(哲学社会科学版),2005(5):294-299.

[249] 张玥,乔琦,等.我国生态工业园区政策分析[C].《2015年中国环境科学学会学术年会论文集(第一卷)》.2015.

[250] 张蕴岭,顾俊礼.西欧的区域发展[M].中国展望出版社,1988.

[251] 张振华,林逢春.基于Internet的企业环境信息公开评价及实证研究——对2006年中国500强企业环境信息公开度的分析[J].中国人口·资源与环境,2008,18(4):201-205.

[252] 赵海滨.环境约束下中国能源效率区域差异和影响机理研究[D].同济大学,2016.

[253] 赵海霞.经济发展、制度安排与环境效应[M].中国环境科学出版社,2009.

[254] 赵若楠,马中,乔琦,昌敦虎,张玥,谢明辉,郭静.中国工业园区绿色发展政策对比分析及对策研究[J].环境科学研究,2020(1):83-98.

[255] 赵英民.生态工业园建设将步入快车道[N].中国环境报,2008.

[256] 赵莹.工业园区污染治理的法律制度研究——以玉溪地区为例[D].昆明理工大学,2016.

[257] 赵云丽.我国开发区管理体制问题研究[D].山东大学,2009.

[258] 郑德高,卢弘旻.上海工业用地更新的制度变迁与经济学逻辑[J].上海城市规划,2015(3):25-32.

[259] 中国开发区信息网.[EB/OL].http://www.cdz.cn/www/index.asp.

[260] 朱丽.综合类生态工业园区指标体系及稳定机制研究[D].山东大学,2011.

[261] 朱艺,付允,林翎,陈大扬,高东峰.工业园区循环经济绩效评价实证研究——基于42个园区数据[J].标准科学,2019(12):60-66.

[262] 朱永新.中国开发区组织管理体制与地方政府机构改革[M].天津人民出版社,2001.

后记

本书选择工业园区作为研究对象,来自笔者的多次园区规划环评实践和编制园区环保相关规划的课题研究。在一次次与园区管理人员、园区入驻企业管理者、地方环保管理机构、园区研究专家对话后,是又惊又喜。喜的是园区企业技术创新、市场开拓的巨大热情,惊的是部分参与者对于园区生态环境、资源能源的价值的罔顾或轻视。在新型工业化、城镇化的大背景下,园区经济仍然是地区集聚经济规模的重要形态。据不完全统计,截至2022年底,全国省级以上工业园区已超过2 500家,其中国家级经济开发区超过200家、国家级高新区超过150家,集中了全国超80%的企业,园区工业产值占全国50%以上,园区经济在承接产业集聚、推动区域经济发展中贡献突出。但在现场调研时,却时不时看到直排河道的排污口、随意存放的固体废弃物,还有并不详实的环保管理台账,这些都与园区巨大的经济成就显得格格不入。为此,探寻隐藏在园区污染背后的规律,成为本书研究的动机。

事实上,在分析园区这一特殊对象的研究中,已有不少专家学者投入其中,或是从环保技术入手,或是从绩效评价入手,或是从园区的管理模式切入,但触及制度分析的视角鲜见。即使不少研究分析了园区的环保制度,但笔者认为大部分研究主要是站在"事后诸葛亮"的角度,或从某一时间点的角度进行分析,例如关于园区环境绩效的评价、关于园区环境管理问题的分析等,这对于制度的分析"还不解渴"。园区作为产业集聚地、技术创新地,不同地域、不同产业导致园区的环境管理势必各不相同,结合园区的自身特点和制度运行的自身规律分析园区环境管理制度,需要寻找更加宽广的分析视角,这便成为本书研究的创新来源。

本书的编写过程回顾了园区发展的初心和历史。在我国很多地方,工业园区是承接城市产业转移、招商引资的重要平台,也是当地经济发展水平的名片与窗口。最初为快速拉动地方经济,一些经济技术开发区和高新区数量少、面积小,占地仅几平方千米。但园区数量迅速增加和规模的不断扩大,单个园区的面积或管辖范围也争相扩大,甚至批复只有数平方千米的国家级园区也以各种托管、代管形式急剧扩大到数十、上百甚至数百平方千米。园区的无度、无序扩展加剧了生态环境的恶化和土地、能源、水资源等的消耗,园区环境问题也从点到面迅速扩展,演变成区域性、流域性甚至全局性问题,有些工业园区甚至沦为"污染天堂"。在不断的实地走访和资料收集中,笔者认为目前工业园区的环境问题主要集中在以下三方面。

首先是园区间的污染转移。发达地区通过产业结构调整,将淘汰产业转移至欠发达地区。例如,江浙地区的部分重化工基地经淘汰后被招商到西南临海地区,一度造成海洋环境质量下降。其次是园区环境风险的潜在累积。为了便于原辅料和产品运输,大部分园区往往分布于沿江或临海,仅长江经济带就分布了108个国家级工业园区,甚至有些工业园区还位于饮用水水源地附近。爆炸、泄漏和偷排污水事件屡有发生,对上下游水源安全造成较大威胁。最后,就是园区环境管理制度的失效。由于一些入驻园区的企业是当地政府招商引资而来,各类园区针对环境管理无明确法律规定,自主弹性较大,因此在环境监管方面既当裁判员又当运动员,环境执法缺乏刚性,造成与周围城中村居民环境纠纷频发,甚至造成环境污染事件升级。

面对纷繁复杂的园区环境管理形势,本书引入布尔迪厄社会学理论的场域视角,将园区环境管理定义为各制度要素与环境绩效之间的客观关系网络,从制度文本和实践两个层次对我国园区现行生态环境管理制度体系进行量化评价。首先,基于园区自身特点,设置了"时间-空间-关系"场域,界定了分析不同园区环境管理制度的宏观边界;"程序-目标-主体"场域,界定了分析园区环境管理制度和模式的主要内容;"政策-行动-成本"场域,则明确了园区环境管理制度运行的载体和效率反映。通过三个维度的场域分析,能够系统性、全流程地对园区环境管理制度的策划、制订、运行等有效性进行评估,将企业环保的需求和园区的环境基础设施、环境技术信息服务、国家和地方环境政策标准要求等进行及时、充分衔接,帮助园区更好地提高环境管理能力,降低企业污染治理的成本,帮助企业规避减产甚至关停的风险。通过场域视角的制度分析,能进一步明确园区管理机构、企业、社会团体等在环境管理中的各类主体责任、角色,调动其主动性、积极性,发挥各自优势,提供相互沟通和协商的平台,以规避或降低园区或周边居民的邻避风险。场域视角为分析园区内多元共治提供了创新的分析视角,既包括园区管委会和地方各级政府的纵向之间的协作(如生态环境问题防范职能与权力的配置、自上而下的监管与督察、自下而上的反馈),也包括园区管理内部的横向协作关系。

　　总结本书的研究,笔者试图形成分析园区环境管理制度的新思路,以期在未来园区的环境管理制度实践中构建为"一个体系、两个机制、三个功能、四个关键性问题"的工作思路,即包括全过程、多层级和系统化的园区环境管理制度分析体系(一个体系);园区环境管理制度的设计运行机制、目标管理和优化调控机制(两个机制);园区环境管理制度具有全过程管控、多层级响应、系统化应对等三个功能特征(三个功能);管理信息收集、制度协调分析、程序目标分析、运行成本效率(四个关键性问题)。基于此工作思路,有意识地剖析不同园区出现的不同环境问题,将园区的管理环节"打碎"且"磨细",逐渐走向管理的制度性源头。

　　本书的研究要感谢国家发展改革委、生态环境部环境规划院、复旦大学规划设计研究院、上海环境科学学会、莘庄工业园区管委会等相关单位和领导、老师提供的帮助,提供平台以便对国内从事园区环境管理事业的一线工作者进行访谈,帮助厘清分析框架和指导研究方法,让笔者真实地了解到最新环境管理制度和一线实践人士的工作思路,进一步理解了园区环境管理实践中的关键问题和未来的规划,愿本书能为园区的现代化治理贡献点滴力量。

图书在版编目(CIP)数据

场域视角下的工业园区环境管理制度有效性研究/刘瀚斌著. —上海：复旦大学出版社,2024.10
ISBN 978-7-309-16967-6

Ⅰ.①场… Ⅱ.①刘… Ⅲ.①工业园区-环境管理-研究-中国 Ⅳ.①X321.202

中国国家版本馆 CIP 数据核字(2023)第 165773 号

场域视角下的工业园区环境管理制度有效性研究
CHANGYU SHIJIAO XIADE GONGYEYUANQU HUANJING GUANLI ZHIDU YOUXIAOXING YANJIU
刘瀚斌　著
责任编辑/鲍雯妍

复旦大学出版社有限公司出版发行
上海市国权路 579 号　邮编：200433
网址：fupnet@fudanpress.com　http://www.fudanpress.com
门市零售：86-21-65102580　团体订购：86-21-65104505
出版部电话：86-21-65642845
上海盛通时代印刷有限公司

开本 890 毫米×1240 毫米　1/32　印张 10.125　字数 218 千字
2024 年 10 月第 1 版
2024 年 10 月第 1 版第 1 次印刷

ISBN 978-7-309-16967-6/X·47
定价：66.00 元

如有印装质量问题，请向复旦大学出版社有限公司出版部调换。
版权所有　侵权必究